中华人民共和国法律释义丛书

中华人民共和国
反电信网络诈骗法释义

主　编　王爱立

法律出版社
·北　京·

图书在版编目(CIP)数据

中华人民共和国反电信网络诈骗法释义 / 王爱立主编. -- 北京 : 法律出版社, 2022

(中华人民共和国法律释义丛书)

ISBN 978-7-5197-7066-2

Ⅰ. ①中… Ⅱ. ①王… Ⅲ. ①电信-诈骗-预防犯罪-法规-法律解释-中国②互联网络-诈骗-预防犯罪-法规-法律解释-中国 Ⅳ. ①D924.335

中国版本图书馆 CIP 数据核字(2022)第 164965 号

中华人民共和国反电信网络诈骗法释义
ZHONGHUA RENMIN GONGHEGUO FAN DIANXIN WANGLUO ZHAPIANFA SHIYI

王爱立 主编

责任编辑 陶玉霞 赵雪慧
装帧设计 李 瞻

出版发行 法律出版社
编辑统筹 法规出版分社
责任校对 王晓萍
责任印制 耿润瑜
经　　销 新华书店

开本 A5
印张 11.25　**字数** 243 千
版本 2022 年 12 月第 1 版
印次 2022 年 12 月第 1 次印刷
印刷 三河市兴达印务有限公司

地址:北京市丰台区莲花池西里 7 号(100073)
网址:www.lawpress.com.cn
投稿邮箱:info@lawpress.com.cn
举报盗版邮箱:jbwq@lawpress.com.cn
销售电话:010-83938349
客服电话:010-83938350
咨询电话:010-63939796

书号:ISBN 978-7-5197-7066-2　**定价**:58.00 元

凡购买本社图书,如有印装错误,我社负责退换。电话:010-83938349

序　言

2022年9月2日,第十三届全国人民代表大会常务委员会第三十六次会议审议通过了《中华人民共和国反电信网络诈骗法》(以下简称《反电信网络诈骗法》),自2022年12月1日起施行。

制定出台《反电信网络诈骗法》,是贯彻落实习近平总书记重要指示批示和党中央决策部署的重大举措,是立法坚持以人民为中心的生动体现,是为预防和惩治电信网络诈骗工作提供法律支持的迫切需要。《反电信网络诈骗法》坚持统筹发展和安全,坚持源头治理、综合治理和防范性制度建设,坚持全链条治理和堵塞监管漏洞,坚持问题导向和结果导向,以"小切口"专门立法形式快节奏推进,是一部针对特定具体犯罪领域进行深入打击治理的专门性、综合性法律,是应对信息网络犯罪、探索数字安全治理的一部新兴领域立法,将为反电信网络诈骗工作提供全面有力的法治保障。这部法律共7章50条,主要内容是:压实各方面责任,特别是行业管理和企业防范责任;对电信、金融、互联网领域涉诈环节建立各项风险防范制度,加强电话卡、物联网卡、银行卡、支付账户、互联网账号等源头监管,加强涉诈异常监测识别处置责任和技术反制措施;加大对电信网络诈骗分子的各种惩处防范措施;加强针对性宣传教育防范,以及相应法律责任等。

为准确理解和把握《反电信网络诈骗法》的精神和条文的具体含义,使《反电信网络诈骗法》得以准确贯彻实施,全国人大常委会法制工作委员会参与制定这部法律的有关同志撰写了《中华人民共和国反电信网络诈骗法释义》。本书由全国人大常委会法制工作委员会刑法室主任王爱立担任主编,黄永、许永安、王宁、张义健、陈远鑫、黄星、伊繁伟、王瑞、马曼、戴蕾、骆程、张金勇、董晴、刘筱彤、纪文哲等同志参与撰写。

由于水平有限,书中难免有不足之处,恳请读者批评指正。希望本书的出版,能够对大家学习《反电信网络诈骗法》有所帮助。

编　者

2022 年 10 月

目　　录

第一部分　释　　义

第二部分　附　　录

第一部分　释　　义

第一章　总　　则

第一条　为了预防、遏制和惩治电信网络诈骗活动，加强反电信网络诈骗工作，保护公民和组织的合法权益，维护社会稳定和国家安全，根据宪法，制定本法。

【释义】　本条是关于立法目的及立法依据的规定。

近年来，电信网络诈骗犯罪多发高发，十分猖獗，严重危害国家安全、社会秩序和人民群众财产安全，成为突出的社会问题，必须依法防范惩治，坚决打击遏制这类犯罪。本法是根据实践的迫切需要，从“小切口”入手，立足预防性法律制度建设，制定的一部专门的法律，为打击治理电信网络诈骗活动提供全面系统的有力法律支撑。制定本法的有关背景和考虑主要有：

一是为贯彻落实习近平总书记重要指示批示精神和党中央各项决策部署，必须制定一部专门的反电信网络诈骗法。习近平总书记多次对打击治理电信网络诈骗犯罪作出重要指示批示。2021 年 4 月，习近平总书记作出重要指示强调，“近年来，各地区各部门贯彻党中央决策部署，持续开展电信网络诈骗犯罪打击治理，取得了初步成效。要坚持以人民为中心，统筹发展和安全，强化系统观念、法治思维，注重源头治理、综合治理，坚持齐抓共管、群防群治，全面落实打防管控各项措施和金融、通信、互联网等行业监管主体责任,加强法律制度建设,加强社会宣传教育防范,推进国际执法合作,坚决遏制此类犯罪多发高发态势,为建设更高水平的平安中国、法治中国作出新的更大的贡献”。2021 年 12 月 6 日,中共中央政治局就建设中国特色社会主义法治体系进行第三十五次集体学习,习近平总书记在主持学习时指出:“对人民群众反映强烈的电信网络诈骗、新型毒品犯罪和‘邪教式’追星、‘饭圈’乱象、‘阴阳合同’等娱乐圈突出问题,要从完善法律入手进行规制,补齐监管漏洞和短板,决不能放任不管。”习近平总书记的这些重要指示从指导思想、基本原则、具体举措、关键环节、制度构建等方面对反电信网络诈骗工作提出明确要求,为我们打击治理电信网络诈骗犯罪工作指明了方向,提供了根本遵循。为贯彻落实习近平总书记重要指示批示精神,2022 年 4 月,中共中央办公厅、国务院办公厅印发《关于加强打击治理电信网络诈骗违法犯罪工作的意见》,对有关工作作出系统谋划和全面部署。贯彻落实党中央重大决策部署,需要完善法律制度建设,为及时解决电信网络诈骗犯罪问题提供充分法律保障。

二是坚持以人民为中心,解决人民群众“急难愁盼”问题,要求我们必须坚决打击遏制住电信网络诈骗犯罪,因此,需要制定专门法律。近年来,在全国刑事案件持续下降的情况下,电信网络诈骗案件居高不下,形势严峻。电信网络诈骗犯罪约占全部刑事立案数的 20%,从刑事报案数看,约占全部刑事警情数的 50%。目前日均发案仍超 3000 起,群众日均被骗损失 2 亿元,案件仍在高位运行。此类犯罪已成为主流犯罪,严重危害人民群众人身财产安全、破坏社会诚信、损害国家形象。电信网络诈骗与传统“一对一”的诈骗具有很大的不同:犯罪分子利用通信网络等技术手段,非法获取个人信息,针对不特定群体特别是老年人和在校学生等大肆实施诈骗,呈现组织化、链条化、精准化、跨境实施等特征。每个人都可能陷入骗局,严重危害人民群众获得感、幸福感、安全感。因此,必须从人民立场出发,坚决打击治理这一人民群众深恶痛绝的违法犯罪活动,制定本法就是重要举措之一。

三是打击治理电信网络诈骗需要进一步完善法律制度。现行有关法律从不同方面对打击治理电信网络诈骗作了相应规定。特别是 2015 年通过的《刑法修正案(九)》根据电信网络诈骗等网络犯罪出现的新情况、新问题对《刑法》作了系统性、针对性修改,从帮助、预备、互联网企业责任等各环节、各阶段单独定罪处罚,在立法层面解决了网络犯罪定罪门槛高、查证难等突出问题,实现了"打早打小"。其他有关行政的、经济的法律也有涉及电信网络诈骗治理的相关规定,如《全国人民代表大会常务委员会关于加强网络信息保护的决定》《网络安全法》《反洗钱法》《个人信息保护法》等。但是,打击治理电信网络诈骗的法律规定比较分散,有的规定不够明确、细化和具有针对性,实践中的一些做法和政策文件需要进一步上升为法律规定。从实践情况看,反电信网络诈骗工作综合治理、源头治理方面的制度措施不够充分,金融、通信、互联网等行业治理存在薄弱环节,需要进一步建立完善各方面责任制度,形成协同打击治理合力。

关于专门立法方式。从调研情况看,多数意见赞成制定一部专门反电信网络诈骗法。专门立法能够集中全面解决打击治理电信网络诈骗犯罪中的法律问题,从各环节作出规定,体现系统观念和源头治理、综合治理的要求,更有利于防范遏制惩治此类犯罪,更好回应社会关切;专门立法在立法技术上不存在问题。也有意见提出,可以在目前正在起草、修改的相关立法中研究解决打击治理电信网络诈骗犯罪问题。后经研究认为,就打击治理电信网络诈骗犯罪进行专门立法是必要的,各方面对于解决电信网络诈骗犯罪涉及的通信、金融、互联网治理等各环节制度问题的需求较为迫切，专门立法符合实践需要。

本法在立法技术、立法方式上具有以下重要特征：首先，研究制定本法是“小快灵”立法的一次重要立法实践。2020 年 11 月，中央全面依法治国工作会议提出，“要研究丰富立法形式，可以搞一些‘大块头’，也要搞一些‘小快灵’”。本法体现“小切口”，对关键环节、主要制度作出规定，建起“四梁八柱”，力求精准有效，条文数量不求多，立法进程要快，是一部体现“小快灵”的立法，将进一步丰富全国人大常委会的立法形式。其次，研究制定本法是完善预防性法律制度建设的重要体现。本法体现的是源头治理、综合治理，侧重前端防范。再次，研究制定本法体现的是急用先行，其他行业立法共同推进。本法虽然体量小，但涉及金融、通信、互联网、个人信息保护等各领域，是一部集中全面、系统综合、针对性强的小法律，目的是解决当前迫切的立法需求，坚持急用先行。同时，其他有关行业针对电信网络诈骗的新情况、新问题在各自行业领域作出专门规范，也是必要的。专门立法与行业立法相互配套、共同发力，将为打击治理电信网络诈骗犯罪提供充分的法律制度供给。最后，本法作为一部新型领域立法，立法技术上坚持粗细相宜。本法针对的网络空间新兴违法犯罪活动，不断翻新变化，规律也在不断变化。本法的立法过程坚持问题导向和结果导向，对能够明确的予以明确，对能够细化的予以细化，对一时难以看清的作出原则性或者授权性规定。本法通盘考虑各方面诉求，平衡各方面利益和责任，条文规定详略得当。本法有很多义务性规定，将来还需要主管部门出台相关配套规定，具体确定和根据情况实时调整。

本条包含以下几个方面的内容：第一，制定本法是“为了预防、遏制和惩治电信网络诈骗活动，加强反电信网络诈骗工作”。(1)强调“预防”是制定本法的重要考虑。本法从电信、金融、互联网和综合措施四个方面进行制度设计,主要体现的都是“防范为先”的重要理念。实践表明,光靠打击是不行的。此前的工作中存在打防失衡、注重打击、防范治理制度建设不够的问题,特别是在金融、通信、互联网等方面管理漏洞较多,需要从电信诈骗犯罪的信息流、技术流、资金流等环节,以及行业监管、企业平台责任、社会宣传教育防范等各方面齐抓共管,形成制度合力。在强化系统观念、源头治理和综合治理方面还需要进一步加强工作。因此,本法将预防摆在突出位置,立法目的第一个就是“预防”。(2)强调“遏制”是当前的首要目标,是治标的首要目标,同样非常重要。经过各方面共同努力,强力推进电信网络诈骗犯罪打击治理工作。自 2021 年 6 月起,单月立案数已连续呈同比下降态势,在发案数连续下降的同时,破案率同比上升,这两方面数据显示出在严打震慑态势下,电信网络诈骗犯罪持续上升势头得到有效遏制。但电信网络诈骗犯罪活动形势依然严峻复杂,在我国整体犯罪特别是重大犯罪案件不断下降的情况下,电信网络诈骗犯罪仍高位运行,因此,是否能够“遏制”电信网络诈骗犯罪上升势头和高位运行将是制定本法的重要目标和挑战。(3)强调“惩治”是开展反电信网络诈骗工作的主要手段和方式。防范和打击并重,打防管控多管齐下,多种手段综合治理和系统治理,才能取得反电信网络诈骗的显著成效。(4)“加强反电信网络诈骗工作”也是本法制定的重要考虑。本法通过压实行业主管部门行业监管责任、各企业反诈责任、地方政府属地责任,以及公检法打击职责、有关方面宣传职责,还有技术防范措施等,通过有针对性的制度设计和工作要求,加强反电信网络诈骗工作,取得反电信网络诈骗工作实效。

第二,保护公民和组织的合法权益。主要包括以下方面:(1)电信网络诈骗活动侵害的主要是公民、组织的财产安全,保护人民群众财产安全，守护“钱袋子”是反电信网络诈骗工作的首要和根本目标。(2)除了上述财产权益外，反电信网络诈骗工作还应当依照本法和其他有关法律规定，保护公民和组织的个人信息、个人隐私安全和商业秘密等安全。(3)依照宪法和有关法律规定，保护公民和组织的有关基本权利。本法在立法过程中始终重视统筹发展和安全，在防范限制有关非法活动、压实企业等责任的同时，也注意精准治理，防止对公民、企业正常生活和生产经验活动的不利影响，保障公民的基本权利。如本法对有关涉诈异常的电话卡、银行账户、支付账户、互联网账号等会采取有关限制、暂停卡号、账户功能等措施，收集有关必要个人信息、设备信息等，在采取这些措施时明确规定要限于反诈工作，同时明确规定需要依照国家有关规定采取措施，并建立完善申诉渠道，对异议及时处理等，这类情况同样体现了本条规定的保护公民和组织合法权益的要求。

第三，维护社会稳定和国家安全。电信网络诈骗严重危害了人民群众切身利益，特别是伤害了社会诚信体系，已经成为社会公害，因此，无论是从维护社会稳定角度，还是从维护我国创造的“两个奇迹”成果角度，都要坚决打击治理电信网络诈骗活动，维护社会稳定。同时，打击治理电信网络诈骗活动也是维护国家安全的需要，主要体现在贯彻总体国家安全观，维护国家政治、经济和社会安全。电信网络诈骗活动危害政治安全，特别是跨境实施电信网络诈骗活动，大量人员盘踞国外特定区域，有组织、产业化地实施电信网络诈骗活动，严重损害国家对外影响。另外，电信网络诈骗活动洗钱猖獗，涉及大量资金境外转移，危害国家资金安全等。

第四，立法根据是“根据宪法，制定本法”。根据宪法是指根据宪法精神，实现宪法目的，贯彻实施宪法。一方面是保障宪法规定的保护公民和组织合法财产的重要措施，另一方面也是依据宪法精神,统筹发展和安全,精准进行制度设计。“根据宪法,制定本法”也是法律中将宪法作为立法依据的经典表述。在其他一些法律中,除了依据宪法之外,还对总结实践经验作了规定,如《刑法》第1条规定,“为了惩罚犯罪,保护人民,根据宪法,结合我国同犯罪作斗争的具体经验及实际情况,制定本法”。实际上,本法也是在总结实践中好经验、好做法的基础上,结合反电信网络诈骗工作的实际情况和需要,推进相关制度建设。

实践中需要注意以下几个方面的问题:一是预防、遏制和惩治电信网络诈骗活动和加强电信网络诈骗工作是一个整体,必须按照综合治理、系统观念的思维推进反电信网络诈骗工作,这也是理解本法篇章结构和制度设计的重要方面。本法在立法过程中,既侧重预防、防范性的制度设计,又增加了“打击”方面的内容,如关于公检法机关在反电信网络诈骗工作中的惩治职责,对电信网络诈骗分子专门规定治安处罚责任,以及民事责任和纳入信用记录等,都可以说“打击”方面的内容,因此理解本法规定时,难以用单纯的“打”或者“防”来概括,而应是综合性的措施。二是正确处理本法和《刑法》《刑事诉讼法》等惩治性法律的关系。立法过程中一些意见要求加大对电信网络诈骗活动人员的刑事打击力度,对此,《刑法》等法律中已经作出了明确规定。目前,《刑法》中可以适用的罪名包括诈骗罪、帮助信息网络犯罪活动罪、非法利用信息网络罪、侵犯公民个人信息罪、妨害信用卡管理罪等,其中诈骗罪等最高可判处无期徒刑,总体上能够适应实践需要。因此本法在刑事责任方面仅作了衔接性规定。也有意见提出,要对电信网络诈骗案件办理中的一些证据标准、程序等问题也作出规定,但这些内容在《刑事诉讼法》等法律中已有相应规定,总体上能够通过制定司法解释、统一认识等研究解决,因此未在本法中作出规定。三是处理好本法与《反洗钱法》、电信法、《网络安全法》、《个人信息保护法》等法律或者拟制定的法律的关系。制定电信法、修改《反洗钱法》等已经列入全国人大常委会立法规划，有关方面正在推进工作。这些立法都会涉及电信网络诈骗犯罪的某个或者某些环节，但是针对性不强，主要制度角度也不同，如电信法规定的主要是有关电信设备资源、电信企业责任等电信管理制度，对有关金融领域、互联网治理、跨境执法等方面难以覆盖。已经列入有关立法计划的网络犯罪防治法，与本法在角度和侧重上也会有所不同。反电信网络诈骗专项立法的优势是系统综合、针对性强，立法进程快。

第二条　本法所称电信网络诈骗，是指以非法占有为目的，利用电信网络技术手段，通过远程、非接触等方式，诈骗公私财物的行为。

【释义】　本条是关于电信网络诈骗定义的规定。

本法是专门规制电信网络诈骗的法律，因此有必要对电信网络诈骗作出定义，明确范围，从而确定本法适用的对象。从表面上看，电信网络诈骗是否定义似乎并不重要，其范围也似乎可以轻易确定，但实际上并非如此。科学确定电信网络诈骗定义，需要考虑和处理好以下关系：一是电信网络诈骗与诈骗罪的关系。本法规定针对的是电信网络诈骗，而不是针对所有诈骗犯罪。传统的“一对一”、接触式的诈骗罪的发案范围、治理特点和治理需要与电信网络诈骗具有很大不同，对其进行打击治理并不需要专门法律作出另外安排。因此，作出定义时需要准确区分电信网络诈骗与诈骗罪的关系，确定有关要素时要体现普通诈骗和电信网络诈骗的区别，合理划定本法规范边界。二是电信网络诈骗与其他关联犯罪的区分。电信网络诈骗过程中会有其他关联犯罪。例如,电信网络诈骗分子往往利用非法获取的公民个人信息进行精准诈骗,其中伴随的侵害公民个人信息犯罪,属于重要的关联犯罪。又如,电信网络诈骗通常需要利用各种手法洗钱以达到非法占有诈骗资金的目的,因此洗钱犯罪也是重要的关联犯罪。再如,为电信网络诈骗提供各类"黑灰产"支持帮助的行为,也都是重要的关联犯罪。在定义电信网络诈骗时,需要处理好与这些电信网络诈骗伴生的关联犯罪问题。

本条规定电信网络诈骗定义的主要考虑:一是为确定本法的调整对象,划定法律调整事项范围,明确本法是规制电信网络诈骗的"小切口"专项法律,不涉及其他违法犯罪事项。二是电信网络诈骗的界定是适用本法有关制度措施、施加权利义务和责任的前提。例如,本法对金融、电信、互联网企业规定了防范、监测电信网络诈骗的责任,电信网络诈骗的定义就直接关系到企业需要防范、监测的违法犯罪的范围。又如,本法对有关涉电信网络诈骗的违法犯罪人员采取限制办卡、限制出境,以及进行惩戒等措施,电信网络诈骗界定的范围决定了上述措施适用的人群范围,因此,对电信网络诈骗作出清晰定义是具有重要意义的。三是本法确定的电信网络诈骗定义对《刑法》等其他法律的适用也具有重要意义。对电信网络诈骗的入罪门槛作了不同于普通诈骗罪的规定,属于电信网络诈骗还是普通诈骗就决定了一些情形下是否构成犯罪并追究刑事责任。

从反电信网络诈骗实践看,当前常见的电信网络诈骗手段主要有贷款、代办信用卡类,刷单返利类,"杀猪盘"类(网络交友赌博投资类诈骗),冒充电商物流客服类,虚假购物、服务类,冒充领导、熟人类。上述六类案件共占全国电信网络诈骗犯罪发案数和损失数的八成以上。受害人最多的电信网络诈骗犯罪类型为刷单返利类,诈骗金额最多、损失最大的为“杀猪盘”类。在“杀猪盘”案件中,不少受害人自杀身亡。“杀猪盘”类已成为危害最突出的电信网络诈骗犯罪类型。总结这些常见的电信网络诈骗手段是对电信网络诈骗作出科学定义的基础。

本条包含以下三方面的内容:

第一,电信网络诈骗必须是“以非法占有为目的”“诈骗公私财物”的行为。这体现的是电信网络诈骗中“诈骗”的要素。电信网络诈骗本质上是诈骗的一种,电信网络诈骗犯罪必须符合诈骗犯罪的构成要件。诈骗罪具有完整的构成要件和过程,本条定义中没有规定的其他构成要件也应当按照诈骗罪的构成要件补充完整。《刑法》中规定了诈骗罪,并没有对诈骗定义作出明确规定,法学理论和实践中对于诈骗罪的构成要件和过程一般表述为“以非法占有为目的—虚构事实或者隐瞒真相—使他人产生错误认识—他人基于错误认识处分财产—行为人取得财产—被害人遭受财产损失”。这些要件过程对于电信网络诈骗的构成过程同样适用。因此,本条定义中虽然没有明确规定虚构事实、设置骗局、使他人产生错误认识等条件,但这些条件同样应当具备,要按照诈骗罪的要件予以确认。本条的定义主要是将电信网络诈骗的突出特点规定出来,其他要素还需要结合普通诈骗综合认定。“诈骗公私财物”包括骗取公民个人财物,也包括骗取单位财物。

第二,“利用电信网络技术手段”,这是电信网络诈骗在手段方式上区别普通诈骗的一个重要特征,也是称其为“电信网络诈骗”的原因。电信网络技术手段包括电信手段、网络手段或者电信网络手段的结合,实际上电信和网络也存在交叉融合。国务院《电信条例》第 2 条第 2 款规定:“本条例所称电信,是指利用有线、无线的电磁系统或者光电系统,传送、发射或者接收语音、文字、数据、图像以及其他任何形式信息的活动。”《网络安全法》第

76 条第 1 项规定“网络,是指由计算机或者其他信息终端及相关设备组成的按照一定的规则和程序对信息进行收集、存储、传输、交换、处理的系统”。本法主要是针对电信网络诈骗进行打击治理,不涉及电信网络的范围界定和部门管理职责划分。从实践看,电信网络诈骗利用电信网络技术的手段通常包括:一是利用发送短信方式;二是利用拨打电话方式;三是利用微信等即时通信工具;四是利用互联网手段等。实际上单纯利用一种方式的电信网络诈骗比较少,多是综合利用电信网络各类手段。电信网络诈骗已由电话诈骗逐渐发展为以网络端诈骗为主,并逐渐融合。2020 年,利用电话实施诈骗案件占全部电信网络诈骗案件的 21%,利用短信实施诈骗占比 8%,利用网络实施诈骗占比 71%。值得注意的是,利用短信和电话独立完成诈骗的案件极少,短信和电话主要是引流作用。如冒充假客服发验证短信、发送诈骗链接、引诱刷单广告等,最终引到网络上利用网络通信进行诈骗;利用电话联系到受害人后,再引流到网址、QQ、微信等社交软件上实施诈骗。另外,本条在定义中并没有对电信网络诈骗的洗钱手段作出描述,实践中电信网络诈骗犯罪除了利用电信网络技术手段进行诈骗以外,在诈骗链条中的资金转移链条中通常会采取利用银行、支付机构、POS 机等系统转移资金,以及利用贸易对冲、虚拟货币等方式洗钱,这些新型洗钱手段也是与电信网络诈骗伴生的,这一点也是电信网络诈骗区别于普通诈骗的一个重要特征。

第三,“通过远程、非接触等方式”实施诈骗。电信网络诈骗通常是针对不特定人,按照事先设计好的诈骗脚本,利用掌握的一些公民个人信息,采取广撒网方式在线上实施诈骗活动。一开始对象是不确定的,电信网络诈骗的这种涉众型、不特定对象的方式,通常表现为通过远程、非接触的方式进行诈骗活动。之所以强调电信网络诈骗的远程、非接触方式，是因为这是电信网络诈骗的一个主要特征，实践中也多是这种形态，而且线下的、接触式的诈骗可归于普通诈骗，在案件查办、防范治理等方面并不需要采取本法规定的有关制度、措施，其危害性并不会拓展为广泛的社会危害行为。但是，也不能一概将存在线下接触的诈骗都排除在电信网络诈骗之外，从而不适用本法规定。例如，在“杀猪盘”诈骗中，以电信网络技术手段为主实施诈骗，为联系“感情”而见面的，也可适用本法规定。因此，本条在“远程、非接触式”后增加了“等”字，对这种多种手段、方式融合的情况，以及随着实践发展可能出现的其他新情况，在立法适用上保留了余地。

实践中，需要注意传统的诈骗不适用本法规定。传统诈骗虽也可能采取打电话等方式，但主要是基于线下场景或者在熟人之间实施，这类诈骗往往有迹可循，对其进行治理不需要采取本法规定的金融、电信、互联网等特定防范措施，对普通诈骗人员也不能采取本法规定的有关惩戒、行政处罚以及限制出境等措施，违反其他法律规定的，依法给予相应处罚。

第三条　打击治理在中华人民共和国境内实施的电信网络诈骗活动或者中华人民共和国公民在境外实施的电信网络诈骗活动，适用本法。

境外的组织、个人针对中华人民共和国境内实施电信网络诈骗活动的，或者为他人针对境内实施电信网络诈骗活动提供产品、服务等帮助的，依照本法有关规定处理和追究责任。

【释义】　本条是关于本法适用范围的规定。

电信网络诈骗是利用电信网络技术手段实施的新型犯罪，在诈骗行为、资金转移等方面都打破了地域和国家界限。本法的适用范围首先是本国地域范围，同时根据惩治违法犯罪和保护本国公民、组织和国家利益的需要也可采取其他管辖原则。当前的电信网络诈骗具有跨境实施的显著特征。一是我国公民在境外实施电信网络诈骗的案件多。据统计，中国公民境外作案占80%以上，其中以缅北诈骗最为突出。近来随着对缅北电信网络诈骗打击治理力度的加强，电信网络诈骗分子开始向阿联酋、柬埔寨、菲律宾、东欧、“金三角”等其他国家和地区转移。二是境外电信、网络等服务或者境外“黑灰产”为境内电信网络诈骗活动提供支持。很多电信网络诈骗案件中，电信网络诈骗分子利用境外聊天软件Telegram（俗称电报或纸飞机）等实施诈骗。境外相关电信、互联网企业对电信网络诈骗监测防范不足，有的明知或者纵容他人利用其服务实施电信网络诈骗，还有的在境外提供“黑灰产”支持。一些企业的境外云服务被利用进行电信网络诈骗活动。三是电信网络诈骗活动在世界很多国家蔓延，已经逐渐成为国际性的突出犯罪问题。境外针对境内的诈骗也开始增多。基于上述电信网络诈骗犯罪跨境实施的情况，有必要在本法中对法律适用范围，特别是有关境外适用的情形作出明确规定。这也是贯彻党中央关于完善我国法律域外管辖制度的要求。近年来为贯彻落实这一要求，在很多立法中根据法律适用的现实需要都增加了有关域外管辖的规定，如《证券法》《个人信息保护法》《数据安全法》等法律中都作了规定。上述规定对于加强我国法律体系的域外适用，依法严厉惩治跨境犯罪具有重要意义。

本条共分两款。

第1款是本法适用于中国境内电信网络诈骗活动，以及适用于中国公民在境外实施电信网络诈骗活动的规定。包含以下几个方面的内容：

第一，打击治理在中华人民共和国境内实施的电信网络诈骗活动。这是本法适用的属地原则，也是法律适用范围的通常界定，即对于本国境内发生的电信网络诈骗活动适用本法规定。本法主要规定的是治理防范方面的内容，也包括一些打击方面的规定，无论是相关打击措施还是治理都适用本法相应规定。这里的实施包括组织、领导、策划和具体实施、参与实施，以及其他帮助实施的行为，全部或者有一部分行为发生在境内，结果或者结果的一部分发生在境内的，都适用本法。根据 2016 年《最高人民法院、最高人民检察院、公安部关于办理电信网络诈骗等刑事案件适用法律若干问题的意见》规定，“犯罪行为发生地”包括用于电信网络诈骗犯罪的网站服务器所在地，网站建立者、管理者所在地，被侵害的计算机信息系统或其管理者所在地，犯罪嫌疑人、被害人使用的计算机信息系统所在地，诈骗电话、短信息、电子邮件等的拨打地、发送地、到达地、接收地，以及诈骗行为持续发生的实施地、预备地、开始地、途经地、结束地。“犯罪结果发生地”包括被害人被骗时所在地，以及诈骗所得财物的实际取得地、藏匿地、转移地、使用地、销售地等。此外，根据 2021 年《最高人民法院、最高人民检察院、公安部关于办理电信网络诈骗等刑事案件适用法律若干问题的意见（二）》的规定，犯罪行为地或者结果地还包括：用于犯罪活动的手机卡、流量卡、物联网卡的开立地、销售地、转移地、藏匿地；用于犯罪活动的信用卡的开立地、销售地、转移地、藏匿地、使用地以及资金交易对手资金交付和汇出地；用于犯罪活动的银行账户、非银行支付账户的开立地、销售地、使用地以及资金交易对手资金交付和汇出地；用于犯罪活动的即时通信信息、广告推广信息的发送地、接收地、到达地；用于犯罪活动的“猫池”（Modem Pool）、GOIP（Gsm Over Internet Protocol）设备、多卡宝等硬件设备的销售地、入网地、藏匿地;用于犯罪活动的互联网账号的销售地、登录地。因此,只要具备上述任何一种情形的,都可认定为在我国境内实施犯罪,对有关人员、行为适用本法进行管理和处罚。

第二,对于中华人民共和国公民在境外实施的电信网络诈骗活动适用本法。当前我国一些地方的人员出境从事诈骗等非法活动的情况较为突出,甚至一些地方存在区域化、有组织化现象,大量本地居民集中前往境外,利用境外监管治理不严和跨境执法难的情况,在境外组织人员、设立窝点,从事电信网络诈骗活动,不少人员滞留境外实施电信网络诈骗活动。因此,本条对我国公民在境外实施电信网络诈骗活动适用本法作出专门规定。从实践看,我国公民在境外实施电信网络诈骗活动以针对我国境内公民为主要情形,也有针对外国公民如取得外国国籍的华人的情形,这种情况也适用本法。对于我国公民实施的电信网络诈骗按照属人管辖的原则适用本法,不要求侵害对象必须是我国境内公民。实践中公安机关部署开展针对境外人员的"断流"行动,劝返境外人员,并根据情况依据我国现有法律进行处罚。

第 2 款是关于电信网络诈骗域外管辖的规定。适用域外管辖需要具备以下条件:一是行为主体是境外的组织、个人。二是行为方式是在境外实施电信网络诈骗活动,或者为他人针对境内实施电信网络诈骗活动提供产品、服务等帮助。需要注意的是,本条特意将"为他人针对境内实施电信网络诈骗活动提供产品、服务等帮助"写出来,主要针对的是境外一些电信业务经营者、互联网服务提供者等企业明知或者应当知道他人利用其产品、服务实施电信网络诈骗而仍然为其提供帮助或者便利的行为,如实践中常见的国外一些互联网服务软件疏于监管被国内人员大量用于电信网络诈骗活动。这种情况下,我国执法机关根据案件情况和需要，对危害特别严重、被电信网络诈骗广泛利用的有关特定境外企业提出整改要求或者作出行政处罚。三是行为对象针对的是境内人员。由于行为主体和行为发生地都在境外，适用本法管辖必须要具备针对境内人员的管辖连接点，如不针对境内人员、不损害我国国家和公民利益的则不适用本法处理。因此，本款适用的情形为境外企业违反本法规定，造成大量电信网络诈骗，侵害我国国家和公民利益的情形。

此外，还有两种情形需要注意：一是境外人员利用我国通信、金融、互联网产品、服务在境外实施电信网络诈骗，如果损害我国企业或者国家利益的，也可适用本法。二是我国境内互联网企业在境外拓展业务或者设立的公司，不落实有关管理和防范制度规定，造成其产品、服务被大量用于电信网络诈骗时也可依照第2款规定适用本法，但必须是被利用针对境内实施诈骗，损害我国国家和公民利益，予以处罚的前提必须是明知相关产品、服务被用于电信网络诈骗而放任不管。

“依照本法有关规定处理和追究责任”包括两层含义：一是适用本法有关规定进行管理。例如，要求企业按照电信治理、金融治理、互联网治理或者综合措施中的有关规定落实反电信网络诈骗职责；又如，企业要建立健全涉诈异常情形的电话卡、账号、账户实时监测识别防范系统等。二是适用本法规定的行政处罚或者惩戒措施等。比如，境外企业违反本法规定，为他人实施电信网络诈骗提供产品、服务的，可以依照本法给予其行政处罚，责令采取有关防范措施，限制或者停止针对国内的有关业务活动等。此外，需要注意的是，处罚为他人实施电信网络诈骗活动提供产品、服务的行为，也应当限于行为人“明知”的情形，对于不知道或者难以完全防范他人利用其产品、服务实施电信网络诈骗活动的，不应追究其责任。“明知”包括确切知道，也包括可以推定的应当知道。

实践中需要注意的是：第一，本条有关域外管辖的规定是在管辖原则上作出的备用性质的规定，是否适用需要根据案件情况和维护我国国家利益的需要作出决定。由于这类行为主体和行为实施地均在境外，当地一般也具有管辖权。法律上作出管辖依据规定，为根据情况对境外组织、个人进行管理或者处罚提供备用工具。第二，本法的管辖原则与刑法属地管辖、属人管辖和保护管辖相衔接，但条件不完全一致。《刑法》对属人管辖规定了3年以下有期徒刑可以不予追究的情形，在保护管辖上有刑期条件限制，还有“按照犯罪地的法律不受处罚的除外”的限制性规定。本法在适用原则上没有这些限制，主要是考虑本法的主要制度是防范性管理制度，以及一些行政处罚，为更好防范境外电信网络诈骗活动，在适用上不需要作出进一步限制，从而更好地防范境内外电信网络诈骗活动。

第四条　反电信网络诈骗工作坚持以人民为中心，统筹发展和安全；坚持系统观念、法治思维，注重源头治理、综合治理；坚持齐抓共管、群防群治，全面落实打防管控各项措施，加强社会宣传教育防范；坚持精准防治，保障正常生产经营活动和群众生活便利。

【释义】　本条是关于反电信网络诈骗工作基本原则的规定。

随着移动通信技术的迅速发展和网络应用软件的普及，在促进经济社会发展、方便群众生产生活的同时，也出现了各种新的网络犯罪形态、生态，传统的诈骗犯罪逐步向高科技靠拢、向网络诈骗转变，电信网络诈骗犯罪已成为近年来持续高发多发的新型犯罪，并呈现愈演愈烈的趋势，给社会稳定、人民群众的生产安全带来极大损害。据统计，仅2020年，全国电信网络诈骗案件立案已超过92.7万起，损失金额高达353.7亿元。不仅如此，电信网络诈骗犯罪催生了一系列黑灰产业链，形成一些上下游关联犯罪，电信网络诈骗犯罪活动形势异常严峻。

涉及面广、欺骗性强、无接触、危害严重是电信网络诈骗犯罪的基本特点。犯罪分子利用新型电信网络技术手段，钻管理上的漏洞，通过非法获取个人信息、网络黑灰产业交易等实施精准诈骗，通过境外实施跨境跨地域诈骗。他们往往用极低的犯罪成本就能骗得盆满钵满，随后利用发达的金融支付系统快速地转移赃款，大量涉诈资金被转往境外难以追查，严重影响国家的经济安全，严重影响国家形象。因陷入电信网络诈骗的圈套，很多群众的看病钱、养老钱、上学钱被席卷一空，因骗致贫、因骗返贫现象和受骗后破产、自杀等恶性事件时有发生，严重危害人民群众财产安全，严重影响人民群众安全感、幸福感、获得感。

深入学习认真贯彻落实习近平总书记关于打击治理电信网络诈骗犯罪工作的重要指示精神，以高站位、大决心、强力度，持续开展对电信网络诈骗违法犯罪的打击治理。但从实践情况看，反电信网络诈骗工作系统治理、综合治理、源头治理方面的制度措施不够充分，电信网络诈骗在预防治理方面仍有漏洞。一些地区虽经过严打整治，但违法犯罪土壤尚未根除；一些地方基层社会治理比较薄弱，非法从事黑灰产业问题还十分突出；一些行业治理存在薄弱环节，各方面责任制度尚未建立完善，难以形成协同打击的治理合力。此外，在开展打击治理电信网络诈骗工作过程中，一些部门和地区存在重打击、轻保护的现象，部分具体措施的执行还不够精准，在平衡打击治理犯罪与保障合法生产生活关系方面，做得还不够好。各方面对于加强法律制度建设的需求较为迫切，一些经验做法和政策文件精神需要上升为法律规定，反电信网络诈骗工作的基本原则需要统一明确，为进一步精准有效打击治理电信网络诈骗起到指导作用。

法律原则是一部法律的根本遵循和指导准则，是法律性质、法律内容、法律要求、法律规律等方面的直接反映。反电信网络诈骗工作的基本原则，应当重点把握以下几个方面内容：一是在根本立场上，必须始终坚持以人民为中心，从统筹发展和安全的高度做好反电信网络诈骗工作；二是在基本方法上，要坚持系统观念、法治思维，注重源头治理和综合治理，整体性、系统性推进反电信网络诈骗工作；三是在实施策略上，要求各方面各环节共同发力，打防管控各项措施并举，做好社会宣传教育防范工作，增强电信网络诈骗治理体系和治理能力现代化；四是在工作要求上，要做到精准防治，在电信网络诈骗治理过程中，要依法保障公民和组织的正常生产生活的便利，科学合理地持续开展电信网络诈骗打击治理。

本法是针对当前电信网络诈骗犯罪高发多发这一突出问题进行的专门立法。作为“小快灵”立法，本法坚持了源头治理、系统治理、综合治理，是完善预防性法律制度的重要举措，为司法实践打击治理电信网络诈骗犯罪提供重要的法律依据，体现了立法的人民性、前瞻性。秉持了“小切口”立法以及“急用先行”的原则，立足综合治理、源头治理和依法治理，侧重前端防范，体现了我国打击治理电信网络诈骗是从点状打击到溯源治理，从国家主导到社会动员，预防性的制度设计贯彻的是综合治理和预防治理的思路，改变的是整个网络治理的生态环境。

本条规定了反电信网络诈骗工作的四个方面的基本原则。

一是关于反电信网络诈骗工作坚持以人民为中心，统筹发展和安全的规定。

电信网络诈骗是当前人民群众反映突出的一个重要社会安

全问题，不少人民群众养老钱、看病钱、上学钱被骗，还有不少资金是从民间借贷、网络借贷平台借贷而来，被骗人民群众面临生活无着落、不能还款受到信用惩戒等严重后果。治理电信网络诈骗，必须要有“零容忍”的态度。针对反电信网络诈骗进行专门立法，将反诈工作从被动处置转化为全面治理，主动出击，体现以人民为中心的发展理念。

坚持以人民为中心是反电信网络诈骗工作的基本立场，对反电信网络诈骗进行专门立法，根本目的也是依法保障人民的权益。当前，电信网络诈骗犯罪活动猖獗，已成为群众反映强烈的一大痛点问题。坚持以人民为中心，就要不断满足人民对生活、法治、发展、安全等方面日益增长的要求，坚决打击侵犯人民切身利益的电信网络诈骗活动，依法保障人民的人身权、财产权，真正守护好人民群众的钱袋子，使人民群众不断增强获得感、幸福感、安全感，用法治保障人民安居乐业。

反电信网络诈骗工作应当统筹好发展和安全这两件大事。安全是发展的前提，发展是安全的保障。通过立法从国家层面确立反电信网络诈骗工作，系统性地开展预防和治理，维护良好的电信、金融、互联网环境，为社会发展提供良好的安全环境。在总体国家安全观指导下，既要注重内部安全，又要注重外部安全，坚持内部协调与外部合作的打击电信网络诈骗工作机制，以良好的安全环境促进经济社会快速发展。同时，在反电信网络诈骗工作中树立发展是第一要务、发展是安全的保障的理念，以经济社会发展来保安全，为国家安全奠定坚实基础。在开展反电信网络诈骗工作中，要正确处理好打击犯罪与保护经济发展的关系，还要善于通过各方面技术的发展来促进打击网络诈骗的力度和精度，消除影响国家安全的不稳定因素。

二是关于坚持系统观念、法治思维，注重源头治理、综合治理的规定。

反电信网络诈骗工作涉及电信、网络、金融等多环节、多领域，同时涉及公民、电信网络运营商、金融机构或支付平台以及监管部门等众多主体。所涉及的工作具体包括网络账号、手机卡等通信治理，银行卡及账户、反洗钱等金融治理及提供网站搭建维护、软件技术以及硬件设备产业服务，公民个人信息保护，宣传教育防范等各个方面。对电信网络诈骗应当坚持统筹治理，全链条、生态链式的打击惩处，在反电信网络诈骗立法中明确坚持系统观念、法治思维，注重源头治理、综合治理的基本原则，符合打击治理电信网络诈骗的工作实际需要。

反电信网络诈骗工作中的“系统观念”，是指站在党和国家的全局角度和战略高度，统筹考虑电信网络诈骗预防和治理，这是开展工作的基础性思想和工作方法。要充分认识到反电信网络诈骗工作是一项系统性工作，需要多部门、多环节、多主体共同参与方能完成，需要各方面的配合与互动。反电信网络诈骗工作中的“法治思维”，是指将法治的要求运用于打击电信网络诈骗的各方面，用法治的方式认识、分析、处理工作过程中的各种问题，善于用法律手段协调各种关系。保证打击电信网络诈骗的各项工作都符合法治的要求，在法治的轨道上运行。反电信网络诈骗工作中的“源头治理”，是指将治理电信网络诈骗的工作着力点放到强化源头打击和防范上，打早打小打准，治理关口前移，建立长效的“治本”机制，达到事半功倍的治理效果。反电信网络诈骗工作中的“综合治理”，是指要对电信网络诈骗违法犯罪活动进行全方位多角度的全面治理，需要集中各职能部门、全平台协同发力，依靠人民群众和社会各方面的力量，综合运用政治、经济、法律、行政、教育、文化等各种手段，对电信网络诈骗活动进行全链条的治理。

三是关于坚持齐抓共管、群防群治，全面落实打防管控各项措施，加强社会宣传教育防范的规定。

近年来，电信网络诈骗犯罪案件高发，在刑事犯罪案件中占比越来越大。据统计，在全国刑事案件连续5年下降的情况下，电信网络诈骗犯罪不降反升，严重危害人民群众财产安全，破坏社会诚信体系，损害国家形象。因此，我们必须充分认识当前电信网络诈骗犯罪的严峻形势，夯实金融、通信、互联网等领域反电信网络诈骗监管、治理的主体责任，坚持各部门齐抓共管，充分依靠基层组织和广大人民，坚持系统性的群防群治策略，开展宣传教育、预警防范，全力落实打防管控各项工作措施，依法坚决打击遏制电信网络诈骗犯罪活动。

在落实反电信网络诈骗工作中坚持"齐抓共管"，就是要进一步健全工作机制，明确各级人民政府及公安、金融、电信、网信、市场监管等有关主管部门的职责义务，同时将电信业务经营者、银行业金融机构、非银行支付机构、互联网服务提供者等纳入电信网络诈骗防控责任体系中，逐步形成紧密配合、通力协作、齐抓共管的工作格局。在反电信网络诈骗工作中坚持"群防群治"，就是坚持"从群众中来，到群众中去"的群众工作路线，在落实相关工作上要充分相信群众、发动群众、依靠群众，保障人民群众积极参与电信网络诈骗治理，让基础群众工作成为预防和治理电信网络诈骗的重要方面。"全面落实打防管控各项措施，加强社会宣传教育防范"是在反电信网络诈骗工作中落实"惩防并举"的必然要求，既要注重打防管控具体措施的落实，又要注重社会宣传教育的防范效果。各有关部门要以高站位、大决心、强力度的政治责任感、使命感，将打防管控各项措施落地落实，形成持续打击的工作合力和紧密合作的打防管控体系。通过法治宣传、以案释法等方式，开展反电信网络诈骗法治教育，将防范宣传责任落实到基层,完善涉电信网络诈骗举报渠道,提升人民群众的防范意识和鉴别能力,形成全民反诈的社会氛围。

四是关于坚持精准防治,保障正常生产经营活动和群众生活便利的规定。

电信网络诈骗涉及区域广、牵扯行业部门多等特点,决定了电信网络诈骗犯罪预防和治理难度上的复杂性,决定了电信网络诈骗犯罪预防和治理不仅需要多个部门协调配合、多管齐下,而且需要运用多种手段多措并举,才能取得防治结合比较好的效果。为了保证打击电信网络诈骗的实效,一些部门和部分地区在运用治理手段和措施时,力度较大、范围较广,对当地正常的生产经营活动和群众的生活便利造成了一些影响。尤其是在运用一些行政手段来打击治理电信网络诈骗的同时,带来了一些不当运行的"后遗症",如侵犯公民个人信息、擅自增加行政许可的条件等。为了规制实践中出现的负面现象,落实以人民为中心的基本立场,增强反电信网络诈骗工作的实效,需要在法律原则中进一步明确打击治理与保障人民正常生产生活的关系。

在反电信网络诈骗工作中坚持"精准防治",是指在电信网络诈骗治理的各环节中贯彻科学精准的理念,相关职能部门对涉诈关联行为进行精准调查、精准监测,对违法犯罪行为进行精准认定、精准打击,对涉诈风险范围和人群进行精准划分、精准防范,用较小的社会投入换取治理电信网络诈骗最大的效果。在"精准防治"要求基础上,电信网络诈骗活动惩治过程中进一步要求"保障正常生产经营活动和群众生活便利",是指相关部门在作出具体防治措施的决定时应符合比例原则,充分考量该措施对人民群众正常生产生活的影响,将保障正常生产经营活动和群众生活便利作为作出具体决定的前提,从而合理地平衡打击治理电信网络诈骗和保障人民群众正常生产生活两个主要方面的关系。

第五条　反电信网络诈骗工作应当依法进行，维护公民和组织的合法权益。

有关部门和单位、个人应当对在反电信网络诈骗工作过程中知悉的国家秘密、商业秘密和个人隐私、个人信息予以保密。

【释义】　本条是关于依法进行反电信网络诈骗工作、保护国家秘密、商业秘密和个人隐私、个人信息的规定，是开展反电信网络诈骗工作的总要求。

依法治国，是坚持和发展中国特色社会主义的本质要求和重要保障，是实现国家治理体系和治理能力现代化的基本要求。《宪法》第 5 条第 1 款规定，中华人民共和国实行依法治国，建设社会主义法治国家。反电信网络诈骗工作作为重要的执法司法工作，应当遵循法治原则，严格依法进行。

《宪法》"总纲"中明确规定，国家保护公民和组织合法的权利和利益。《刑事诉讼法》第 2 条规定的刑事诉讼法的任务包括"尊重和保障人权，保护公民的人身权利、财产权利、民主权利和其他权利"。这一原则同样也体现在相关法律中。例如，《国家情报法》第 8 条规定，国家情报工作应当依法进行，尊重和保障人权，维护个人和组织的合法权益。《反间谍法》第 5 条规定，反间谍工作应当依法进行，尊重和保障人权，保障公民和组织的合法权益。《网络安全法》第 1 条明确立法目的是"保障网络安全，维护网络空间主权和国家安全、社会公共利益，保护公民、法人和其他组织的合法权益，促进经济社会信息化健康发展"。《反有组织犯罪法》第 5 条规定，反有组织犯罪工作应当依法进行，尊重和保障人权，维护公民和组织的合法权益。2009 年以来，我国先后制定了四期国家人权行动计划，都提出了执法司法领域尊重和保障人权，维护公民、企业和组织合法权益的具体举措。反电信网络诈骗工作也应当依法进行，既要严厉惩治电信网络诈骗，也要尊重和保障人权，维护公民和组织的合法权益。本法赋予了执法司法机关必要的执法权力，同时还要加强对执法权力的规范制约，防止执法手段的不当使用侵害公民和组织的合法权益。这样，反电信网络诈骗工作才能真正获得人民群众的拥护和支持，得到胜利的保障。

反电信网络诈骗工作，是关系到社会稳定、公共安全和人民群众生命财产安全的一项重要工作。为有效预防和应对电信网络诈骗活动，增强反电信网络诈骗工作能力，采取各种安全防范措施，以及给予执法机关有力的执法手段等都是必要的。比如：在电信治理过程中，本法赋予电信业务经营者采取必要的核验措施的规定；在金融治理过程中，本法赋予银行业金融机构、非银行支付机构采取相应的风险管理措施的规定；在互联网治理过程中，本法赋予电信业务经营者、互联网服务提供者采取的相关处置措施的规定等。同时，执法机关或者有关部门在履行反电信网络诈骗工作职责、义务过程中不可避免地会接触到一些国家秘密、商业秘密和个人隐私、个人信息。例如，有关部门为反电信网络诈骗工作的需要，根据本法有关规定，在对电信、金融、互联网进行管理、管控和调查过程中，或者在采取技术侦查措施过程中，侦查人员在获取与案件有关的证据和线索时，可能会知悉其他组织、公民的合法商业秘密或者个人隐私、个人信息。因此，对平衡反电信网络诈骗工作手段和保护国家秘密、商业秘密和个人隐私、个人信息作出明确规定是必要的。本条第 1 款规定反电信网络诈骗工作应当依法进行，其中包含着对国家秘密、商业秘密和个人隐私、个人信息予以保密的内容，这也是维护公民和组织合法权益的一种具体表现。本条第 2 款规定对国家秘密、商业秘密和个人隐私、个人信息予以保密，既是对国家安全、公共安全的保障，也是在反电信网络诈骗工作中贯彻尊重和保障人权，维护公民和组织合法权益的体现，目的是加强规范，防止反电信网络诈骗工作过程中侵害国家、组织和公民的合法权益，维护有关方面利益。

另外需要注意的是，使用本法规定的措施进行侦查，获取的有关证据、材料只能用于对电信网络诈骗的侦查、起诉和审判，不得用于其他用途。侦查人员对采取技术侦查措施过程中知悉的国家秘密、商业秘密和个人隐私、个人信息，应当保密；对采取技术侦查措施获取的与案件无关的材料，必须及时销毁。

本条共分两款。

第 1 款是关于依法开展反电信网络诈骗工作总的原则的规定。

本款主要规定了反电信网络诈骗工作两个方面的要求：一是反电信网络诈骗工作应当依法进行。这一规定要求在反电信网络诈骗工作中，应当贯彻党中央全面依法治国的要求，坚持社会主义法治原则。在立法方面，贯彻习近平法治思想和习近平总书记对打击治理电信网络诈骗犯罪活动的重要指示批示精神，制定本法，为反电信网络诈骗工作提供了有力的法治保障和法律武器，同时将反电信网络诈骗工作纳入法治轨道进行规范，就体现了依法反电信网络诈骗的原则要求。在执法司法方面，各级人民政府、政法机关和其他有关部门都应当严格执行本法、《刑法》、《刑事诉讼法》和其他法律法规的规定，依法开展反电信网络诈骗工作。在刑事诉讼的侦查、审查起诉、审判、执行等各环节严格遵循法律规定的程序。在监督管理方面，反电信网络诈骗工作专门机关和各有关部门开展各项反电信网络诈骗工作，应当遵守本法及《网络安全法》、《个人信息保护法》等，对反电信网络诈骗规定的电信治理、金融治理、互联网治理、综合治理等措施的要求，依照法定的职责分工，严格依照法律确定的条件和程序，采取各项反电信网络诈骗措施，既不失职，也不越权。

二是反电信网络诈骗工作应当维护公民和组织的合法权益。对这一规定，应当从两个层面去理解。一方面，电信网络诈骗是对社会稳定、公共安全、人民人身财产权利的重大威胁，强化反电信网络诈骗措施，有效地防范和惩治电信网络诈骗活动，本身就是国家维护公民和组织合法权益的一个重要方面。同时，执法司法机关、监督管理部门及相应的经营主体，在落实反电信网络诈骗各方主体责任过程中，应当充分维护公民和组织的合法权益，严格履行本法、《刑事诉讼法》等法律规定的程序要求，严格掌握有关治理措施的审批权限，慎重采取暂停、关闭、禁止相关服务等可能影响人民群众正常生产经营活动和生活便利的处置措施。作出决定时，要遵循比例原则，把握法律政策界限，尽量减少治理电信网络诈骗活动对公民生活和企业生产经营活动的不利影响，维护和优化营商环境。要畅通公民和组织对违法不当措施侵犯其合法权益的申诉、救济渠道，违法采取治理措施给公民和组织人身或者财产造成损害的，应当依照《国家赔偿法》等规定给予赔偿。另一方面，本法的许多具体规定都体现了维护公民和组织的合法权益的原则。比如，第 16 条、第 18 条都明确规定，在采取金融治理措施过程中获取的相关信息不得用于风险防控以外的其他用途；第 20 条规定要求建立完善电信网络诈骗涉案资金即时查询、紧急止付、快速冻结、及时解冻和资金返还制度，明确有关条件、程序和救济措施；第 32 条第 3 款规定，依据本法第 11 条、第 12 条、第 18 条、第 22 条和前款规定，对异常情形采取限制、暂停服务等处置措施的，有关单位、个人可以向作出决定或者采取措施的有关部门、单位提出申诉。有关部门、单位应当建立完善申诉渠道，对提出的申诉及时核查，核查通过的，应当即时解除有关措施。执法司法机关及有权采取相关措施的有关部门和单位应当严格执行这些规定，切实维护公民和组织的合法权益。

第 2 款是关于保护国家秘密、商业秘密和个人隐私、个人信息的规定。

反电信网络诈骗工作有关部门和单位、个人在履行反电信网络诈骗工作职责、义务过程中有可能涉及、了解有关国家秘密、商业秘密和个人隐私、个人信息。国家秘密一旦被泄露，就会对国家安全和利益造成危害或者威胁；商业秘密被泄露，会给拥有该商业秘密的单位和个人的生产、经营活动带来不利影响，造成经济损失；个人隐私、个人信息的泄露，则侵犯了当事人的合法权利，可能给当事人的名誉造成损害，影响正常生活，对个人带来精神痛苦和心理压力。因此，各有关部门和单位、个人对于在反电信网络诈骗工作中接触、知悉的国家秘密、商业秘密和个人隐私、个人信息，都有法定义务予以保密。

规定本条有以下几个方面的考虑：一是从现实情况看，有关部门和单位、个人在反电信网络诈骗工作中接触、知悉的国家秘密、商业秘密和个人隐私、个人信息量多面广。二是有关部门和单位、个人在反电信网络诈骗工作中接触、知悉的国家秘密、商业秘密和个人隐私、个人信息一般是敏感度较大或者私密程度较高的。若有关部门和单位、个人没有强烈的保密意识，导致国家秘密、商业秘密和个人隐私、个人信息被泄露或者被公开，有可能造成极大的权益损害，社会后果也是极为严重的。基于此，本条明确规定，有关部门和单位、个人应当对在反电信网络诈骗工作过程中知悉的国家秘密、商业秘密和个人隐私、个人信息予以保密。这就要求，有关部门和单位、个人在反电信网络诈骗工作过程中不仅自己不能主动泄露、公开或者非法提供这些信息，还要采取有力的措施确保这些信息不被泄露、不被公开。

本条规定的“国家秘密”，依照《保守国家秘密法》的有关规定，是指关系国家安全和利益，依照法定程序确定，在一定时间内只限一定范围的人员知悉的事项。国家秘密包括符合上述规定的下列秘密事项：国家事务重大决策中的秘密事项；国防建设和武装力量活动中的秘密事项；外交和外事活动中的秘密事项以及对外承担保密义务的秘密事项；国民经济和社会发展中的秘密事项；科学技术中的秘密事项；维护国家安全活动和追查刑事犯罪中的秘密事项；经国家保密行政管理部门确定的其他秘密事项。政党的秘密事项中符合上述规定的，也属于国家秘密。国家秘密的密级分为绝密、机密、秘密三级。其中，绝密级国家秘密是最重要的国家秘密，泄露会使国家安全和利益遭受特别严重的损害；机密级国家秘密是重要的国家秘密，泄露会使国家安全和利益遭受严重的损害；秘密级国家秘密是一般的国家秘密，泄露会使国家安全和利益遭受损害。根据《保守国家秘密法》的有关规定，一切国家机关、武装力量、政党、社会团体、企业事业单位和公民都有保守国家秘密的义务。反电信网络诈骗工作的有关部门和单位、个人对于履行反电信网络诈骗工作职责、义务过程中知悉的国家秘密当然也应当保密，这是对《保守国家秘密法》有关内容的重申。

本条规定的“商业秘密”，根据《反不正当竞争法》第 9 条第 4 款的规定，是指不为公众所知悉、具有商业价值并经权利人采取相应保密措施的技术信息、经营信息等商业信息。技术信息，包括技术配方、技术诀窍、工艺流程等。经营信息，是指采取什么方式进行经营等有关经营的重大决策以及与自己有业务往来的客户的情况等。商业秘密都具有一定的经济价值，必须予以保护，以维护社会主义市场经济秩序。

本条规定的“个人隐私”，是指公民不愿意公开的、与其人身权密切相关的、隐秘的事件或者事实，如个人财产、住址、生育能力、收养子女等。对这些信息应当予以保密，不得非法向外界泄露、传播、扩散，让不该知悉的人知悉。根据《民法典》第1032条的规定，自然人享有隐私权。任何组织或者个人不得以刺探、侵扰、泄露、公开等方式侵害他人的隐私权。隐私是自然人的私人生活安宁和不愿为他人知晓的私密空间、私密活动、私密信息。

本条规定的“个人信息”，根据《民法典》第1034条第2款的规定，是指以电子或者其他方式记录的能够单独或者与其他信息结合识别特定自然人的各种信息，包括自然人的姓名、出生日期、身份证件号码、生物识别信息、住址、电话号码、电子邮箱、健康信息、行踪信息等。《个人信息保护法》第4条规定的“个人信息”与《民法典》的规定是一致的，同时明确个人信息不包括匿名化处理后的信息。在载体形式方面，突出强调以电子方式记录的个人信息，但并未排除以纸质等其他方式记录的个人信息。个人信息具有可识别性，即某一自然人的身份能够直接或者通过相关信息间接识别。个人信息具有相对性，只要已经确定了特定个人的身份，或者具备识别、确定特定个人身份的能力，则与该特定个人有关的各种信息均应作为个人信息予以保护。个人信息中的私密信息，适用有关隐私权的规定；没有规定的，适用有关个人信息保护的规定。

第六条　国务院建立反电信网络诈骗工作机制，统筹协调打击治理工作。

地方各级人民政府组织领导本行政区域内反电信网络诈骗工作，确定反电信网络诈骗目标任务和工作机制，开展综合治理。

公安机关牵头负责反电信网络诈骗工作，金融、电信、网信、市场监管等有关部门依照职责履行监管主体责任，负责本行业领域反电信网络诈骗工作。

人民法院、人民检察院发挥审判、检察职能作用，依法防范、惩治电信网络诈骗活动。

电信业务经营者、银行业金融机构、非银行支付机构、互联网服务提供者承担风险防控责任，建立反电信网络诈骗内部控制机制和安全责任制度，加强新业务涉诈风险安全评估。

【释义】 本条是关于反电信网络诈骗工作各方职责的规定。

近些年，电信网络诈骗犯罪日益猖獗，渗透到百姓日常生活中，严重破坏人民群众的获得感、幸福感、安全感。电信网络诈骗具有的组织化、链条化、精准化、跨境实施等特征要求我们在反电信网络诈骗工作中，要进一步完善各方面制度，加强各项工作，形成打击治理电信网络诈骗的强大合力。

习近平总书记强调，打击治理电信网络诈骗犯罪必须强化系统观念，坚持齐抓共管，各方面共同发力。当前，包括电信网络诈骗犯罪在内的网络犯罪生态系统和黑灰产业链条复杂，犯罪活动已经系统化、集成化。犯罪分子充分利用信息网络技术的特点，钻营有关行业管理的弱点，与各类上下游黑灰产业及人员形成了分工合作，实现了跨部门、跨行业、跨地域协作犯罪。在这种情况下，各自为政、单线作战的传统打击思路难以形成有效合力，不能适应网络犯罪规律特点。只有各部门、各单位、各领域齐抓共管，完善各方面制度，加强各方面工作，特别是在信息共享、快速联动方面完善体制机制，系统集成作战，斩断电信网络诈骗犯罪链条，才能从根本上遏制电信网络诈骗犯罪。这其中包括立法、执法、司法、普法各项工作，包括打防管控各项措施，也包括信息流、资金流、技术流、人员流等各项治理。既要从国家层面由国务院建立起反电信网络诈骗工作机制，统筹协调打击治理工作，又要落实地方各级人民政府在各自行政区域内反电信网络诈骗工作的组织领导责任，确定反电信网络诈骗目标任务和工作机制，开展综合治理。公安机关、金融、电信、网信、市场监管等有关主管部门要切实承担本行业领域反电信网络诈骗工作的监管主体责任；人民法院、人民检察院要充分发挥审判、检察职能作用，依法防范、惩治电信网络诈骗活动；电信业务经营者、银行业金融机构、非银行支付机构、互联网服务提供者要承担风险防控责任，建立反电信网络诈骗内部控制机制和安全责任制度，加强新业务涉诈风险安全评估。

第七条　有关部门、单位在反电信网络诈骗工作中应当密切协作，实现跨行业、跨地域协同配合、快速联动，加强专业队伍建设，有效打击治理电信网络诈骗活动。

【释义】　本条是关于反电信网络诈骗协同联动工作机制的规定。

电信网络诈骗犯罪是在电信网络技术先进且发展变化迅速的当今时代滋生、发展蔓延的新型犯罪活动，具有一些不同于传统犯罪的新特点。一是利用先进的技术手段，犯罪手法不断更新升级。从简单的通过电话、网络即时通信工具以“话术”设置陷阱、冒充公职人员或特定关系人实施诈骗，到利用短信群发、改变主叫号码、虚拟拨号、自动切换网络地址、拦截接收验证码等先进设备或者技术手段，甚至采用非法侵入、控制计算机信息系统的手段获取个人信息等用于犯罪的信息。互联网、电信、金融等领域的新技术、新设备也成为“双刃剑”，既被用于增进市场活力、改进服务品质、满足人民群众的美好生活需要，也被不法分子用于实施电信网络诈骗犯罪活动，有时候甚至更快地被用于电信网络诈骗活动。行政监管机关、司法办案机关防范电信网络诈骗活动的技术手段在更新升级，电信网络诈骗犯罪集团实施犯罪活动的技术手段也在更新升级，有时候甚至比防范技术更新升级更快，呈现出“道高一尺，魔高一丈”的局面。二是组织性强、分工细致，且在组织特征上有新特点。电信网络诈骗涉及多个环节、多个领域，这类犯罪活动发展到今天，已经呈现出组织严密、链条长、分工细的特征。电信网络诈骗活动涉及的各个领域、步骤，如编造话术“剧本”、非法获取、出售个人信息、发送诈骗信息、开发、制造可用于实施诈骗活动的设备、软件等，都有专门的人员、团队负责进行。与行政监管机关和司法办案机关对抗的不是一般的犯罪团伙，而是分工明确、智力密集的犯罪和相关黑灰产业链条。但是，与《刑法》规定的共同犯罪、犯罪集团的典型特征相对照，这些新兴电信网络犯罪组织又有新的特点。因为信息技术的高度发展，犯罪活动分工高度细化，犯罪活动链条的上下游人员之间往往并没有传统意义上的沟通联系和共同犯意，甚至根本互不相识。这就给适用《刑法》有关规定对这类犯罪组织进行打击惩治带来了新的困难。三是跨部门、跨行业、跨地域实施犯罪。电信网络诈骗犯罪活动已经系统化、集成化，犯罪分子充分利用信息网络技术的特点，钻营电信、互联网、金融等行业管理的弱点，与各类上下游黑灰产业及人员形成分工合作，实现跨部门、跨行业、跨地域协作犯罪。

面对具有这样新特点的电信网络犯罪活动，如果有关行政执法机关、司法办案机关和电信、互联网、金融等行业的市场主体还是各自为政、单线作战，就难以形成有效合力，不能适应网络犯罪规律特点。

2021年4月，习近平总书记对打击治理电信网络诈骗犯罪工作作出的重要指示强调，要坚持以人民为中心，统筹发展和安全，强化系统观念、法治思维，注重源头治理、综合治理，坚持齐抓共管、群防群治，全面落实打防管控各项措施和金融、通信、互联网等行业监管主体责任。习近平总书记的重要指示，为做好反电信网络诈骗工作中的协调联动配合机制建设提供了根本遵循。

2022年4月，中共中央办公厅、国务院办公厅印发了《关于加强打击治理电信网络诈骗违法犯罪工作的意见》，对加强打击治理电信网络诈骗违法犯罪工作作出安排部署。该意见要求，要依法严厉打击电信网络诈骗违法犯罪。坚持依法从严惩处，形成打击合力，提升打击效能；坚持全链条纵深打击，依法打击电信网络诈骗以及上下游关联违法犯罪。该意见强调，各级党委和政府要加强对打击治理电信网络诈骗违法犯罪工作的组织领导，统筹力量资源，建立职责清晰、协同联动、衔接紧密、运转高效的打击治理体系。金融、电信、互联网等行业主管部门要全面落实行业监管主体责任，各地要强化落实属地责任，全面提升打击治理电信网络诈骗违法犯罪的能力水平。该意见中的这些要求，为做好反电信网络诈骗工作中的协调联动配合机制建设提出了具体举措。

在本法调研起草过程中，有关方面反映，目前的反电信网络诈骗工作在各部门、单位之间的协调配合、快速联动机制方面还存在一些问题需要改进。在部门之间，存在信息共享不足、沟通协调不够、应急处置反映不够迅速、行政执法和刑事司法衔接机制不够顺畅等问题。在跨地区案件的办理上，存在管辖协调机制不顺畅，不同地区的办案机关有时争管辖，有时互相推诿；异地办案机关在调查取证、要求市场主体配合方面困难较大等问题。在执法司法机关与电信、互联网、金融等行业市场主体之间，也存在一些市场主体对于监管防范措施落实不到位，对办案机关的协作要求不重视、不积极配合，甚至为了经营业绩漠视、放任电信网络诈骗活动和相关黑灰产业发展，跨行业配合协调机制缺乏或者运行效率不高等问题。各方面普遍呼吁通过立法强化相关协同配合、快速联动机制，充分发挥各部门、各领域的职能作用，形成共同防范惩治电信网络诈骗活动，与电信网络诈骗犯罪组织和相关黑灰产业链作斗争的强大合力。

同时，反电信网络诈骗工作涉及电信、互联网、金融方面等各专业领域的新发展、新知识，要与不断花样翻新、升级换代的诈骗犯罪手段和黑灰产业链斗争，无论是行政监管、行业风险防控还是案件侦查、审查起诉、审判工作，都需要懂法律、懂技术，敢于斗争、善于斗争的专业反电信网络诈骗人员队伍作为支撑。反电信网络诈骗工作的实践也需要在法律中对相关专业队伍建设作出原则性、指引性规定。

本条贯彻落实习近平总书记重要指示精神和党中央决策部署，在第 6 条对国务院和地方各级人民政府反电信网络诈骗工作机制，公安机关、有关行业主管机关、司法机关的职责，电信、互联网、金融等行业市场主体的责任作出明确规定的基础上，进一步对有关部门、单位在反电信网络诈骗工作中的协同联动工作机制作出了明确规定，为有关方面共同开展好协同联动工作机制建设和反电信网络专业队伍建设，提供了法律指引和保障。

本条规定的主要内容是建立反电信网络诈骗协同联动工作机制，有效打击治理电信网络诈骗活动。这种协同联动工作机制，是各层级、各地域由行政监管机关、司法办案机关和金融、电信、互联网等行业市场主体共同构成,与电信网络诈骗犯罪活动作斗争的联合工作机制。建设这一工作机制的目的是“打击治理电信网络诈骗活动”,既包括在电信网络诈骗犯罪活动发生后即时发现、及时阻断、迅速查办、依法惩治,也包括在各相关行业领域和全社会加强治理,有效防范新的电信网络诈骗犯罪活动发生。本条对有关部门和单位提出了以下几个方面的要求:

一是有关部门、单位在反电信网络诈骗工作中应当密切协作。这里规定的“有关部门”,是指承担反电信网络诈骗工作的国家机关,包括承担反电信网络诈骗牵头职责的公安机关,承担有关行业行政监督管理职责的金融监管、电信、网信、市场监管等部门,承担电信网络诈骗犯罪案件检察、审判职责的人民检察院、人民法院等部门,以及中央和地方各层级的相关部门及其分支机构。“单位”是指国家机关以外的负有电信网络诈骗犯罪责任的单位,主要是电信、互联网、金融行业的电信业务经营者、银行业金融机构、非银行支付机构、互联网服务提供者等市场主体,既包括国有单位,也包括非国有单位。首先,各部门、单位都要提高政治站位,贯彻落实党中央决策部署,维护人民群众幸福感、获得感、安全感,积极履行企业社会责任的高度,充分认识共同做好反电信网络诈骗工作的重大意义。各部门、单位都不能只从本部门局部、眼前的角度出发,要积极协作配合、互相补台,而不是各行其是、互相掣肘。其次,国家机关之间要实现密切协作配合。各部门都要在认真履行自身职责的基础上,积极协助配合其他部门的工作。要加强行政执法和刑事司法衔接配合,行政监管机关在监管工作中发现犯罪活动线索的,要按照有关规定及时移送公安机关。公安机关、检察机关、审判机关在办理案件中发现行业监管存在疏漏的,要及时向有关行业监管部门提出改进建议,必要时,可以按照有关规定正式提出公安提示函、检察建议书、司法建议书。公安机关、检察机关、审判机关办理电信网络诈骗犯罪案件,要依法互相配合,就证据标准、取证认证规范等加强沟通,共同提高办案质量。不同地方的有关国家机关也要加强协调配合,在跨地域案件办理上从有利于惩治犯罪、有利于维护被害群众利益的角度确定办案机关,而不是基于局部利益或者工作方便争抢或者推诿。最后,有关单位也要与国家机关和其他单位密切协作配合。有关市场主体要配合国家机关落实各项防范措施,配合国家机关防范、调查电信网络诈骗犯罪工作,对于有关机关依法下达的紧急止付等阻断电信网络诈骗犯罪活动的指令,要及时不折不扣予以落实。在有关工作中不能只从自身发展业绩、回避风险的角度出发,而要积极承担社会责任,主动做好有关工作。

二是有关部门、单位要实现跨行业、跨地域协同配合、快速联动。要求有关部门、单位要在各级电信网络诈骗工作机制统筹协调下,打破行业、地域的局限,联合行动,共同发力,以快治快,形成全方位打击治理电信网络诈骗犯罪活动的局面。特别是处置正在发生、即将发生的电信网络诈骗犯罪活动时,各部门、单位都要做好积极响应、严格落实、守土尽责。

三是有关部门、单位要加强反电信网络诈骗专业队伍建设。要通过学习培训、实战锻炼等多种方式,培养从事反电信网络诈骗工作中宣传教育、技术防范、装备软件开发、案件侦查、审查起诉、审判等各环节的专门人才和专门队伍。建立激励机制,奖励在反电信网络诈骗工作中作出突出贡献的人员。

实践中需要注意的是:

第一,有关部门在反电信网络诈骗工作中,要依照本条的规定建立协同联动工作机制,形成打击合力。但公安机关、人民检察院、人民法院办理电信网络诈骗犯罪案件,在互相配合的同时,也要依照《宪法》和《刑事诉讼法》的规定互相制约。通过互相制约保证案件办理的质量和司法公正,维护诉讼参与人的合法权益。

第二,有关部门和单位要按照本条规定,积极共享涉及反电信网络诈骗工作的信息资源,同时也要严格执行《个人信息保护法》的有关规定,特别是有关国家机关要遵守国家机关处理个人信息的特别规定,切实维护公民个人信息安全。

第八条　各级人民政府和有关部门应当加强反电信网络诈骗宣传,普及相关法律和知识,提高公众对各类电信网络诈骗方式的防骗意识和识骗能力。

教育行政、市场监管、民政等有关部门和村民委员会、居民委员会,应当结合电信网络诈骗受害群体的分布等特征,加强对老年人、青少年等群体的宣传教育,增强反电信网络诈骗宣传教育的针对性、精准性,开展反电信网络诈骗宣传教育进学校、进企业、进社区、进农村、进家庭等活动。

各单位应当加强内部防范电信网络诈骗工作,对工作人员开展防范电信网络诈骗教育;个人应当加强电信网络诈骗防范意识。单位、个人应当协助、配合有关部门依照本法规定开展反电信网络诈骗工作。

【释义】　本条是关于反电信网络诈骗宣传教育、单位和个人防范的规定。

根据本法第 2 条的规定,电信网络诈骗犯罪本质上是诈骗犯罪,即《刑法》第 266 条规定的诈骗犯罪,属于诈骗这类《刑法》上常见的侵犯财产类犯罪在电信网络技术高度发达的时代的新表现形式。虽然形式上新,但仍然具有诈骗犯罪的实质特征,即行为人以非法占有为目的,采用虚构事实或者隐瞒真相的欺诈行为,使被害人陷入错误的认识,从而作出处置财产的行为,将财产“自愿”交由行为人支配。诈骗犯罪得逞的关键,是让被害人产生错误认识,落入“陷阱”。被害人产生错误认识的具体原因在不同案件中各不相同,有的是贪图小利,有的是为保护本人或者亲人人身财产安全,有的是因为从事特定活动、面临特定情境而落入骗局。电信网络诈骗作为新形势下的诈骗犯罪,其犯罪手法具有不同于传统犯罪的新特点。一是借助电信、互联网等现代化的传播途径,既实现便捷快速广泛传播,又不和被害人产生直接的接触。二是由专业人员编造“话术”剧情,结合非法获取公民个人信息等违法犯罪活动,欺骗性、迷惑性更强。三是针对老年人、青少年、特定岗位或者特定情境下的人员,有针对性地布设精准骗局。老年人对于电信、互联网等信息化工具不熟悉,青少年缺乏社会经验,他们识别和抵御防范电信网络诈骗的能力相对较弱,更容易落入“陷阱”。这些新的特点,使电信网络诈骗犯罪的“杀伤力”和防范难度比普通诈骗犯罪更大。

从防范诈骗犯罪的角度看,如果被害人防范意识强,识破了行为人的骗局,不产生错误认识,不落入“陷阱”,诈骗犯罪就不能得逞。防范电信网络诈骗这类新型的诈骗犯罪,就需要潜在的被害人具有更强的防范诈骗的意识和识别诈骗的能力。要提高公众的防骗意识和识骗能力,就离不开宣传教育这一重要手段,包括对作为潜在被骗者的社会公众进行的普遍宣传教育,也包括针对老年人、青少年等容易遭受电信网络诈骗的群体进行的有针对性的宣传教育。

2021 年 4 月,习近平总书记对打击治理电信网络诈骗犯罪工作作出的重要指示强调,要坚持以人民为中心,强化系统观念、法治思维,注重源头治理、综合治理,坚持齐抓共管、群防群治,加强社会宣传教育防范。习近平总书记的重要指示,为做好反电信网络诈骗宣传教育工作提出了要求,指明了方向。

2022 年 4 月,中共中央办公厅、国务院办公厅印发了《关于加强打击治理电信网络诈骗违法犯罪工作的意见》,对加强打击治理电信网络诈骗违法犯罪工作作出安排部署。该意见提出,坚持打防结合、防范为先,强化预警劝阻,加强宣传教育,坚持广泛动员、群防群治,发动群众力量,汇聚群众智慧,坚决遏制电信网络诈骗违法犯罪多发、高发态势。该意见要求,要构建严密防范体系。强化宣传教育,建立全方位、广覆盖的反诈宣传教育体系,开展防范电信网络诈骗违法犯罪知识进社区、进农村、进家庭、进学校、进企业活动,形成全社会反诈的浓厚氛围。该意见中的这些要求,为做好反电信网络诈骗宣传教育工作提出了具体举措。

从近年来反电信网络诈骗工作的实践情况看,加强宣传教育防范是反电信网络诈骗的重要工作,也是最为有效的防范性措施之一。各地、各部门创新方式,广泛开展反电信网络诈骗宣传教育防范,推进反诈宣传进学校、进企业、进社区、进农村、进家庭活动,营造全社会反诈浓厚氛围,取得了明显成效。在本法调研起草过程中,有关方面普遍提出,总结实践中的好做法、好经验,在法律中对反电信网络诈骗宣传教育工作作出原则性、指引性规定。

同时,作为社会组成单元和电信网络诈骗犯罪潜在受害者的单位和个人,也应当积极参与全民反诈的大局,提高自身防范电信网络诈骗的意识,主动配合有关国家机关的反电信网络诈骗工作。

本条贯彻落实习近平总书记重要指示精神和党中央决策部署,总结反电信网络诈骗工作的实践经验,对反电信网络诈骗宣传教育工作作了规定,明确了各级人民政府和有关部门在反电信网络诈骗宣传教育工作中的职责，明确了宣传教育的对象和主要形式。本条还对单位、个人防范电信网络诈骗的责任和义务作了规定。

本条共分三款。

第 1 款是关于人民政府和有关部门开展反电信网络诈骗宣传工作的规定。本款规定的责任主体是各级人民政府，包括中央人民政府即国务院和地方各级人民政府。根据本法第 6 条的规定，国务院建立反电信网络诈骗工作机制，统筹协调打击治理工作。地方各级人民政府负责本行政区域内反电信网络诈骗工作。反电信网络诈骗宣传工作作为反电信网络诈骗工作的重要基础环节，也是各级人民政府的重要职责。这里规定的“有关部门”，包括人民政府的公安、金融监管、电信、市场监管等部门，也包括人民法院、人民检察院和网信等部门。本条规定的宣传教育工作内容是“加强反电信网络诈骗宣传，普及相关法律和知识，提高公众对各类电信网络诈骗方式的防骗意识和识骗能力”。人民政府和各有关部门都应当根据自身职责，开展多种形式的反电信网络诈骗宣传教育。例如，公安机关加强对社会面普遍反诈宣传；人民法院、人民检察院加强以案释法；金融、网信、电信等部门在各自监管的行业内加强宣传，并督促本行业市场主体在经营活动中加强宣传。普及相关法律和知识，主要是普及本法和《刑法》有关惩治和预防电信网络诈骗犯罪的规定，普及常见的各类电信网络诈骗手段和危害。通过普法，警示公众不得参与电信网络诈骗活动，同时提高公众防骗意识和识骗能力。这里规定的“防骗意识”是指在日常生活、工作中对电信网络诈骗犯罪活动的警醒和防范意识。“识骗能力”是指识别并抵制各种形式的电信网络诈骗的能力。

第 2 款是关于有关部门和村民委员会、居民委员会有针对性地开展反电信网络诈骗宣传教育的规定。本款规定的责任主体包括政府特定部门和村民委员会、居民委员会。政府特定部门包括教育行政、市场监管、民政等部门。这些部门和基层群众自治组织都与本款规定的易受电信网络诈骗活动侵害的特定群体有较密切的关系,如教育行政部门与未成年人,民政部门、村民委员会、居民委员会与老年人等。村民委员会、居民委员会是城乡居民自我管理、自我教育、自我服务的基层群众性自治组织。根据《村民委员会组织法》《城市居民委员会组织法》的规定,他们都有协助维护社会治安的职责。本款规定的职责主要有两个方面:一是开展有针对性的精准反电信网络诈骗宣传教育,即根据电信网络诈骗受害群体的年龄、职业、地域分布等特征,直接参与并指导学校、养老服务机构等主体,加强对青少年、老年人等易受电信网络诈骗侵害的群体的有针对性宣传教育,以精准宣传教育对抗犯罪团伙的精准诈骗,补齐全民反诈的短板弱项。二是开展反电信网络诈骗宣传教育进学校、进企业、进社区、进农村、进家庭等活动。各部门、单位可以结合各类下基层工作,实现反电信网络诈骗宣传全覆盖,营造全社会一起与电信网络诈骗犯罪作斗争的浓厚氛围。

第 3 款是关于单位和个人防范责任的规定。本款规定的“单位”是指一般意义的社会单位,与本法第 7 条规定的负有特定反电信网络诈骗职责的“单位”不同。本款对单位、个人规定了两方面的防范电信网络诈骗的责任:一是单位应当加强内部防范电信网络诈骗工作,对工作人员开展防范电信网络诈骗教育;个人应当加强电信网络诈骗防范意识。在实践中,单位财务人员等成为电信网络诈骗重点对象之一,一旦受骗,会造成单位财产损失。本款有针对性地规定,各单位应当加强内部防骗工作,对工作人员开展防骗教育。个人要增强反电信网络诈骗防范意识,即在日常生活、工作中随时注意防范和识别电信网络诈骗活动,防止本人和他人落入诈骗“陷阱”,这与本条第 1 款关于通过宣传教育提高公众防骗意识的规定是相照应的。二是协助、配合有关部门依照本法规定开展反电信网络诈骗工作,既包括配合有关部门落实电信、互联网、金融等行业的防范措施,也包括配合公安、检察、审判机关的执法办案活动等。

实践中需要注意的是,本条规定的一个核心精神就是要加强反电信网络诈骗宣传教育的针对性、实效性。有关宣传教育工作要有一定的形式,形成一定的声势,但不能形式主义,为了宣传而宣传。要在精准宣传上下更多的功夫,通过宣传切实提高公众特别是特定人群防范电信网络诈骗犯罪的能力。

第二章　电信治理

第九条　电信业务经营者应当依法全面落实电话用户真实身份信息登记制度。

基础电信企业和移动通信转售企业应当承担对代理商落实电话用户实名制管理责任，在协议中明确代理商实名制登记的责任和有关违约处置措施。

【释义】　本条是关于电话用户实名制的规定。

电信网络诈骗犯罪都要利用电信网络技术手段进行。为防范治理电信网络诈骗犯罪，必须对电信、互联网行业进行治理，通过有效的制度规定和技术措施构筑起抵御电信网络诈骗犯罪的坚固防线。本法在总则后的第二章对电信治理作了专门规定。

近些年来，在电信网络犯罪防范治理领域存在的一个突出问题是，利用电信网络实施侵害的行为人个人身份信息没有登记或者登记的信息虚假，致使公安机关在侦办过程中，难以追溯到作案人本人，导致违法犯罪成本低，取证、查处难。在本法规定的电信网络诈骗领域，许多违法犯罪人员利用种种手段，获取未实名登记或者虚假登记的电话卡，作为拨打诈骗电话、发送诈骗信息的基础设备，肆无忌惮地进行电信网络诈骗活动，大大增加了行政监管机关和司法办案机关查处惩治有关犯罪活动的难度。有关国家机关在办理电信网络诈骗犯罪案件时，需要投入大量人力物力、技术力量核实用于实施犯罪活动的电话卡持有者的真实身份。

电话用户实名制属于电信领域的基础管理制度，不仅适用于防范治理电信网络诈骗犯罪，对于防范和惩治利用电话网络实施的编造和传播谣言、扰乱社会秩序、传播淫秽物品、侵犯公民个人信息，甚至黑社会性质组织和恶势力犯罪活动、恐怖主义、极端主义犯罪活动、危害国家安全犯罪活动等，都有重要的基础性意义。我国电话用户实名制法律制度的发展也有一个从实践探索到专项立法，再到综合性立法的发展过程。

自 2010 年开始，工业和信息化部会同公安部等部门，在整治手机淫秽色情专项行动中，开始推行手机用户实名登记制度，初期取得了一些成效，但由于缺乏明确的法律依据，遇到了一些困难。2012 年 12 月 28 日，十一届全国人大常委会第三十次会议通过了《关于加强网络信息保护的决定》。该决定根据严厉惩处网络违法犯罪行为、维护网络用户的合法权益、保障网络健康有序运行的需要，总结实践经验和各方面的意见，借鉴外国有关规定，对网络身份管理制度作了规定。该决定第 6 条规定，网络服务提供者为用户办理网站接入服务，办理固定电话、移动电话等入网手续，或者为用户提供信息发布服务，应当在与用户签订协议或者确认提供服务时，要求用户提供真实身份信息。这是全国人大常委会在专项立法中首次对电话用户实名制作出明确规定。2013 年 7 月，工业和信息化部根据《关于加强网络信息保护的决定》和有关法规规定，制定了《电话用户真实身份信息登记规定》，对电话用户真实身份登记的具体操作规范、有关个人信息保护措施、违反实名登记制度的法律责任、推动存量用户补登记的措施等作了具体规定。此后，电话用户实名制工作进展迅速，特别是新入网用户实名登记落实得比较好。2016 年 11 月 7 日，十二届全国人大常委会第二十四次会议通过了《网络安全法》。作为网络安全领域的基础性、综合性法律，《网络安全法》总结网络用户身份管理的成功经验，与《关于加强网络信息保护的决定》相衔接，也对包括电话用户实名制在内的网络实名制作了明确规定。该法第 24 条第 1 款规定，网络运营者为用户办理网络接入、域名注册服务，办理固定电话、移动电话等入网手续，或者为用户提供信息发布、即时通讯等服务，在与用户签订协议或者确认提供服务时，应当要求用户提供真实身份信息。用户不提供真实身份信息的，网络运营者不得为其提供相关服务。《网络安全法》的这一规定为电话用户实名制提供了更充分明确的法律依据。

根据有关方面反映的情况，近年来电话用户实名制的法律规定落实是有成效的，形式上的实名制基本落实到位，每张卡对应到人。截至 2021 年 3 月底，中国移动电话卡发卡 9.4 亿张，2016 年年底全面实现电话用户实名登记工作，电话实名率长期稳定在 99.9%以上；中国联通电话卡发放（移动用户、固话用户）累计 3.89 亿张，截至目前，中国联通电话实名率已达到 100%；中国电信电话卡发放总量为 3.6 亿张，2017 年后实名率达到 100%，总体实名率为 99.9%。实践中存在的问题主要是在使用环节人卡分离问题突出，相关监测、核验制度尚不健全，特别是买卖、出租、出借电话卡产生的“实名不实人”局面为实施电信网络诈骗提供了滋生土壤。也有一些经营电话入网业务的转售企业在落实实名登记制度时责任心不够，存在一定疏漏。

2022 年 4 月，中共中央办公厅、国务院办公厅印发的《关于加强打击治理电信网络诈骗违法犯罪工作的意见》强调，要强化系统观念、法治思维，坚持打防结合、防范为先，坚持源头治理、综合治理，加强行业监管。电话用户实名制作为电信领域违法犯罪防治的基础性制度,在反电信网络诈骗工作中应当长期坚持、深化落实。本法作为反电信网络诈骗的专门性法律,有必要对这一制度再次进行强调和明确,并针对实践中存在的问题进一步明确有关市场主体的责任。本条对此作了规定。

本条共分两款。

第1款是关于全面落实电话用户实名制的规定。根据本款规定,电信业务经营者应当依法全面落实电话用户真实身份信息登记制度。根据《电信条例》的规定,电信是指利用有线、无线的电磁系统或者光电系统,传送、发射或者接收语音、文字、数据、图像以及其他任何形式信息的活动。本款规定的电信业务经营者,主要是指经营固定电话和移动电话入网服务业务的企业,包括第2款规定的基础电信企业、移动通信转售企业及其代理商。本款规定的“依法”,包括依据《网络安全法》、《关于加强网络信息保护的决定》以及本法等法律规定和《电话用户真实身份信息登记规定》规定的具体规范。根据《电话用户真实身份信息登记规定》的要求,电信业务经营者为用户办理固定电话装机、移机、过户,移动电话开户、过户等电话入网业务时,应当登记用户的真实身份信息。用户拒绝出示有效证件,拒绝提供其证件上所记载的身份信息,冒用他人的证件,或者使用伪造、变造的证件的,电信业务经营者不得为其办理入网手续。工业和信息化部和各省、自治区、直辖市通信管理局依法对电话用户真实身份信息登记工作实施监督管理。本款规定的“全面”,是指要把法律规定的电话用户实名制不折不扣落到实处,既要做到形式上实名,也要认真按照本法和有关规定中的措施,积极落实实名实人,推动解决实践中存在的“实名不实人”的问题,为防范治理电信网络诈骗提供基础保障。

第2款是关于促进代理商落实电话用户实名制责任的规定。

本款规定的直接责任主体是基础电信企业和移动通信转售企业。“基础电信企业”是指提供公共网络基础设施、公共数据传送和基本话音通信服务的基础电信业务的企业，主要包括中国移动、中国联通、中国电信等。“移动通信转售企业”是指从移动网络的基础电信业务经营者处购买移动通信服务，重新包装成自有品牌并销售给最终用户的企业，目前是一些民营企业。基础电信企业和移动通信转售企业在拓展业务的过程中，都会发展一些代理商经营电话入网业务。本款明确规定基础电信企业和移动通信转售企业都应当与代理商签订协议，明确代理商落实电话用户实名制的责任和不履行责任的违约处置措施。本款规定通过市场经济手段与行政监管手段相结合，推动代理商全面落实电话用户实名制责任，补齐实践中存在的短板。

实践中需要注意的是，电信业务经营者在落实电话用户实名制过程中，会掌握大量电话用户的个人信息，在严格落实电话用户实名制要求的同时，也应当严格落实《个人信息保护法》《数据安全法》等规定，切实保护个人信息安全。有关部门也应当对此加强监管，防范和惩治有关侵犯公民个人信息安全的违法犯罪行为。

第十条　办理电话卡不得超出国家有关规定限制的数量。

对经识别存在异常办卡情形的，电信业务经营者有权加强核查或者拒绝办卡。具体识别办法由国务院电信主管部门制定。

国务院电信主管部门组织建立电话用户开卡数量核验机制和风险信息共享机制，并为用户查询名下电话卡信息提供便捷渠道。

【释义】 本条是关于电话卡办卡数量和风险管理的规定。

近年来,有关方面在预防和治理电信网络诈骗犯罪活动中遇到的一个突出问题,是一些不法分子通过各种途径大量非法收购、获取他人手机卡,用于拨打诈骗电话,发送诈骗信息,实施电信网络诈骗活动。利用电话卡使用“实人”监管落实不够的漏洞,绕过电话卡实名制监管要求,逃避打击。有的不法人员专门注册、贩卖、收购、非法提供电话卡,涉电话卡的非法活动成为网络黑灰产业链条上的重要一环,给打击治理电信网络诈骗犯罪工作带来很大困扰。一些青年甚至在校学生,以从事非法收购、贩卖、提供电话卡作为生财“捷径”,误入歧途,走上违法犯罪道路。

为严格执行电话身份管理制度,推动落实“实名实人”,遏制非法买卖电话卡的黑灰产业链,一方面,需要对这类违法犯罪行为依法严厉惩治。2015 年 8 月,《刑法修正案(九)》增加规定了帮助信息网络犯罪活动罪。2020 年 12 月,最高人民法院、最高人民检察院、公安部、工业和信息化部、中国人民银行联合发布《关于依法严厉打击惩戒治理非法买卖电话卡银行卡违法犯罪活动的通告》,开展了“断卡”行动,以“零容忍”的态度严厉打击非法买卖电话卡的违法犯罪活动。另一方面,需要严格办理电话卡的行政监管措施,从源头上减少流入非法渠道的电话卡数量。在这方面,限制用户办理电话卡数量是一项重要的措施。电话卡作为通信工具,个人合理自用的数量一般不会太多,如果单个用户办理电话卡的数量过多,就很有可能用于非法买卖,导致电话卡用于电信网络诈骗等违法犯罪活动。对超出合理数量限度的办理电话卡行为加以限制,是十分必要的。

2016 年 9 月 23 日,最高人民法院、最高人民检察院、公安部、工业和信息化部、中国人民银行、中国银行业监督管理委员会六部门联合发布的《关于防范和打击电信网络诈骗犯罪的通告》第4条规定，电信企业立即开展一证多卡用户的清理，对同一用户在同一家基础电信企业或同一移动转售企业办理有效使用的电话卡达到5张的，该企业不得为其开办新的电话卡。2016年11月，工业和信息化部发布的《关于进一步防范和打击通讯信息诈骗工作的实施意见》的第一部分第3项提出，严格限制"一证多卡"。2016年年底前，各基础电信企业和移动转售企业应全面完成"一证多卡"用户摸排清理，对在本企业全国范围内已经办理5张(含)以上移动电话卡的存量用户，要对用户身份信息逐一重新核实。同一用户在同一基础电信企业或同一移动转售企业全国范围内办理使用的移动电话卡达到5张的，按照《关于防范和打击电信网络诈骗犯罪的通告》第4条相关要求处理。

本法调研起草过程中，有关方面普遍反映，限制办理电话卡数量的规定作为一项电信领域的基础治理措施，对于防范电信网络诈骗犯罪活动具有重要意义，几年来执行情况也是好的，但目前仅以有关部门联合通告为依据，效力等级不高，需要在法律中固定下来。本条根据有关方面意见，总结实践经验，对电话卡办卡数量和有关风险管理措施作了规定，明确了电信主管部门、电信业务经营者和用户各方的责任。

本条共分三款。

第1款是关于电话卡办卡数量限制的规定。根据本款规定，电话用户办理电话卡不得超出国家有关规定限制的数量。这里规定的"国家有关规定限制的数量"，是指有关法律、行政法规、规章等对用户办理电话卡限制的数量。应当注意的是，本法对发卡的具体数量没有作出规定，而是授权有关部门，根据我国经济社会发展的实际，认真平衡发展与安全，确定具体的发卡数量限制。依照目前有效的《关于防范和打击电信网络诈骗犯罪的通告》规定，同一用户在同一家基础电信企业或同一移动转售企业办理有效使用的电话卡不能超过 5 张。立法调研中也有意见提出，目前每个运营商处一人可以办理 5 张电话卡，按此计算一人最多可以办理上百张电话卡，仍然有倒卖、租借电话卡的空间。对此，有关部门应当根据不同发展阶段的实际情况，不断研究办理电话卡数量限制的完善问题。

第 2 款是关于异常办卡情形识别和处理的规定。根据本款规定，对经识别存在异常办卡情形的，电信业务经营者有权加强核查或者拒绝办卡。作这样的规定，主要是针对实践中存在的电话卡"实名不实人"问题，为确保实名制的有效落实，赋予电信业务经营者进行二次核验的职责。在实践中，一些电信业务经营者在落实电话用户实名制工作中，已经采取了一些二次核验措施，取得了明显成效。本条规定为这些措施提供了明确的法律依据。这里规定的"识别"，是指依照国家有关规定和技术方法对异常办卡情形进行甄别，目前中国移动、中国联通、中国电信三家运营商主要采用大数据监测分析手段进行识别。"异常办卡情形"是指出于合理用途以外的目的办理电话卡，可能导致电话卡流入非法渠道，供电信网络诈骗等违法犯罪活动使用的情形。在识别出异常办卡情形后，电信业务经营者应当加强对用户办卡目的的核查，对其中可以判断为非法用途的，也可以直接采取拒绝办卡的措施。本款还规定，具体识别办法由国务院电信主管部门制定，为主管部门制定识别的具体办法留出空间。"国务院电信主管部门"目前是指工业和信息化部。在具体识别办法中，应当对识别的具体措施和工作机制，以及发生错误识别的救济渠道、程序等作出具体规定。

第 3 款是关于电话用户开卡有关风险管理机制的规定。本款规定的责任主体是国务院电信主管部门，本款规定了该部门的三项职责。一是组织建立电话用户开卡数量核验机制，即组织建立为加强电话卡风险管理，防范和打击电信网络诈骗等利用电话卡进行的违法犯罪活动，由有关部门等对用户办理电话卡的数量进行核查的机制。二是组织建立电话用户风险信息共享机制，即组织建立跨部门、单位的与电话用户开卡有关的涉电信网络诈骗活动等风险信息共享机制，打破信息壁垒，为防范和打击电信网络诈骗活动提供信息支撑。三是为用户查询名下电话卡信息提供便捷渠道，即为电话用户查询本人名下办理的电话卡数量、号码等情况提供跨运营商的便捷查询渠道，便于用户防范本人名下的电话卡被用于电信网络诈骗等违法犯罪活动。目前，工业和信息化部反诈中心已经推出了全国移动电话卡“一证通查”服务。本款规定国务院电信主管部门组织建立这些机制和渠道，也是为了切实防范电话卡办卡领域的涉诈风险，推进电话用户实名制的全面落实。

实践中需要注意的是：

第一，根据本条第 2 款的规定，对经识别存在异常办卡情形的，电信业务经营者有权加强核查或者拒绝办卡。电信业务经营者应当既履行防范电信网络诈骗的责任，又为用户的合法使用提供方便。对于经核查用户确有合法使用多张电话卡事由的，应当予以办卡，不能一律拒绝。

第二，国务院电信主管部门和有关部门在建立、运行电话用户风险信息共享机制工作中，要严格执行《个人信息保护法》的有关规定，包括国家机关处理个人信息的特别规定，切实维护公民个人信息安全。

第十一条　电信业务经营者对监测识别的涉诈异常电话卡用户应当重新进行实名核验，根据风险等级采取有区别的、相应的核验措施。对未按规定核验或者核验未通过的，电信业务经营者可以限制、暂停有关电话卡功能。

【释义】　本条是关于电信业务经营者监测识别处置涉诈异常电话卡的规定。

信息通信网络和技术的快速发展，在给人们工作、生活带来便利的同时，也为不法分子利用通信网络实施违法犯罪活动提供了可乘之机。电话卡是电信网络诈骗作案的重要工具，治理电话卡问题是电信网络诈骗源头治理的关键环节之一。从实际情况看，贷款、代办信用卡类，刷单返利类，“杀猪盘”类（网络交友赌博投资类诈骗），冒充电商物流客服类，虚假购物、服务类，冒充领导、熟人类，冒充公检法及政府机关类等全国电信网络诈骗犯罪高发案件类型中，很多都会涉及电话卡。本法第 9 条对电话实名制作了规定。自 2013 年我国电话实名制登记实施以来，不仅新入网用户实现了实名登记，未实名老用户也进行了补登记，形式上实名制基本落实到位，每张卡对应到人，但在使用环节人卡分离问题较为突出。此外，由于各种原因，非实名手机卡仍在一定范围内存在。有关部门无法查证这类卡行为人的真实身份，极易被犯罪分子用来实施电信网络诈骗。本条在电话用户真实身份信息登记的基础上，要求电信业务经营者对监测识别的涉诈异常电话卡用户重新进行实名核验，对未按规定核验或者核验未通过的可以限制、暂停有关电话卡功能。之所以作出这一规定，主要是为了解决电话卡“实名不实人”的问题，防止电话卡被不法分子利用，成为实施电信网络诈骗的工具，保障人民群众的财产安全。

本条包含以下几个方面的内容：

第一，电信业务经营者负有监测识别涉诈异常电话卡的职责。

本条规范的是已经办理的电话卡中，经电信业务经营者监测识别存在涉诈异常情形的那部分电话卡。

2021 年 5 月，工业和信息化部召开信息通信行业防范治理电信网络诈骗工作电视电话会议，要求强化异常卡监测发现，着力清理整顿“睡眠卡”、“静默卡”、“一证多卡”和虚拟运营商存量卡等高风险号卡。2021 年 6 月，工业和信息化部、公安部发布的《关于依法清理整治涉诈电话卡、物联网卡以及关联互联网账号的通告》（工信部联网安函〔2021〕133 号）第 4 条规定，电信企业应建立电话卡“二次实人认证”工作机制，针对涉诈电话卡、“一证（身份证）多卡”、“睡眠卡”、“静默卡”、境外诈骗高发地卡、频繁触发预警模型等高风险电话卡，提醒用户在 24 小时内通过电信企业营业厅或线上方式进行实名核验。反复多次被暂停号卡相关功能的，须经当地公安机关核实后方可复机。从实践来看，涉诈异常电话卡主要包括“一证（身份证）多卡”、“睡眠卡”、“静默卡”、境外诈骗高发地卡、虚拟运营商存量卡、频繁触发预警模型等高风险电话卡。

所谓“一证（身份证）多卡”，是指一个身份证件办理多张电话卡。在发卡数量限制管理方面，中国移动、中国联通、中国电信三家运营商根据 2016 年工业和信息化部发布的《关于贯彻落实〈反恐怖主义法〉等法律规定　进一步做好电话用户真实身份信息登记工作的通知》（工信部网安〔2016〕182 号）及 2016 年最高人民法院、最高人民检察院、公安部、工业和信息化部、中国人民银行、中国银行业监督管理委员会发布的《关于防范和打击电信网络诈骗犯罪的通告》的规定，明确落实“一证五卡”要求，同一有效证件在全国范围内同一运营商最多只能办理5张卡。

所谓"睡眠卡"，是指90天以上无语音、无短信、无流量话单的电话卡。

所谓"静默卡"，是指处于开通状态，没有电话和流量记录的电话卡。

所谓"境外诈骗高发地卡"，是指归属地非中国而是境外一些针对我国电信网络诈骗违法犯罪高发地区，如缅甸北部等东南亚地区的电话卡。境外诈骗高发地不是一成不变的，而是动态的，可能随着电信网络诈骗的打击治理和发展形势发生变化。

所谓"虚拟运营商存量卡"，是指已经从虚拟运营商处办理的在用电话卡。虚拟运营商，是指自身没有基础网络，依靠租用传统运营商的通信资源来经营电信基础业务或增值业务的厂商。虚拟运营商是中国移动、中国联通、中国电信的转售企业，截至2022年，国内共有39家移动转售企业。随着多年的发展，虚拟运营商在电信领域发展迅速，但在发展的同时，一些不法分子也借助虚拟运营商移动转售业务，通过批量多次开卡、开设网络交互账户、将卡邮寄转移至境外等形式进行违法犯罪活动，主要领域是电信诈骗、网络赌博等。2016年工业和信息化部发布的《关于加强规范管理促进移动通信转售业务健康发展的通知》（工信部通信〔2016〕160号）中就指出，移动转售号码实名登记工作落实不到位，垃圾短信、骚扰电话和通信信息诈骗等问题突出。

所谓"频繁触发预警模型"，是指频繁触发电信业务经营者基于呼叫频次、通话时长、漫游地区等因素建立的涉诈骗电话监测大数据模型。比如，浙江移动通过大数据分析研究电话诈骗特征，构建基于号卡开户、地理位置、话务行为、终端类型等多维度反诈模型，对疑似拨打诈骗电话号码及时预警并处置。

上述情形的电话卡，具有一些正常使用的电话卡通常所不具有的特征,更有可能是被用来实施电信网络诈骗的电话卡,可以视为涉诈异常电话卡。中国移动、中国联通、中国电信三家运营商主要采用大数据监测分析手段识别疑似涉诈号码及风险用户。比如,湖南电信依托反诈管理系统,优化技术手段,不断完善大数据分析模型,对漫入云南等涉诈重点地区号码,通过系统数据,对重点号码进行快速研判和处置,对风险号码开展二次实名核验。湖南移动针对高风险存量用户识别、高风险人群、高危地漫游、终端换卡异动等特征开展精准建模,及时调整完善策略,不断完善技防手段,形成大数据模型对涉诈高风险号码的快速识别、稽核、关停能力。云南移动针对"实名非实人"的涉案样本号码,采用时空错位分析手段进行特征提取,结合深度残差网络收缩算法,对离散的时空特征进行抽取和智能分类,2021 年输出不同风险等级的异常电话卡 6.2 万个,并进行了实名核验处置。

第二,电信业务经营者对涉诈异常电话卡用户应当重新进行实名核验。

对监测识别出的涉诈异常电话卡用户,电信业务经营者应当根据风险等级采取有区别的、相应的,而非"一刀切"的、单一的实名核验措施。

根据 2021 年工业和信息化部、公安部发布的《关于依法清理整治涉诈电话卡、物联网卡以及关联互联网账号的通告》(工信部联网安函〔2021〕133 号)规定,电信企业应建立电话卡"二次实人认证"工作机制,针对涉诈电话卡、"一证(身份证)多卡"、"睡眠卡"、"静默卡"、境外诈骗高发地卡、频繁触发预警模型等高风险电话卡,提醒用户在 24 小时内通过电信企业营业厅或线上方式进行实名核验。通过电信企业营业厅认证的,电信企业应要求用户现场签署涉诈风险告知书;采用线上方式认证的,电信企业应要求用户阅读勾选涉诈风险告知书,录制留存用户朗读知晓涉诈法律责任的认证视频。

电话卡“二次实人认证”就是再次认证的意思。实践中,实人认证主要有线上和线下两种模式。在线下渠道,主要是通过电信运营商的营业网点或通过营业员的现场审核与身份证验证系统完成;在线上渠道,主要通过身份证号码验证系统、人脸识别系统以及手持身份证拍照等方式完成。比如,联通手机卡用户可以通过中国联通 APP 进行“二次实人认证”,也可前往联通营业厅进行认证。在中国联通 APP 办理的,登录 APP 后,填写个人信息、上传本人身份证件进行“二次实人认证”,将由人工进行审核,审核完成后通过短信告知认证结果。在营业厅办理的,前往营业厅认证时,需要携带本人有效身份证件和手机卡。湖南电信还上线了便捷的线上核验功能,用户在通过线上视频认证,对涉诈法律风险内容进行确认签名后,便能快速完成“二次实人认证”。

第三,电信业务经营者对未按规定核验或者核验未通过的电话卡,采取限制、暂停有关电话卡功能的措施。

根据 2021 年工业和信息化部、公安部发布的《关于依法清理整治涉诈电话卡、物联网卡以及关联互联网账号的通告》(工信部联网安函〔2021〕133 号)规定,高风险电话卡在规定期限内未核验或未通过核验的,暂停电话卡功能。

电话卡主要有语音、短信、流量等功能。对于未按规定核验或者核验未通过的电话卡,电信运营商有权采取限制、暂停一项或者几项电话卡功能的措施,以督促用户进行二次核验,防范电信网络诈骗等违法犯罪活动。实践中,限制、暂停有关电话卡功能主要有单停、双停两种措施。单停是只能接听不能拨打,双停是既不能接听又不能拨打。比如,吉林移动 2021 年 6 月发布的《关于我公司落实工信部“断卡行动”对部分号码进行二次实人认证相关工作的公告》指出:“根据工信部‘断卡行动’相关要求,对于睡眠卡等特征号码需客户本人在规定时间内携带有效证件到号码归属地营业厅进行二次实人认证。逾期未核验或未通过核验的,将关闭号码语音呼出、短信发送和流量功能。我公司将对涉及的号码进行外呼、短信告知,具体要求以外呼、短信告知内容为准。"湖南移动通过外呼或短信等方式提醒用户,引导用户在24小时内进行实人认证,未认证或者未通过认证的,暂停号卡功能。对可疑用户的电话卡采取二次核验、限制、暂停有关电话卡功能等手段,虽然一定程度上影响客户体验,但对于防范和打击电信网络诈骗是有意义的。

在该条的理解适用中,需要注意以下几个方面的问题:

第一,本条规范的对象是涉诈异常电话卡。与涉诈电话卡已经确定是用来实施电信网络诈骗不同,涉诈异常电话卡是因为具有一些异常情况而被监测识别出来,法律要求对其重新进行实名核验。因数据模型无法做到百分之百精准研判,可能会"误伤"到一些电话卡用户。对此,本法第32条第3款规定了救济措施,即被处置对象可以向作出决定或者采取措施的有关部门、单位提出申诉。有关部门、单位应当按照"谁决定、谁负责"的原则建立完善申诉渠道,对提出的申诉及时核查,核查通过的,应当即时解除有关措施。2021年工业和信息化部、公安部发布的《关于依法清理整治涉诈电话卡、物联网卡以及关联互联网账号的通告》(工信部联网安函〔2021〕133号)中也规定,高风险电话卡用户在规定期限内未核验或未通过核验的,暂停电话卡功能,有异议的可进行投诉反映,经核验通过的恢复功能。

第二,电信业务经营者应当根据电信网络诈骗发展变化的情况、特点,不断改进完善、更新升级监测识别涉诈异常电话卡的模型、系统,提高识别的准确性,避免"误伤"给用户工作生活带来不便、造成损失。

第十二条　电信业务经营者建立物联网卡用户风险评估制度，评估未通过的，不得向其销售物联网卡；严格登记物联网卡用户身份信息；采取有效技术措施限定物联网卡开通功能、使用场景和适用设备。

单位用户从电信业务经营者购买物联网卡再将载有物联网卡的设备销售给其他用户的，应当核验和登记用户身份信息，并将销量、存量及用户实名信息传送给号码归属的电信业务经营者。

电信业务经营者对物联网卡的使用建立监测预警机制。对存在异常使用情形的，应当采取暂停服务、重新核验身份和使用场景或者其他合同约定的处置措施。

【释义】　本条是关于物联网卡管理的规定。

物联网是以感知技术和网络通信技术为主要手段，实现人、机、物的泛在连接，提供信息感知、信息传输、信息处理等服务的基础设施。随着经济社会数字化转型和智能升级步伐加快，物联网已经成为新型基础设施的重要组成部分。

物联网卡是基于蜂窝移动通信网络，采用物联网专用号码作为终端业务号码，承载于物联网移动核心网专用网元上，用于物与物、物与人通信的用户识别卡。物联网卡与手机的 SIM 卡外形一样，可以将所有能连的设备连接到网络上，为设备提供上网的芯片，提供移动通信接入业务。物联网卡是中国移动、中国电信、中国联通运营商为物联网客户提供的通信服务，采用专属号段。基于运营商系统结构不同，物联网卡从功能角度主要是用来上网，因此也被叫流量卡，用来购买流量非常便宜，通常十几元就能买到几十 G 流量，或几百 G 流量。通过技术处理和开通功能，可以实现短信、语音等功能，一般情况下应关闭物联网卡语音和短信功能。物联网卡对于普及智能生活发挥着重要作用，如广泛应用于移动支付（POS 机、无人售货机、税控机、信息采集终端等）、安防监控（联网报警、安防监控、智慧门磁、物流货运监控、广告屏等）、智慧农业（畜牧物联网、环境监测、大棚监控、智能节水灌溉等）、车联网（行车记录仪、车载 Wi-Fi、GPS 等）、可穿戴设备（智能手表、智能血压计等）、智能交通（共享单车、智能汽车等）、智能家庭（智能家电等）、智慧城市（远程抄表、路灯监测等）、共享设备（共享充电桩、共享充电宝等）、医疗（远程医疗、医联信息平台、智能医药物流、智能护理系统等）和能源（水质监测等）等诸多领域，特别是有线网络以及无线 Wi-Fi 网络不能够覆盖的区域，就需要物联网卡来发挥作用。

实践中，物联网卡有可能从合法渠道流入“黑市”，如物联网卡生产商将 1000 个物联网卡销售给汽车生产商，汽车生产商可能实际使用 500 个，其余的去向不明，有的可能流入“黑市”或被违法犯罪分子使用。目前，可以通过技术实现对物联网卡由单纯的流量使用变成集上网、语音拨打电话等功能于一体，实质上相当于电话卡功能。电信网络诈骗分子用改变功能后的物联网卡可以通过切换中国移动、中国电信、中国联通“蹭网”实现拨打电话、注册互联网账号等，这些卡没有通过基础电信运营商提供固定号段服务，因此难以发现和溯源。2018 年，工业和信息化部向中国电信、中国移动、中国联通、中国信息通信研究院、移动通信转售企业发出通知指出，随着全国通信行业防范打击通信信息诈骗工作的纵深推进和手机实名制的全面实施，电信网络诈骗不断向物联网等新兴领域延伸。部分移动转售企业存在物联网卡发卡管理不规范、违规销售和使用等安全问题。一些企业未能严格落实物联网卡业务功能限制和使用监测要求；有的企业未能严格审核行业用户资质、评估行业卡(行业卡是物联网卡在各种行业中的应用)实际用途。物联网卡的上述性质、特点和情况,使其成为电信网络诈骗的新型工具,为市场经济秩序、社会安全、公民财产安全带来极大危害。

本条共分三款。

第1款是关于电信业务经营者销售物联网卡时应当履行的义务的规定。本款包含以下几个方面的内容:

第一,电信业务经营者建立物联网卡用户风险评估制度。

目前,电信业务经营者只面向单位用户销售物联网卡,主要是企业,也有国家机关、事业单位、社会团体等单位,不直接面向个人销售。因此,这里规定的物联网卡用户主要是指直接从电信业务经营者处购买物联网卡的单位用户。通常企业用户在购买物联网卡后,会将物联网卡安装在自己生产、销售的商品上再出售给消费者,也就是物联网卡最终的实际使用人。

关于物联网卡用户风险评估制度,工业和信息化部作出了一系列规定和要求。2018年,工业和信息化部向中国电信、中国移动、中国联通、中国信息通信研究院、移动通信转售企业发出通知,要求移动通信转售企业进一步做好物联网行业卡安全管理,建立行业卡安全评估制度,发展行业用户要进行安全评估,评估通过后方可和行业用户签订合同。2020年4月工业和信息化部办公厅发布《关于加强物联网卡安全管理工作的通知》(工信厅网安〔2020〕9号),2020年8月工业和信息化部网络安全管理局印发《物联网卡安全分类管理实施指引(试行)》。根据规定,电信企业应建立物联网用户风险评估制度,明确评估流程和评估责任人。发展物联网新用户时必须使用物联网专用号段并严格评估用户安全风险,按《物联网客户风险评估办法》中物联网客户准入风险评估模型,综合考虑单位信用、使用场景、申请功能、购卡数量、安全管理能力等因素，严格评估用户安全风险，评估通过后，方可向其发售物联网卡。

实践中，中国联通对办理物联网卡要做严格的售前评估，包括资质审核与风险评估，从单位资质、使用场景、开通功能、管控能力等方面严格评估，评定客户初始风险等级，现场考察确认。根据本款规定，评估未通过的，电信业务经营者不得向其销售物联网卡。

第二，电信业务经营者严格登记物联网卡用户身份信息。

在公民维护其个人信息安全、有关主管部门查处侵害公民个人信息安全等违法犯罪活动的过程中，存在的一个突出问题是，实施侵害的行为人的个人和网站身份信息没有登记或者登记的信息虚假，导致违法活动成本低，取证、查处难，有必要加强网络用户身份管理。实行网络身份管理，是许多国家的通行做法。许多国家都通过立法要求固定电话、手机等电信用户在办理入网手续时须提供身份证明。2012 年 12 月通过的《全国人民代表大会常务委员会关于加强网络信息保护的决定》第 6 条规定，网络服务提供者为用户办理网站接入服务，办理固定电话、移动电话等入网手续，或者为用户提供信息发布服务，应当在与用户签订协议或者确认提供服务时，要求用户提供真实身份信息。本款规定的“用户”，主要是指从电信业务经营者处购买物联网卡的单位用户。对单位购买物联网卡进行实名登记，有利于从源头上遏制利用物联网卡实施电信网络诈骗活动。此外，《反恐怖主义法》第 21 条规定，电信、互联网、金融、住宿、长途客运、机动车租赁等业务经营者、服务提供者，应当对客户身份进行查验。对身份不明或者拒绝身份查验的，不得提供服务。2016 年通过的《网络安全法》第 24 条第 1 款规定，网络运营者为用户办理网络接入、域名注册服务，办理固定电话、移动电话等入网手续，或者为用户提供信息发布、即时通信等服务,在与用户签订协议或者确认提供服务时,应当要求用户提供真实身份信息。用户不提供真实身份信息的,网络运营者不得为其提供相关服务。上述规定为物联网卡实名制提供了法律基础和依据。

根据2016年《工业和信息化部关于进一步防范和打击通讯信息诈骗工作的实施意见》(工信部网安函〔2016〕452号)规定,各基础电信企业和移动转售企业要对已经在网使用的行业卡实名登记情况进行重新核实,对未登记或登记信息错误的用户进行补登记。电信企业在办理物联网卡业务时要按要求规范登记用户信息。以车联网卡为例,车联网卡是指装载于道路机动车辆上,用于实现车辆联网、数据传输、状态监测、应急处置等通信服务功能的专用物联网卡。根据2021年《工业和信息化部关于加强车联网卡实名登记管理的通知》(工信部网安函〔2021〕246号)规定,车辆销售前,电信企业向道路机动车辆生产企业或其授权企业销售车联网卡,应登记购卡单位信息和责任人信息。

实践中,中国联通对企业物联网客户办理入网都须通过自有实体渠道或人员上门服务方式,利用二代身份证阅读器,完成企业现场实名登记。中国移动在办理物联网卡时,需要登记行业用户的责任人和经办人信息,按要求进行证件查验并对经办人进行人像比对。

第三,电信业务经营者采取技术措施限定物联网卡开通功能、使用场景和适用设备。

物联网卡开通功能包括语音功能、短信功能、流量功能。语音功能包括定向语音和非定向语音。定向语音是指使用物联网卡只能与特定号码进行语音通话,包括呼入和呼出方向。非定向语音是指使用物联网卡可进行语音通话的对象不受限制,包括呼入和呼出。短信功能包括定向短信和非定向短信。定向短信是指使用物联网卡仅能与短信管理平台号码进行收发短信，不允许物联网卡与物联网卡之间、物联网卡与公众移动网电话号码之间收发短信。非定向短信是指使用物联网卡发送或接收短信的对象不受限制。流量功能根据是否受限，可分为定向流量和非定向流量。按照物联网卡使用流量额度，可以分为大流量和小流量。结合安全风险，物联网卡流量功能可分为定向流量、非定向小流量和非定向大流量。定向流量是指可通过技术措施限定物联网卡仅能访问特定的 IP 或 URL 地址。非定向小流量是指使用物联网卡可访问公网 IP 或 URL 地址不受限制，月均使用流量不超过 100MB。非定向大流量是指使用物联网卡可访问公网 IP 或 URL 地址不受限制，且月均使用流量大于 100MB。

根据物联网卡功能开通语音、短信、流量的情况以及位置是否固定可以分为六类场景：定向大流量、定向小流量、使用位置固定的非定向大流量、使用位置不固定的非定向大流量、使用位置固定的非定向小流量、使用位置不固定的非定向小流量。对于终端设备位置固定的物联网场景，如水表、电表、市政监控设备、环境监测设备等，应严格限定物联网卡使用位置地点。对于终端设备限定在一定地理范围内使用的物联网场景，电信企业应通过技术手段严格限定其使用区域。

物联网卡适用设备是指物联网卡使用的终端设备，如汽车、共享单车、POS 机、自动贩卖机、快递柜、智能家居、智能穿戴设备、行车记录仪等设备。限定物联网卡适用设备的方式有卡片限定、机卡绑定等。卡片限定是指通过嵌入、焊接、非标等方式，实现物联网卡与终端物理绑定的技术手段，从而有效防止物联网卡被挪用。机卡绑定是针对可插拔的普通 SIM 卡，通过在相应的系统平台配置机卡绑定参数实现物联网卡与终端的软绑定。

根据本款规定，电信业务经营者应当根据单位用户购买物联网卡的用途等实际情况,采取技术措施对物联网卡的开通功能、使用场景和适用设备作出一定的限制,以防止物联网卡被用来进行电信网络诈骗。

根据 2016 年《工业和信息化部关于进一步防范和打击通讯信息诈骗工作的实施意见》(工信部网安函〔2016〕452 号)规定,对新办理使用行业卡的,要从严审核行业用户单位资质、所需行业卡功能、数量及业务量,按照“功能最小化”原则,屏蔽语音、短信功能,并充分利用技术手段对行业卡使用范围(包括可访问 IP 地址、端口、通话及短信号码等)、使用场景(如设备 IMEI 与号卡 IMSI 一一对应)等进行严格限制和绑定。2018 年,工业和信息化部向中国电信、中国移动、中国联通、中国信息通信研究院、移动通信转售企业发出通知,要求移动通信转售企业进一步做好物联网行业卡安全管理,按照“功能最小化”原则,关闭语音功能,原则上不得开通短信功能,规范发展每月 100MB 以下的小流量行业应用。根据 2021 年《工业和信息化部关于加强车联网卡实名登记管理的通知》(工信部网安函〔2021〕246 号)规定,电信企业应按照最小必要原则为符合实名登记要求的车联网卡开通用户所需的语音、短信、流量功能。对用户身份不明、拒绝身份查验或者未按要求提供真实身份信息的,道路机动车辆生产企业应通知电信企业关闭除紧急呼叫、应急救援等影响生命安全以外的车联网卡功能。

实践中,中国移动严格落实“功能最小化”原则,对物联网卡开通的通信功能进行审核,确保开通功能与协议约定的使用场景所需功能保持一致。中国联通在物联网卡技术管控方面,采取机卡绑定、数据访问管控、短信管控、定向语音、区域限制等手段。

第 2 款是关于单位用户将载有物联网卡的设备销售给其他用户时应当履行的义务的规定。本款包含以下几个方面的内容:

第一，单位用户将载有物联网卡的设备销售给其他用户的，应当核验和登记用户身份信息。

单位用户通常是生产销售载有物联网卡的设备的企业，在将载有物联网卡的设备销售给最终的实际使用人时，应当按照本款规定核验和登记用户身份信息，实现最终使用人的实名登记。

根据2016年《工业和信息化部关于进一步防范和打击通讯信息诈骗工作的实施意见》（工信部网安函〔2016〕452号）规定，原则上新增的行业卡必须使用13位专用号段，并通过专用网络承载相关业务，特殊情况下需使用11位号段且开通无限制的语音功能的，必须按照公众移动电话用户进行实名登记。根据2021年《工业和信息化部关于加强车联网卡实名登记管理的通知》（工信部网安函〔2021〕246号）规定，车辆销售时，道路机动车辆生产企业应参照电话用户真实身份信息登记相关标准规范，组织实施车联网卡实名登记，认真核验和登记车辆所有者（含单位用户）真实身份信息。道路机动车辆生产企业应在车辆销售合同中，明确告知车辆所有者在办理车辆过户时，应同步办理车联网卡实名过户手续，并提示相关法律责任风险。实践中，有的《物联网采购协议》中约定：(1)根据国家及运营商相关规定，甲方（单位用户）负责本协议范围内流量卡的实名制登记管理工作，并无条件配合国家有关部门及运营商或乙方（电信业务经营者）的实名制登记管理检查。(2)甲方办理业务开通、变更、过户和退订时，应按乙方要求提交相关信息（包括实际使用人的身份信息）。(3)乙方有权根据国家相关部门要求检查甲方进行实名制登记管理情况，如甲方实名制登记管理不符合国家相关部门和运营商的规定，乙方有权立即终止不符合实名制登记管理要求的流量卡的通信服务，并由甲方承担违约责任并赔偿因此给乙方造成的一切损失。

实践中，中国联通原则上对使用11位物联网专用号段的物联网卡都须登记到实际使用人。对个人使用场景的物联网卡进入特定阶段时,需在物联网实名认证小程序(服务运营平台)上进入个人在线视频实名认证,未实名号卡仅能使用默认受限的通信计划(无法使用或仅能使用定向流量)。使用数量上,限制在个人用户名下物联网卡数量不得超过10张。中国移动对于需要登记到实际使用人的场景,需按个人移动号码实名制要求对使用人进行证件查验和人像比对。

第二,单位用户将载有物联网卡的设备销售给其他用户的,应当将销量、存量及用户实名信息传送给号码归属的电信业务经营者。

根据本款规定,单位用户将载有物联网卡的设备销售给其他用户,除核验和登记用户身份信息外,还应当将销售载有物联网卡的设备的数量、尚未销售的载有物联网卡的设备的数量以及用户实名信息传送给号码归属的电信业务经营者,即物联网卡所属的中国移动、中国联通、中国电信等基础电信企业。例如,根据2021年《工业和信息化部关于加强车联网卡实名登记管理的通知》(工信部网安函〔2021〕246号)规定,车辆销售后,道路机动车辆生产企业应将用户登记信息、车联网卡号码或识别码等基础信息及时传送至电信企业。实践中,有的《物联网采购协议》中约定:甲方(单位用户)应按月向乙方(电信业务经营者)报备最终实际使用物联网卡的客户资料,由乙方进行登记备案。后续乙方提供支撑手段供甲方实时进行备案。

第3款是关于物联网卡使用监测预警机制的规定。本款包含以下几个方面的内容:

第一,电信业务经营者对物联网卡的使用建立监测预警机制。

2021年9月工业和信息化部等八部门《关于印发〈物联网新

型基础设施建设三年行动计划(2021—2023年)〉的通知》(工信部联科〔2021〕130号)中提出,加强物联网卡安全管理,推动形成售前风险评估、售时分类登记、售后使用监测的物联网卡全生命周期管理制度。对物联网卡的使用进行监测预警,能够即时掌握物联网卡的使用情况,是防止物联网卡被用于电信网络诈骗的有效手段。

2016年《工业和信息化部关于进一步防范和打击通讯信息诈骗工作的实施意见》(工信部网安函〔2016〕452号)规定,按照"谁发卡、谁负责"原则,各基础电信企业和移动转售企业要加强对行业卡使用情况的监测和管控,严禁二次销售和违规使用行业卡。对未采取有效监测和管控措施,致使行业卡被倒卖或被用于非行业用户的,从严追究相关企业和负责人的责任。根据2020年4月《关于加强物联网卡安全管理工作的通知》(工信厅网安〔2020〕9号)规定,电信企业应建立完善物联网卡安全管理技术措施,不断完善用户身份信息登记、安全态势感知、风险监测预警和垃圾短信、骚扰与诈骗电话等违规使用处置等功能,满足物联网卡安全监管需求。基础电信企业应将合作移动通信转售企业的物联网卡纳入安全管理。重点针对机卡分离、突破定向访问限制、漫游至电信网络诈骗多发等敏感区域的高风险物联网卡,不断提升检测预警能力;发现违规或违约使用的,应依照有关法律规定和合同约定及时采取处置措施,并将处置情况及时报送电信主管部门。2020年8月《物联网卡安全分类管理实施指引(试行)》提出了物联网卡使用时的后向使用监测要求,包括业务合规监测、异常使用监测、重点场景监测等,并规定了问题场景和发现问题时应输出的记录内容。

业务合规监测包括下列监测模型:(1)机卡分离监测。机卡分离是指物联网卡从一个物联网终端中被拔出,在另一个终端设备中使用的行为。电信企业应按照前置规范管理要求对物联网卡与物联网终端进行机卡绑定,当物联网卡与终端的绑定关系发生变化或用在非设备唯一标识库中的终端上时,电信企业应能及时发现,并输出相关的机卡分离记录。(2)跨区域使用监测。跨区域使用是指某些可以固定在某个位置或区域使用、通常不会发生位置移动的物联网设备发生通信位置变化的行为,电信企业应针对此类物联网卡进行跨区域使用监测,通过分析物联网话单数据中使用所在地的小区标识,对物联网卡使用区域进行精细化监测。如超出物联网卡使用区域,电信企业应输出相关的跨区域使用记录。(3)超阈值使用监测。超阈值使用是指物联网卡每个月的短信、流量实际使用量超过开户时选择的使用量阈值的行为。电信企业应对物联网卡超阈值使用的行为进行监测,且在发现物联网卡超阈值使用后,输出相关的超阈值使用记录。(4)超白名单使用监测。超白名单使用是指物联网卡的语音主被叫号码超出开户时设定的语音白名单号码、短信收发号码超出开户时设定的短信白名单号码,访问的 IP 或 URL 地址超出定向访问白名单号码的通信行为。电信企业应对物联网卡超白名单使用的情况进行监测,且在发现物联网卡超白名单使用后,输出相关的超白名单使用记录。

异常使用监测包括下列监测模型:(1)手机终端使用监测。手机终端使用是指物联网卡被放置在手机终端上使用的行为。电信企业应基于各企业内部的手机终端设备唯一标识库,对物联网卡所使用的终端设备唯一标识号进行监测。当发现物联网卡被使用在手机终端上时,应输出相关的手机终端使用记录。(2)异常使用行为监测。异常使用行为是指对于特定物联网场景使用的物联网卡发生典型人联网应用访问的行为。电信企业应通过分析物联网卡实际访问的 URL 地址,查看其是否访问了典型人联网应用。当发现物联网卡发生不合理访问行为时,应输出相关的不合理使用记录,并将人联网应用的 URL 同步至“黑名单”限制列表中。电信企业可在此基础上,进一步增加其他人联网应用监测。典型人联网应用场景包括但不限于社交类网站、视频类网站、购物类网站、游戏类网站。电信企业可在此基础上,进一步增加其他人联网应用监测。(3)异常流量使用监测。异常流量使用是指物联网卡当月流量使用量大于前 3 个月月均流量使用量 2 倍以上的行为。电信企业应对物联网卡异常流量使用的行为进行监测,且在发现物联网卡流量使用异常后,应输出相关的异常流量使用记录。(4)异常短信使用监测。异常短信使用是指物联网卡当月短信使用量大于前 3 个月月均短信发送量 2 倍以上的行为。电信企业应对物联网卡短信异常使用的行为进行监测,且在发现物联网卡短信使用异常后,应输出相关的异常短信使用记录。

重点场景监测包括下列监测模型:(1)漫游至诈骗高发区使用监测。漫游至诈骗高发区使用是指物联网卡漫游至诈骗高发区使用的行为。电信企业应针对物联网卡的使用地点进行监测,当发现物联网卡漫游至诈骗高发区使用时,应输出相关的漫游至诈骗高发区使用记录。(2)对于超出以上监测模型的,企业可自行定义。

第二,电信业务经营者对存在异常使用物联网卡情形的,应当采取暂停服务、重新核验身份和使用场景或者其他合同约定的处置措施。

异常使用物联网卡情形,主要是指上述监测预警中提到的机卡分离、跨区域使用、超阈值使用、超白名单使用、手机终端使用、异常使用行为、异常流量使用、异常短信使用监测、漫游至诈骗高发区使用等。监测或发现存在异常使用物联网卡情形的,电信业务经营者应当采取暂停服务、重新核验身份和使用场景或者其他合同约定的处置措施。比如,实践中有的《物联网业务服务协议》中约定:甲方(单位用户)不得利用乙方(电信业务经营者)提供的服务从事违法犯罪、妨碍社会治安活动、发布违法信息、发布违反公序良俗内容的信息,或未经接收客户同意大量发布商业广告等其他骚扰信息、拨打骚扰电话等,否则乙方有权依据行业主管部门、有关行政司法机关指令、客户等第三方举报或投诉,以及乙方指定的为保障公众利益的规范,关闭甲方信息发送功能或暂停、终止服务。有的《物联网采购协议》中约定:(1)甲方(单位用户)需向乙方(电信业务经营者)提交使用本业务的全部设备 IMEI 号清单,由运营商对卡片及设备进行配对登记,非 IMEI 号清单范围内的设备不能使用本业务。若在要求的时间范围内,甲方无法提供全部设备清单,乙方有权对没有配对设备的卡片进行停卡处理。(2)如甲方违法违规使用物联网卡业务,或使用此业务侵犯他人合法权益的,由甲方自行承担责任,且乙方有权暂停直至终止向甲方提供通信服务并有权解除本协议,由甲方承担违约责任。(3)甲方在约定的范围内合理合法地使用乙方提供的通信业务,不得利用本业务从事任何违反国家法律规定的活动;甲方不得向约定的使用场景之外的任何单位及个人转售本协议所涉及的物联网卡;如有违反,则乙方有权取消给予甲方的所有优惠。乙方有权暂停直至终止向甲方提供通信服务、解除本协议。由此引发的纠纷由甲方负责解决,同时由甲方承担违约责任。(4)若甲方申请的物联网流量卡激活后办理停机连续 1 年未使用的,乙方有权收回该号码。

2018 年,工业和信息化部向中国电信、中国移动、中国联通、中国信息通信研究院、移动通信转售企业发出通知,要求移动通信转售企业进一步做好物联网行业卡安全管理,加强行业卡技术监测能力，对超出合同约定使用范围的，一经发现要依照合同约定立即关停。根据2020年8月《物联网卡安全分类管理实施指引（试行）》的规定，电信企业与用户签订的物联网卡销售合同中，应明确物联网卡的使用场景、开通功能、用户身份信息登记、安全管理要求、禁止二次转售、防范垃圾短信和骚扰诈骗电话、违约责任等条款，并对违约使用和涉嫌违法犯罪活动的物联网卡约定处罚措施，当物联网卡停止使用后，电信企业应将物联网卡所开通的功能全部关闭，避免物联网卡被用作他途。对于采用定向访问限制的物联网卡，电信企业应明确要求用户不得通过非法跳转的方式访问公网，如发现存在违规行为，电信企业应立即将该用户名下的同一批次物联网卡全部关停，由此产生的风险由用户自行承担。一些地方也结合本地实际，对电信业务经营者处置异常使用物联网卡情形提出要求。比如，青海省通信管理局2020年发布《关于加强物联网卡安全管理工作的通知》，要求强化合同约束管理。在与用户签订物联网卡销售合同时，应明确物联网卡的使用场景、开通功能、用户身份信息登记、禁止二次转售、防范垃圾短信和骚扰诈骗电话、违约责任等条款，并对违约使用和涉嫌违法犯罪活动的物联网卡约定处理措施。

实践中，中国移动建设物联网卡安全管控平台，根据用户行为和使用场景，设置15类风险防控模型，将物联网卡用户分为极高风险、高风险、中风险、低风险用户，有针对性分类管理。利用技术手段对物联网卡使用情况进行监测和管控，建设物联网卡风险防控系统，按照卡物理形态、开通功能、漫游使用情况、机卡分离、在个人手机使用、异常使用等多个维度，将物联网卡划分为“高、中、低、相对安全”四类，一旦发现违反协议约定使用的，立即限制用户的通信能力。中国联通对办理物联网卡要做严格的售前评估，包括资质审核与风险评估，如从单位资质、使用场景、开通功能、管控能力等方面进行严格评估,评定客户初始风险等级,现场考察确认等。中国联通强化合同管理,在协议中重点明确不得二次转售、改变用途或者挪作他用、专网专号等内容。

实践中需要注意的是,对存在异常使用物联网卡情形的,电信业务经营者可以采取暂停服务、重新核验身份和使用场景或者其他合同约定的处置措施。具体采用何种处置措施,应当根据异常使用物联网卡的情形来决定,总的原则是处置措施的严厉程度要与异常使用及可能造成危害后果的严重程度相适应。对于法律法规有明确规定的,应当按照规定采取处置措施;对于法律法规没有规定的,可以按照合同约定采取相应的处置措施。因此,电信业务经营者在与用户签订合同时,应当尽可能明确、详细、具体地对出现什么情形时采取何种处置措施作出约定,避免合同履行过程中发生争议。

第十三条　电信业务经营者应当规范真实主叫号码传送和电信线路出租,对改号电话进行封堵拦截和溯源核查。

电信业务经营者应当严格规范国际通信业务出入口局主叫号码传送,真实、准确向用户提示来电号码所属国家或者地区,对网内和网间虚假主叫、不规范主叫进行识别、拦截。

【释义】 本条是关于改号电话、虚假和不规范主叫防治的规定。

近年来,随着信息技术的不断发展,我国电信网络诈骗案件日益增多,诈骗手段和方式层出不穷,不法分子利用改号电话冒充公安、司法、通信、银行等部门实施诈骗的案件时有发生,严重影响社会稳定和人民财产安全。犯罪分子在境内外利用改号软件改变显示的主叫号码,被害人的来电显示是亲朋好友、银行(如95588)、购物平台、公检法机构(如110)等的电话,实际上是诈骗分子冒充的,这类诈骗欺骗性强,令人防不胜防,不仅给受害人带来巨大财产损失,还会影响政府公信力,对运营商的业务运营和企业形象造成危害。改号电话是电信诈骗持久猖獗、屡屡得逞、难以根治的重要因素,尤其是在电话、银行账户等实名制严格执行后,改号电话如得不到有效治理,很可能成为电信诈骗的主要犯罪工具。

本条共分两款。

第1款是关于电信业务经营者应当规范真实主叫号码传送和电信线路出租的规定。本款包含以下几个方面的内容:

第一,电信业务经营者应当规范真实主叫号码传送和电信线路出租。

1. 真实主叫号码传送,是指在被叫用户终端设备上显示主叫号码、呼叫日期、时间等主叫识别信息并进行存储,以供用户查阅,通俗的理解就是来电显示。与此相对应的是不规范主叫,不规范主叫通常表现形式是号码显示不规范、不标准,如固定座机号码区号前缺0,即将010-88888888显示为10-88888888;移动号码前显示"60";境外电话号码显示异常等。虚假主叫则通常是隐藏真实的身份,呼叫中的主叫号码为非真实用户号码或伪装成他人号码。例如,冒用其他运营商、银行等客服号码,或者公检法等固定电话;使用"+86"开头的虚假号码境外来电。网间虚假主叫主要是在中国移动、中国联通、中国电信等不同运营商之间实现跨网虚假主叫。

2016年《工业和信息化部关于进一步防范和打击通讯信息诈骗工作的实施意见》(工信部网安函〔2016〕452号)要求,严格规范主叫号码传送。落实号码传送行业规定和有关行业标准。禁止违规传送主叫号码为空号或设置主叫号码禁显的呼叫。

为规范网间主叫号码传送，我国陆续制定发布了一系列标准规范，主要有：《网间主叫号码的传送》（YD/T 1157—2001）于2001年12月11日正式发布实施，它规定了不同运营者经营的电话网之间传送主叫用户电话号码的方式和格式。《网间主叫号码的传送》（补充件1）（YD/T 1157.1—2002）于2002年5月31日正式发布实施，该标准是对《网间主叫号码的传送》（YD/T 1157—2001）的补充，对国际主动性叫号码传送的要求和国际局标识码的结构，包括电路交换的国际电话和IP国际电话以及国内IP电话主叫号码传送作了规定，主要适用于各电信运营公司在开局设置数据和日常维护中使用。《网间主叫号码的传送》（补充件2）（YD/T 1157.2—2003）于2003年7月28日正式发布实施，是《网间主叫号码的传送》（YD/T 1157—2001）的系列标准之二。本规定是对《网间主叫号码的传送》和《网间主叫号码的传送》（补充件1）的补充。在原有标准的基础上，增加了对网间传送的主叫用户号码的地址性质表示语、国际来转话呼叫的主叫号码传送方式和格式、交换设备的处理能力的说明，并对在专网和PABX（或支局）与PSTN之间传送的主叫号码进行了明确。适用于在用的国内交换局、国际交换局和网关交换局。《网间主叫号码的传送》（补充件3）（YD/T 1157.3—2005）于2005年11月1日正式发布实施，是《网间主叫号码的传送》（YD/T 1157—2001）的系列标准之三。该标准是对客户服务中心、政府公务类呼叫业务、紧急呼叫业务以及由政府主管部门批准允许使用与私人号码相同的号码进行呼出的业务台、集团电话外呼时的主叫号码传送的规定。《网间主叫号码的传送》（补充件4）（YD/T 1157.4—2016）于2016年7月11日发布并于同日开始实施，专门规定了400/800和95/96等短号码业务平台外呼、国际漫入用户和特定用户发起的呼叫以及带有分级方式的主叫号码传送的要求，该标准适用于上述多种业务在公用电信网间运营商网间的互通与鉴权。

2. 电信线路出租，是指电信业务经营者将电信业务租给用户专用的服务。该业务可将国内长途电路、国际电路和农村、市内电路租给用户专用，如政府部门、公安、检察系统等可通过政府采购租用本系统的专用线路。用户租用的使用包括：(1)利用租用线路组成专用通信网，传递本业务系统各单位之间的信息。(2)经电信部门同意，可在租用的电话电路上使用自备的复用设备分割成电报电路使用。(3)经电信部门同意，可装设分路设备，供本业务系统多个用户共同使用。用户租用的电路，只能用于与该用户业务有关的通信，不得经营电信业务，为其他单位传递信息；不得擅自转租，改变线路的使用范围等。

电话骚扰、诈骗等问题的一个重要原因是出租管理混乱，为此，工业和信息化部要求强化业务出租合同的责任约束，合同中必须明示允许传送的真实有效主叫号码或号段。2015 年《工业和信息化部关于进一步做好防范打击通讯信息诈骗相关工作的通知》(工信部网安函〔2015〕601 号)提出，严格规范语音专线出租业务。一是各基础电信企业要进一步健全语音专线用户资质审查和业务出租审批制度，坚决杜绝无审查、审批出租语音专线，严禁向个人出租语音专线，严禁无呼叫中心业务经营许可资质的企业租用语音专线经营呼叫中心业务。强化业务出租合同的责任约束，合同中必须明示允许传送的真实有效主叫号码或号段。二是各基础电信企业集团公司要全面落实语音专线出租备案与检查制度，要求所属各级企业认真填报出租专线的客户资质、使用用途、线路类型、接入位置、对端接入设备类型、允许传送的主叫号码等信息，并定期抽查复核。

实践中，中国移动 2015 年 4 月已发文明确要求各省加强语音专线管理,专线必须传送真实主叫号码,并要求省公司严格审核开通语音专线业务的有效证件信息、经营资质、接入位置、业务接入用途等,并在全国严格督促实施,确保语音专线业务安全。2016年1月,中国移动再次下发了集团专线业务管理办法,强调语音专线管理要求。中国电信集中清理违规出租线路资源、违规开展呼叫中心业务、非法提供VOIP(Voice Over Internet Protocol)电话落地及改号服务,加强"400""商务总机"的规范管理。针对各类专线、中继线用户和代理商进行全面自查自纠,规范经营行为,严格审核租用方资质,严禁层层转租行为,清理违规接入行为。进一步规范语音中继接入类业务及呼叫中心业务发展。中国联通强化语音专线和400号码管理,加大语音专线码号违规传送行为清理整顿,除党政军等特殊客户外,全部开启主叫鉴权,全面清理、补签语音专线合同。

第二,电信业务经营者对改号电话进行封堵拦截和溯源核查。

改号电话就是使用改号软件将原始电话号码改成指定号码。改号软件实质是一种非法经营的VOIP软件,这些软件通过修改IP数据包的主叫信息实现主叫号码的篡改。改号电话进入电话网的渠道主要有两种:一种是通过VOIP媒体网关利用语音专线接入运营商交换机,将改号IP电话送入电话网;另一种是从境外运营商的网络通过国际通信出入口局进入境内电话网。根据改号电话接入点的差异,可以将其分为国际改号、网间改号、内部改号等方式。

2015年《工业和信息化部关于进一步做好防范打击通讯信息诈骗相关工作的通知》(工信部网安函〔2015〕601号)要求,加大网内和网间虚假主叫发现与拦截力度。各基础电信企业要建立必要的网内技术监测手段,对发现的虚假改号呼叫,固定证据后进行技术拦截。加强协同配合,建立健全网间虚假号码呼叫的联动处置机制。集中清理改号软件。提供搜索引擎、电商平台、应用商店、社交网络等服务的相关增值电信服务企业,加大清理力度,通过关键词屏蔽、APP下架等方式,斩断改号软件的网上发布、搜索、传播、销售、宣传渠道。中国互联网协会要充分发挥行业自律组织优势,加强对改号软件的社会举报受理,组织、督促应用商店及时下架。2016年《工业和信息化部关于进一步防范和打击通讯信息诈骗工作的实施意见》(工信部网安函〔2016〕452号)要求,各基础电信企业在网间关口局对不符合号码管理、网间互联规定和标准的违规呼叫、违规号码一律进行拦截。各基础电信企业要会同国家计算机网络与信息安全管理中心等单位,开展网络改号电话检测技术研究,进一步提升对网络改号电话的监测、发现、拦截、处置能力。建立网络改号呼叫源头倒查和打击机制。严禁违法网络改号电话的运行、经营。对用户举报以及公安机关通报的网络改号电话等,通信管理部门组织基础电信企业联动倒查其话务落地源头,对为改号呼叫落地提供电信线路等资源的单位或个人,立即清理停止相关电信线路接入;涉及电信企业的,依法予以处理,并严肃追究相关部门和人员的管理责任;涉嫌违法犯罪的,通报公安机关。各基础电信企业要建立健全内部快速倒查机制,设立专人负责工作对接,并按照通信管理部门规定时限要求留存信令数据。基础电信企业因规定的信令留存时限不满足等自身原因致使倒查工作无法开展的,作为改号电话呼叫来源责任方。坚决清理网上改号软件。各基础电信企业要按照《关于进一步做好防范打击通讯信息诈骗相关工作的通知》(工信部网安函〔2015〕601号)以及《基础电信企业防范打击通讯信息诈骗不良呼叫号码处置技术能力要求》(工信厅网安〔2016〕143号)相关要求,在2016年年底前全面建成防范打击通讯信息诈骗业务管理系统和用户终端侧安全提示服务两类技术手段,2017年3月底前全面建成网内和网间不良呼叫号码监测处置系统,综合运用多种技术手段持续提升企业侧技术防范打击能力。

第 2 款是关于国际通信中虚假和不规范主叫防治的规定。

随着境内打击电信网络诈骗力度加大,违法犯罪分子纷纷转向境外,利用境外成本低廉的网络电话,通过改号对境内进行诈骗。本款包含以下几个方面的内容:

第一,电信业务经营者应当规范国际通信业务出入口局主叫号码传送,真实、准确向用户提示来电号码所属国家或者地区。

国际通信业务出入口局,是指国内电信运营商的通信网络与国外及港澳台运营商的通信网络之间的互联节点局,主要用于实现双方业务的互联互通和数据交换。国际通信出入口局实际上是一个国家的通信边境,不仅关系到数亿用户能否顺利使用国际长途、上互联网等通信业务,还事关国家的信息安全。我国已批准设立北京、上海、广州、昆明、南宁、乌鲁木齐、福州以及哈尔滨、广州、深圳、珠海等国际通信业务出入口局,青岛等城市目前正在申建。

早在 2008 年,工业和信息化部就发文要求各基础电信业务经营者加大对网间传送虚假主叫号码的整治和监督。电信业务经营者应当按照《网间主叫号码的传送》等技术标准以及《关于加强国际来话中"+86"主叫号码传送管理的通知》(工信部电管函〔2013〕248 号)要求,严格规范国际主叫号码传送。根据工业和信息化部有关规定,境外电话进入我国通信网络时,必须在主叫号码前添加国际冠字"00"(部分手机将"00"翻译为"+"),且严禁在传送过程中删除该冠字。因此,如果收到的电话号码以"00"(部分手机会在号码显示时将"00"翻译为"+")开头,说明此电话来自境外,用户接到此类电话要小心不法分子用改号手段进行诈骗。

第二,电信业务经营者应当对网内和网间虚假主叫、不规范主叫进行识别、拦截。

改号电话在境外落地，送入我国国际通信业务出入口局时，与正常的电话没有区别，识别打击难度大。2015年《工业和信息化部关于进一步做好防范打击通讯信息诈骗相关工作的通知》（工信部网安函〔2015〕601号）要求，对公安部核实并书面通报的涉嫌通讯信息诈骗的国际来话虚假主叫号码，由各基础电信企业集团公司在国际通信业务出入口局列入"黑名单"进行拦截。全面实施语音专线主叫鉴权。各基础电信企业集团公司要组织所属省、市、县三级基础电信企业，加快完成老旧设备改造，全面落实语音专线主叫鉴权机制，对未鉴权的主叫呼叫一律进行拦截，除特殊用户外，不得传输主叫号码为空号以及设置主叫号码禁显的呼叫，坚决遏制虚假改号呼叫通过语音专线落地传输问题。2016年《工业和信息化部关于进一步防范和打击通讯信息诈骗工作的实施意见》（工信部网安函〔2016〕452号）要求，严格防范国际改号呼叫。各基础电信企业要对从境外诈骗电话来话高发区输入的国际来话进行重点管理甄别，对"+86"等不规范国际来话，以及公安机关核实通报的伪造国内公检法和党政部门便民电话的虚假主叫号码，在国际通信业务出入口局一律进行拦截。对携带"通用号码"的来话，在国际通信业务出入口局和国内网间互联互通关口局将其"通用号码"信息一律予以删除。针对境外改号电话，2018年工业和信息化部建立虚假"+86"境外改号电话拦截系统以及高风险号码比对库，对境外改号电话进行拦截。另外，还进一步优化完善境外改号电话防范拦截系统，完善境外来源电话提醒技术体系，加强对仿冒公检法等高风险号码的重点监测和拦截。

中国移动针对诈骗电话采取了一系列治理举措：针对国际虚假主叫（国际来电通过改号伪装成任意电话号码），依据工业和信息化部要求,对从国际运营商进入公司网络的主叫,采用在国际通信业务出入口局对主叫号码加前缀的方式(长于 8 位号码加“00”,否则加“000195”),以提醒用户此为国际来话。2013 年 6 月开始,根据《工业和信息化部关于加强国际来话中“+86”主叫号码传送管理的通知》要求,在国际通信业务出入口局对“+86”开头的违规国际来话实施了拦截。针对网间虚假主叫,中国移动建设了全国虚假主叫集中管控平台,对国内网间来话、主叫号码为中国移动手机号码的虚假呼叫进行实时监控。针对网内虚假主叫,中国移动采取“白名单”管理的方式,将专线用户的主叫号码号段纳入“白名单”,对未在“白名单”里的主叫号码号段进行限制呼叫。此外,针对不法分子利用“伪基站”发送诈骗类垃圾短信的事件,中国移动开发了伪基站监测工具,实现对伪基站的自动筛选。中国电信按照工业和信息化部主叫号码传送规范传送网间主叫,同时加强异常主叫号码监测分析,对于传送不规范的主叫进行拦截。中国联通针对用户擅自隐示或非法更改传送的主叫号码问题,通过清查中继专线接入,加强规范管理;梳理语音专线类业务合同,落实信息安全;采用严格准入机制,安全管理责任制,加强信息安全管理;强化监督检查力度等措施,严格规范相关业务安全及管理。

需要注意的是,本条主要是遏制和打击利用改号电话进行电信网络诈骗的行为。实践中,存在因国家安全等需要进行改号的情况,一些党政军用户外呼时显示号码为特殊编号,在一些行业和领域,如交通出行领域的各类网约车平台、物流快递领域的各项物流平台、房产交易领域的各类房产中介平台、婚恋交友领域的各种婚恋交友网站以及应用等,有通过电话号码隐藏来进行通话的功能,也就是隐私保护通话。2016 年,交通运输部发布《网络预约出租汽车运营服务规范》(JT/T 1068—2016),明文要求电话信息要具有加密功能，以实现对约车人或乘客个人电话号码等信息的保护。中国移动依托全网移动号码资源，面向商户和用户双方提供中间安全号码，实现临时号码的跟随订单状态的捆绑使用功能，保障交易双方号码隐私。目前已在出行、快递、中介服务、招聘、电商、售后维修行业等领域广泛使用。通过平台拨打电话时，系统会为通话双方随机分配虚拟手机号作为中间号，双方的手机上只显示虚拟中间号，不会暴露双方真实手机号码。交易结束前双方都可以通过拨打通话记录里的中间号找到对方，交易结束确认后，中间号即刻与两边的号码解除绑定，确保了双方顺利联系及各自号码隐私安全。以上场景中虽然存在不显示真实主叫号码的情况，但是这类不显示真实主叫号码具有正当用途且经过批准，不属于本条规范打击的对象。

第十四条　任何单位和个人不得非法制造、买卖、提供或者使用下列设备、软件：

（一）电话卡批量插入设备；

（二）具有改变主叫号码、虚拟拨号、互联网电话违规接入公用电信网络等功能的设备、软件；

（三）批量账号、网络地址自动切换系统，批量接收提供短信验证、语音验证的平台；

（四）其他用于实施电信网络诈骗等违法犯罪的设备、软件。

电信业务经营者、互联网服务提供者应当采取技术措施，及时识别、阻断前款规定的非法设备、软件接入网络，并向公安机关和相关行业主管部门报告。

【释义】　本条是关于涉诈非法设备、软件防治的规定。

实践中不少电信网络诈骗违法犯罪分子非法利用一些设备、软件，通过新科技提升对抗性，逃避侦查和调查，并由此催生网络黑灰产业链。电信网络诈骗之所以屡打不绝，其中很重要的一个原因就是其背后有庞大的黑灰产业链，包括直接触犯法律的"黑产"和游走在法律边缘的"灰产"，各个环节勾结，上下游联手，成为作案的"温床"。为电信网络诈骗提供各类设备、软件等技术支持和作案工具的"黑灰产"的存在，降低了犯罪门槛、扩大了犯罪规模、提高了犯罪效率、加剧了打击治理难度，导致诈骗招数防不胜防。比如，近年来，由于 GOIP 设备（实践中也出现了通过软件实现的新型 GOIP）具有人机分离、远程操控、异地拨号通话、群发短信和支持多张电话卡等特点，大量藏匿在境外的电信网络诈骗团伙通过远程操控的方式，使用搭建在境内的 GOIP 设备向受害人拨打电话，从而实施诈骗，危害十分严重。随着打击治理电信网络诈骗工作深入开展和信息网络技术日新月异，诈骗分子不断更新、升级手段、工具，专业化、智能化程度不断提高，诈骗行为的迷惑性、隐蔽性越来越强。整治电信网络诈骗，必须铲除其背后的黑灰产业链。本条基于电信网络诈骗案件的情况，将实践中使用较多、造成受害人损失较大的设备、软件以明确列举的方式作出禁止性规定，同时设置兜底项，以不断满足和适应信息网络技术的发展和电信网络诈骗手段的变化。

本条共分两款。

第 1 款是关于不得非法制造、买卖、提供或者使用的设备、软件的规定。本款分四项规定了不得非法制造、买卖、提供或者使用的设备、软件，其中前三项列举了实践中常见的用于实施电信网络诈骗的设备、软件，第 4 项作为兜底项规定，避免对有关设备、软件的列举挂一漏万。具体包括以下设备、软件：

第 1 项是电话卡批量插入设备。电话卡批量插入设备是基于电话的一种扩充装备,它可以插入上百张电话卡,同时与多个对象进行通信联系,并在电脑软件操作下实现模拟手机批量拨打电话、收发短信和上网功能。电话卡批量插入设备可以被电信网络诈骗分子用来实施电信网络诈骗的前端引流及直接拨打电话等环节。比如,利用电话卡批量插入设备支持群发短信的特点,同步发出大量含有钓鱼网站链接的诈骗短信;利用电话卡批量插入设备支持群收短信的特点,形成验证码接收平台后将验证码售卖给电信网络诈骗分子用于完成账号注册;为电信网络诈骗分子注册微信、APP 账号、互联网账号等提供海量手机号码;用于"养号",防止被监测识别为异常电话卡或者异常账号,或者将诈骗的号码伪装成被正常使用的号码从而骗取对方信任。

第 2 项是具有改变主叫号码、虚拟拨号、互联网电话违规接入公用电信网络等功能的设备、软件。主要包括:

(1)具有改变主叫号码功能的设备、软件。主叫号码是指发起呼叫的号码。开通主叫号码显示即来电显示业务的用户在被呼叫时,系统会提供并显示主叫方电话号码。大多数套餐都会默认开通这一功能。所谓"改变主叫号码",就是通过改号软件等修改主叫号码,使被叫方显示的来电号码并非真实的来电号码。

(2)具有虚拟拨号功能的设备、软件。所谓"虚拟拨号"是运用网络电话将真实主叫号码隐藏,显示其他号码。传统的虚拟拨号通过软件即可实现,虚拟拨号可以实现躲避侦查和取得潜在被害人的信任的双重目的。近些年,虚拟拨号被电信网络诈骗分子广泛应用,特别是占比较高的境外电信网络诈骗分子。目前被用于实施电信网络诈骗的虚拟拨号设备主要有 VOIP 和 GOIP。两者的共性是可以实现"人卡分离"。不同的是,前者是通过"透传改号"的方式在被叫端显示任意号码;后者只能通过终端的手机卡呼叫,在被叫端显示为终端手机卡所在地的号码。比如,电信网络诈骗分子在缅甸，GOIP 设备在北京，则电信网络诈骗分子在缅甸拨打电话会显示为北京的电话号码。从现有的案例来看，为躲避侦查电信网络诈骗分子通常将 GOIP 设备置于车内穿梭在城市中，随机接受不同地方的基站信号，操作时很难被发现。利用 GOIP 实施诈骗多为购物退款诈骗、冒充公检法诈骗、注销贷款账户诈骗、代办信用卡诈骗等类型。

（3）具有互联网电话违规接入公用电信网络功能的设备、软件。所谓"互联网电话违规接入公用电信网络"，主要是指 VOIP 语音设备（互联网协议电话）。VOIP 是互联网语音通话技术的一种，使用 VOIP 协议，无论是因特网、企业内部互联网还是局域网都可以实现语音通信。VOIP 技术使用户可以通过互联网实现语音通话，包括与通信系统之间互通语音。互联网与通信系统之间通过 VOIP 网关互联，VOIP 网关具有通信系统的信令功能，理论上 VOIP 网关可以显示任意号码。按照工信部的规定，VOIP 电话属于增值电信业务中的信息服务业务，应持有相关的增值电信业务经营许可证，未持有相关许可开展业务，属于非法经营行为。目前国家对接入公用电信网络使用的设备实行进网许可制度，电信网络诈骗分子可以利用 VOIP 设备非法进入公网实现拨打语音电话的目的。

除上述设备、软件外，其他具有类似功能的设备、软件都不得非法制造、买卖、提供、使用。

第 3 项是批量账号、网络地址自动切换系统，批量接收提供短信验证、语音验证的平台。主要包括：

（1）批量账号、网络地址自动切换系统。电信网络诈骗分子通过账号自动切换可以在短时间内起到"广撒网"的目的。网络地址自动切换如网络地址（IP）代理或者在不同网段中进行网络调试，需要将机器在几个不同的 IP 地址中转换；通过宽带拨号上网时,每次拨号的 IP 都不同,每断开一次网重播一次,IP 就会实现 IP 地址的切换。通过专门设备可以实现高频率的网络地址切换,最直接的目的是电信网络诈骗分子掩饰真实 IP,为电信网络诈骗犯罪提供低成本的虚假身份隐蔽上网服务,使平台服务器误认为行为人的请求由不同或其他客户端发起,从而绕过平台对 IP 的监测防控。

(2)批量接收提供短信验证、语音验证的平台。短信验证和语音验证可用于用户注册、身份验证、重要资料修改或寻回、网上支付、账户认证及相关通知等场景。短信验证码是通过短信平台发送随机数字或字母验证码到用户手机的验证码系统,是由验证码接入服务商提供的短信验证服务,平台经过接口发送请求到接入服务商的服务器,服务器发送随机数字或字母到用户手机,由接入服务商的服务器做统一验证码的验证。语音验证码一般是通过语音电话直接呼到用户手机,验证码内容用语音告知用户,完成验证。各大平台推出验证码来区分操作指令是计算机还是真人做出的。批量接收提供短信验证、语音验证的平台被应用于互联网、银行等各类平台的安全核验,如 12306 购票网站、购物平台、注册新的账号验证等。电信网络诈骗分子利用批量接收提供短信验证、语音验证的平台实现各类账号的注册、登录等核验,从而利用这些账号实施电信网络诈骗。非法接收验证码、非法注册"养号"的黑产链条在互联网犯罪生态中承担重要角色,主要是为电信网络诈骗等犯罪提供互联网账号等作案工具。

第 4 项是其他用于实施电信网络诈骗等违法犯罪的设备、软件。从实践来看,这类设备、软件主要有:(1)"一键新机"。"一键新机"改串系统软件提供"一键改机""设置定位"等功能,能够"一键"改变手机的 IMEI 等设备参数、随机切换手机定位地址等,为各类网络违法犯罪活动提供虚假设备环境,导致手机 APP 将一台设备误认为是多台设备，无法获取用户的真实设备参数。(2)伪基站。伪基站设备多是用于电信诈骗案件的“黑灰产”类型。一般是行为人私自组装生产的一种违法高科技仪器，能够强制连接用户手机信号，摄取一定半径范围内的手机信息，可以任意冒用手机或公用服务号码强行向用户手机发送短信。伪基站设备实施违法犯罪是一种新型犯罪，涉及地域广、社会危害大，严重危害国家通信安全，扰乱社会公共秩序，影响人民群众安全感。

第 2 款是关于及时识别、阻断非法设备、软件接入网络并向公安机关和相关行业主管部门报告的规定。本款规定包括以下几个方面的内容：

第一，电信业务经营者、互联网服务提供者应当采取技术措施，及时识别、阻断第 1 款规定的非法设备、软件接入网络。

阻断非法设备、软件接入网络，能够从根源上避免有关设备、软件被电信网络诈骗分子利用来实施电信网络诈骗犯罪，从而减少电信网络诈骗犯罪的发生。阻断的前提是识别。信息网络技术发展日新月异，用于实施电信网络诈骗等违法犯罪的设备、软件不断翻新、层出不穷，仅靠人工难以及时、有效识别。电信业务经营者、互联网服务提供者应当根据非法设备、软件运行的原理、发挥作用的特征等，不断开发完善技术对抗手段，通过技术措施进行监测分析，及时识别、阻断有关设备、软件接入网络。例如，作为网络通信的一种硬件设备，GOIP 由于涉电信网络诈骗案件多，工业和信息化部已不发放新入网许可。又如，对于改号软件，2016 年《工业和信息化部办公厅关于进一步清理整治网上改号软件的通知》(工信厅信管函〔2016〕753 号)要求，各基础电信企业和互联网企业要切实采取有效措施，在网站页面、搜索引擎、手机应用软件商店、电商平台、社交平台等空间，通过关键词屏蔽、软件下架、信息删除、账号封停等手段，对网上改号软件及其衍生和变形工具进行全面、彻底、深入地清理，坚决阻断改号软件网上发布、搜索、传播、销售渠道，让非法改号软件“发不出、看不见、搜不到、下载不了”，在各类网络空间无迹可寻。搜索引擎服务企业要加强对网上改号软件的搜索屏蔽，建立完善改号软件关键词屏蔽库并对其各种变形衍生词汇及时进行更新补充；对提供改号软件下载、售卖和使用信息的搜索结果予以删除，禁止改号软件通过搜索引擎在网上传播。手机应用软件商店服务企业要建立健全软件上架审核机制，严禁改号软件上架。同时，加强对既有应用软件的排查，对发现的改号软件应立即下架，并将该款软件应用及其开发者列入“黑名单”。对列入“黑名单”的改号软件开发者，应向公安机关报告，并将其所有应用软件下架3个月进行整改。各电商平台、社交平台、软件下载网站和即时通信服务企业要加强对改号软件信息的监控和违规主体的处置，及时删除改号软件的各种推广、售卖信息和下载链接，对累计违规次数达到3次的电商商户、信息网站、账号和公众号等立即予以关停，并将相关商户和账号信息报告公安机关处理。对于其他非法设备、软件，电信业务经营者、互联网服务提供者也应当根据有关设备、软件的性质、特点等，采取相应的具体措施阻断其接入网络。

第二，电信业务经营者、互联网服务提供者应当将识别、阻断非法设备、软件接入网络的情况向公安机关和相关行业主管部门报告。

公安机关负责电信网络诈骗违法犯罪案件的受理调查和立案侦查。这里所说的“行业主管部门”，主要是指工业和信息化部门，该部门负责接入电信网、互联网的监督管理。电信业务经营者、互联网服务提供者数量众多，规模大小、具体业务等方面情况差别也比较大。某个电信业务经营者、互联网服务提供者发现、阻断非法设备、软件后，将有关情况报告公安机关和相关行业主管部门,有利于有关部门及时组织力量采取措施阻止违法犯罪发生,深挖违法犯罪线索并依法予以打击,在全国范围内和全行业领域内采取相应措施,掌握涉诈“黑灰产”的情况及发展趋势以研究制定防范应对措施等。

需要注意的是,本条规定的设备、软件在实践中主要是指用于实施电信网络诈骗的设备、软件,但也存在一些正当、合法使用的情形。比如,电话卡批量插入设备最初应用于各类信息呼叫中心;过去 GOIP 设备主要用于通信运营商和大型跨国公司的集中呼叫系统,现已被替代;游戏账户或者需要登录多账户处理信息的平台可能会用到批量账号自动切换系统等。设备、软件本身是中性的,只要在法律允许的范围内,或者有相关部门的授权或者批准,就可以合法使用。本条禁止和规范的是非法制造、买卖、提供或者使用有关设备、软件的行为。

第三章 金融治理

第十五条 银行业金融机构、非银行支付机构为客户开立银行账户、支付账户及提供支付结算服务，和与客户业务关系存续期间，应当建立客户尽职调查制度，依法识别受益所有人，采取相应风险管理措施，防范银行账户、支付账户等被用于电信网络诈骗活动。

【释义】 本条是关于银行业金融机构、非银行支付机构提供金融业务进行尽职调查、依法识别受益所有人的规定。

电信网络诈骗，是指以非法占有为目的，利用电信网络技术手段，通过远程、非接触等方式，诈骗公私财物的行为。这些犯罪行为的财物的获得，最终大部分要依靠银行账户、支付账户间转账和支付结算等金融服务来实现。当前电信网络诈骗犯罪转移资金手法多样，资金流转途径众多，如从早期的背包客取款，到现在的第三方支付、第四方支付、“跑分”平台、国际贸易对冲等方式。现阶段比较典型的有以下四种方式：一是通过银行账户转移给第三方支付公司，利用第三方支付公司办理的账户搭建第四方支付、“跑分”平台进行资金流转。据统计，利用微信、QQ 等通信工具实施诈骗的占到 85%以上，30%以上诈骗资金通过微信、支付宝转移。二是将电信网络诈骗资金转入信用卡，再用刷卡消费方式将赃款流向物理隔断进行洗钱。三是将电信网络诈骗资金购买成虚拟币,再将虚拟币充值到犯罪团伙指定钱包。四是通过地下钱庄贸易对冲洗钱。这些转移资金的活动都离不开银行账户、支付账户等支付工具。现阶段电信网络诈骗持续高发的原因之一,就是大量银行账户、支付账户被出租、出卖、出借给违法犯罪分子,被用于转移涉诈资金,为犯罪提供作案工具和转账通道,给追查案件、惩处违法犯罪行为增加了很多困难。在一些案件中,查获的银行卡、电话卡有数百万张,数量巨大,且绝大多数并非违法犯罪分子本人的银行账户、支付账户,反映出银行账户、支付账户管理中存在的薄弱环节。银行业金融机构、非银行支付机构应切实履行反电信网络诈骗的职责,从银行账户、支付账户的开立阶段以及提供支付结算服务,和客户关系存续期间,建立健全客户尽职调查制度,依法识别交易的受益所有人,并采取相应风险管理措施。切实加强反电信网络诈骗金融领域等关键环节的治理,才能有效截断电信网络诈骗的“资金流”,起到打击电信网络诈骗违法犯罪行为的良好效果。

本条规定的目的是要求银行业金融机构、非银行支付机构加强开户环节治理,杜绝各类虚假账户;在提供金融服务时,要做好客户尽职调查,准确掌握客户姓名、住所、出生日期和客户的身份资料、交易的目的等,发现可能有以出租、出借、出售银行卡为目的的办理银行卡和以转移违法犯罪资金等进行洗钱为目的的违法行为;并做到要依法识别受益所有人,明确转移资金的最终去向、最终受益人,减少诈骗案件发生或者在案件发生后,能准确查明资金流向,最大限度地减少人民群众的财产损失。

本条规定了以下四个方面的内容：

一、履行反电信网络诈骗职责的主体是银行业金融机构、非银行支付机构

银行业金融机构，是指在我国境内设立的商业银行、农村合作银行、农村信用合作社等吸收存款和发放贷款的金融机构以及政策性银行和国家开发银行。[①] 银行业金融机构包括：国有大型银行，如中国工商银行、中国银行、中国建设银行、中国农业银行；全国性股份商业银行，如招商银行；城市商业银行，如北京银行、昆仑银行；农村合作银行，如上海农商银行；政策性银行，如中国进出口银行；开发性金融机构，如国家开发银行等。非银行支付机构，是指在我国境内依法设立并取得支付业务许可证，从事储值账户运营、支付交易处理的部分或者全部支付业务的有限责任公司或者股份有限公司，包括办理互联网支付、移动电话支付、固定电话支付、数字电视支付等网络支付服务的非银行机构。[②] 我国现有200家非银行支付机构，包括支付宝（中国）网络技术有限公司、银联商务有限公司、财付通支付科技有限公司、易宝支付有限公司、快钱支付清算信息有限公司等。

需要注意的是，本法第39条规定了银行业金融机构、非银行支付机构未履行尽职调查义务、未履行对异常账户、可疑交易的风险监测和相关处置义务等违反规定职责的法律责任，情节严重的，有关主管部门可以责令停止新增业务、缩减业务类型或者业务范围、暂停相关业务、停业整顿、吊销相关业务许可证或者吊销营业执照，处罚比较严厉。银行业金融机构、非银行金融机构应

① 参见2019年中国银保监会《银行业金融机构反洗钱和反恐怖融资管理办法》第3条。

② 参见2021年中国人民银行《非银行支付机构条例（征求意见稿）》第2条。

当严格遵守本法规定，切实担负起反电信网络诈骗的职责，避免违反本条规定被处罚。有关主管部门也应该严格按照相关规定执法，监督银行业金融机构、非银行支付机构遵守本条规定。

二、在开立银行账户、支付账户及提供支付结算服务，和与客户业务关系存续期间履行反电信网络诈骗职责

根据本条规定，银行业金融机构、非银行支付机构应当注重在以下三个环节履行相关职责，防范电信网络诈骗活动。

第一，为客户开立银行账户、支付账户时。银行账户，是指客户在银行开立的存款账户、贷款账户、往来账户等各类账户的总称。我国银行账户类型，根据2003年4月中国人民银行《人民币银行结算账户管理办法》规定，按申请主体可以分为两类：(1)存款人以单位名称开立的银行结算账户为单位银行结算账户。单位银行结算账户按用途分为基本存款账户、一般存款账户、专用存款账户、临时存款账户。个体工商户凭营业执照以字号或经营者姓名开立的银行结算账户纳入单位银行结算账户管理。(2)存款人凭个人身份证件以自然人名称开立的银行结算账户为个人银行结算账户。邮政储蓄机构办理银行卡业务开立的账户纳入个人银行结算账户管理。支付账户，是指获得互联网支付业务许可的支付机构，根据客户的真实意愿为其开立的，用于记录预付交易资金余额、客户凭以发起支付指令、反映交易明细信息的电子簿记，如支付宝账户、银行账户和手机银行账户等。①

第二，为客户提供支付结算服务时。依照1997年中国人民银行《支付结算办法》规定，支付结算是指单位、个人在社会经济活动中使用票据、信用卡和汇兑、托收承付、委托收款等结算方式

① 参见2015年12月中国人民银行《非银行支付机构网络支付业务管理办法》第3条第2款。

进行货币给付及其资金清算的行为，主要功能是完成资金从一方当事人向另一方当事人的转移。

第三，与客户业务关系存续期间。与客户业务关系存续期间，是指提供金融服务的整个过程，是从开立账户到最后注销的整个阶段。

银行业金融机构、非银行支付机构是堵截电信网络诈骗资金的"最后防线"。在立法过程中，有的意见提出，电信网络诈骗分子利用银行业金融机构、非银行支付机构开立账户尽职调查不到位、内部风险防控制度不完善、防范制度乏力等信息流、资金流管理的薄弱环节，实施电信网络诈骗。银行业金融机构、非银行支付机构在开立银行账户、支付账户和提供支付结算服务时，和与客户业务关系存续期间等提供金融服务的全过程中，应当充分履行反电信网络诈骗职责，采取的措施为建立客户尽职调查制度、依法识别受益人并采取相应风险管理措施，充分发挥审查审核职能，认真重视客户身份审核，严格执行反洗钱制度、大额可疑交易、存款实名制，强化内部控制，规范操作行为，杜绝各类虚假账户，防范银行账户、支付账户等被用于电信网络诈骗。

三、采取的管理措施主要有建立客户尽职调查制度、依法识别受益所有人及其他相应风险管理措施

（一）建立客户尽职调查制度

这是我国法律中首次规定客户尽职调查制度。在此之前，我国《反洗钱法》规定了客户身份识别制度。该法第 16 条第 1 款规定，金融机构应当按照规定建立客户身份识别制度。客户身份识别制度是金融机构在与客户建立业务关系或与其进行交易时，使用可靠的、独立来源的文件数据和信息识别核实客户身份，登记客户身份基本信息的制度。客户身份识别是金融机构打击洗钱

活动的基础,没有有效的客户身份识别,识别和报告可疑交易无从谈起。2006 年中国人民银行《金融机构反洗钱规定》、2007 年中国人民银行、中国银行业监督管理委员会、中国证券监督管理委员会、中国保险监督管理委员会联合公布的《金融机构客户身份识别和客户身份资料及交易记录保存管理办法》、2016 年中国人民银行《金融机构大额交易和可疑交易报告管理办法》、2017 年《中国人民银行关于加强反洗钱客户身份识别有关工作的通知》这些规范性文件对加强客户身份识别进行细化,要求加强客户、对特定自然人客户和特定业务关系中客户的身份识别等作出规定。2021 年 6 月,中国人民银行就《中华人民共和国反洗钱法(修订草案公开征求意见稿)》中将客户身份识别制度修改完善为客户尽职调查措施,要求金融机构根据风险不同采用不同程度的客户尽职调查措施:对于一般客户,可以采用标准化的客户尽职调查措施;对于高风险的客户,需要进行强化的客户尽职调查。除了执行标准措施外,还规定了进一步了解客户财产和资金来源,核实交易动机、交易目的、扩大识别对象等,确立了以风险为基础的客户尽职调查内容,这些规定构成我国客户尽职调查制度的基本内容。

关于客户尽职调查的具体内容,2012 年版金融行动特别工作组《四十项建议》第 9 项规定“金融机构的客户尽职调查”内容:一是确定客户身份,并利用可靠的、独立来源的文件、数据或信息核实客户身份。二是确定受益所有人身份,并采取合理措施核实受益所有人身份,以使金融机构确信了解其受益所有人。对于法人和法律安排,金融机构应当了解其所有权和控制权结构。三是了解并在适当情形下获取关于业务关系目的和意图的信息。四是对业务关系采取持续的尽职调查,对整个业务关系存续期间发生的交易进行详细审查,以确保进行的交易符合金融机构对客户及其业务、风险状况(必要时,包括资金来源)等方面的认识。实践中如何判断具体客户风险、采用何种程度的客户尽职调查措施需要进一步总结实践,在相关法律法规、规章和银行业金融机构、非银行支付机构规范等配套规范性文件作出细化规定。

关于在账户开立阶段采取的风险管理措施,《反洗钱法》第16条第5款、第6款作出规定,金融机构不得为身份不明的客户提供服务或者与其进行交易,不得为客户开立匿名账户或者假名账户。金融机构对先前获得的客户身份资料的真实性、有效性或者完整性有疑问的,应当重新识别客户身份。同时,本法第16条第2款规定,对经识别存在异常开户情形的,银行业金融机构、非银行支付机构有权加强核查或者拒绝开户。总的来看,就是要严格执行开户和与客户业务关系存续期间的客户尽职调查,对存在异常情形的,可不予开户、不提供金融服务。

(二)依法识别受益所有人

随着客户身份识别制度的广泛实施,利用自然人身份洗钱较容易被发现和查处,违法犯罪分子转而利用法人和法律安排掩饰或隐瞒真实身份从事洗钱行为。这种做法可以掩藏最终受益自然人或最终控制自然人,对客户身份识别制度提出了挑战。金融机构识别受益人的身份,有利于加深其对客户关系的了解,佐证其对客户身份识别的结果,调整其对客户信用的评级和分类,及时发现可能涉及违法犯罪资金的交易,防止违法犯罪分子利用"法人面纱"掩饰、隐瞒资金的非法来源和性质。

在此之前,《反洗钱法》在客户身份识别中规定了核对和登记受益人。该法第16条中规定"与客户建立人身保险、信托等业务关系,合同的受益人不是客户本人的,金融机构还应当对受益人的身份证件或者其他身份证明文件进行核对并登记"。《反洗钱法》规定的识别受益所有人限定在人身保险、信托等行业。中国人民银行等主管部门颁布的一系列规范性文件对依法识别受益所有人制度作出规定:2017 年《中国人民银行关于加强反洗钱客户身份识别有关工作的通知》明确了非自然人客户的受益所有人判定标准以及反洗钱义务机构(主要是金融机构)的识别义务;2018 年《中国人民银行关于进一步做好受益所有人身份识别工作有关问题的通知》,明确了非自然人客户的不同法律形态,以及相应受益所有人的判定标准。上述规范性文件初步建立了受益所有人识别制度。

依照上述规定,受益所有人是指最终掌握非自然人客户控制权或者获取最终受益的一个或者几个自然人,并进一步对公司、合伙企业、信托产品、基金产品、个体工商户、个人独资企业、不具备法人资格的专业服务机构、经营农林渔牧产业的非公司制农民专业合作组织、受政府控制的企事业单位等主体受益所有人的判断标准作出具体规定。例如,对公司受益所有人的判断标准是,对公司实施最终控制不限于直接或间接拥有超过 25%的公司股权或者表决权,还包括其他可以对公司的决策、经营、管理形成有效控制或者实际影响的任何形式。对合伙企业受益所有人的判断标准是,拥有超过 25%合伙权益的自然人;不存在拥有超过 25%合伙权益的自然人的,义务机构可以参照公司受益所有人标准判定合伙企业的受益所有人;采取上述措施仍无法判定合伙企业受益所有人的,义务机构至少应当将合伙企业的普通合伙人或者合伙事务执行人判定为受益所有人。银行业金融机构、非银行支付机构等应当正确识别客户,认定合作对象是否值得信任,了解最终受益人,并保持实时关注。

对反电信网络诈骗领域受益所有人的识别标准,可参照上述相关规定予以细化,银行业金融机构、非银行支付机构要严格执行。需要注意的是,公司、企业股权结构复杂,需要穿透关联关系,才能准确掌握受益所有人。公司、企业因发生股权变动或者破产、金融欺诈、失信被执行等情形,受益所有人可能随时发生变更,银行业金融机构、非银行支付机构应当进行监控和关注,才能有效防范电信网络诈骗分子利用复杂的股权、控制权等关系掩饰、隐瞒真实身份、资金性质或者交易目的、性质,有效遏制电信网络诈骗高发多发态势。

关于对单位客户的风险管理措施,《中国人民银行关于进一步加强支付结算管理防范电信网络新型违法犯罪有关事项的通知》(银发〔2019〕85 号)第 6 项"健全单位客户风险管理"规定,支付机构应当健全单位客户风险评级管理制度,根据单位客户风险评级,合理设置并动态调整同一单位所有支付账户余额付款总限额。支付机构发现单位支付账户存在可疑交易特征的,应当采取面对面、视频等方式重新核实客户身份,甄别可疑交易行为,确属可疑的,应当按照反洗钱有关规定采取相关措施,无法核实的,应当中止该支付账户所有业务;对公安机关移送涉案账户的开户单位法定代表人或负责人、经办人员开立的其他单位支付账户,应当重点核实。

(三)其他相应风险管理措施

除建立客户尽职调查、依法识别受益所有人外,实践中还有一些其他风险管理措施,包括但不限于清理长期不用的"静默卡"、核实清理一个名下开立多个银行账户、频繁开销户、频繁挂失补办和建立内部与风险管理模型等风险管控措施等。

关于清理长期不用的"静默卡"、核实清理一个名下开立多个银行账户、频繁开销户、频繁挂失补办等情况。这些账户的存在一方面造成了资源的浪费,形成以开户数量作为考核指标的不良导向;另一方面使闲置账户有可能被出售、出租、出让,成为犯罪分子实施电信网络诈骗的工具。银行业金融机构、非银行支付机构和清算机构应当按照有关主管机关要求，核实清理一人名下开立多个银行账户、频繁开销户、频繁挂失补办等相关异常账户情形，排查清理长期不发生收付款的异常账户情形，倒查涉案账户并关联涉案人名下其他账户，主动向公安部门移送与涉案特征高度吻合的可疑账户。同时，有关主管部门应当加强对可疑交易监测不到位、收单商户不实名、非法汇兑等涉诈违规行为的处理，加大对银行业金融机构、非银行支付机构的监督力度。

关于建立内部与风险管理模型。涉电信网络诈骗资金的交易环节复杂、交易层级较多，从开立账户接受诈骗资金，到转移赃款直至清洗完毕，其间涉及众多账户。在每个交易环节，所涉账户均存在诸多不同的可疑特征，银行业金融机构、非银行支付机构银行应当结合多种可疑特征，制定涉电信网络诈骗的开户、转账交易、取现交易等环节的电信网络诈骗风险管理措施。金融机构、非银行支付机构应当建立健全企业银行结算账户业务管理办法和操作规程，包括开户资料要求、开户审核要求、向法定代表人或单位负责人核实意愿方式、开户审核工作记录留存要求、账户资金和信息安全保护机制等内容。在企业银行账户存续期间，银行应当对企业开户资格和实名制符合性进行动态复核，并根据复核情况作出相应处理。

四、目的是防范银行账户、支付账户等被用于电信网络诈骗活动

上述措施的落实，需要银行业金融机构、非银行支付机构不只考虑经济利益，而是要从维护人民群众财产安全和社会稳定出发，切实提高履行反电信网络诈骗和反洗钱的职责意识，统筹平衡好风险防控与优化服务工作，加大开户等阶段核查力度，提高进行电信网络诈骗犯罪成本，加大对违法行为的震慑力度，斩断电信网络“资金链”，从金融领域遏制电信网络诈骗高发多发态势。

此外,银行业金融机构、非银行支付机构还应当结合自身业务特点和优势,采取但不限于以下加强管理措施,防范监管漏洞,加强与其他有关主管部门协作,提高管控风险能力和防范电信网络诈骗水平。

(一)提高技术防范能力。技术防范是防范电信网络诈骗的重要组成部分,技术安全才能保障客户资金安全。银行业金融机构、非银行支付机构应当严格技术安全流程,保障应用系统安全检测、防火墙、入侵监控等技术保障系统安全。比如:采用新型身份认证技术、生物识别技术等认证方式,确定资金操作者是客户本人的行为;银行为客户提供多种识别渠道,做好事中劝阻,完善短信通知、页面提示等多渠道转账提示功能,并对转账时间、限额、笔数等进行限制,推广非柜台办理业务的安全介质的使用;银行应该与时俱进地根据作案手段变化改变防范措施,加大对新型防范技术的投入,不断更新完善防范系统等。

(二)强化内部风险防范。银行业金融机构应适应当前电子银行业务规模大的管理形式,结合银行业务管理流程,重视以内部员工业务水平能力为主的内部控制措施,包括完善客户开户、业务变更申请表设计,尤其对关键客户信息进行准确登记,对手机号码、紧急联系人等信息准确填写,方便及时提示风险发生和以便进一步处理。

(三)加强与其他有关主管部门协作。商业银行加大与银保监会、电信、公安和第三方支付清算等外部机构的合作力度,便于侦破电信网络诈骗犯罪案件,加大对违法活动的打击力度和强度。

实践中需要注意的:第一,在开立账户环节,要加强对利用虚假护照、港澳通行证开立账户情形的发现。目前存在个人结算账户代理或者冒名开户情形。在客户身份识别中,银行柜台人员除了通过联网核查公民身份信息系统外，其他信息无法验证，尤其是持护照、港澳通行证等证件办理开户的，其证件和信息的真伪无法核实。银行工作人员只能通过身份证件确认客户的身份。银行业金融机构、非银行支付机构应当加强对持有这些身份证明客户开立账户情形的核查，确保不发生借用、冒用他人身份开立账户的情形。

第二，金融机构应当注重加强反诈骗宣传。反洗钱工作是相对专业性的工作，银行等要加强柜面工作人员防骗专业培训，增强识别能力，充分做好窗口柜台的防诈骗劝阻工作。同时，金融机构要充分发挥同人民群众联系密切的优势，利用网点、自助机具、手机短信等多种渠道，开展形式多样的宣传教育活动，切实提高客户的安全意识，最大限度地防范电信诈骗案件的发生。

第三，加强对非"实人"使用银行卡行为的管理和对非法买卖、出租、出借银行卡行为的惩治。在案件查办中，电信诈骗案件侦破难，主要难在查到的信息流和资金流卡号，都是非本人使用，很难明确真实的作案人员，又无法直接追究账号实名使用者的犯罪行为。一是相关人员为了自身的利益，用自己的身份证、手机卡等实名开设银行卡、手机卡、互联网账号等，并于开通后私自出售给不法分子使用，即通常所说的"实名不实人"。二是在招工和企业人事管理或银行、电信企业办理号卡业务过程中，相关工作人员在不告知员工真实情况的情形下，为员工进行人脸采集，签字确认等操作，冒名开设银行卡、手机卡、互联网账户、域名等。银行业金融机构、非银行支付机构在加强开户等核查的同时，相关部门也要加强对非法买卖、出租、出借、假冒他人身份或者虚构代理关系开立账户行为的惩治，形成金融领域反电信网络诈骗合力，依法治理好涉诈银行卡等提供电信网络诈骗工具的违法行为。

第四，根据本条规定，银行业金融机构、非银行支付机构在为客户开立银行账户、支付账户及提供支付结算服务，和客户业务关系存续期间，应当采取相应风险管理措施。需要注意的是，无论对客户采取尽职调查还是其他风险管理措施，都应当遵循风险为本的原则，客观评估客户的风险等级，并采取适当的、合理的尽职调查或其他风险管理措施，如对高风险客户可以强化尽职调查或其他风险管理措施，而对低风险客户则应简化尽职调查或其他风险管理措施，不宜"一刀切"地采取过度的风险管理措施，影响人们正常生产经营活动和群众生活便利。

第十六条　开立银行账户、支付账户不得超出国家有关规定限制的数量。

对经识别存在异常开户情形的，银行业金融机构、非银行支付机构有权加强核查或者拒绝开户。

中国人民银行、国务院银行业监督管理机构组织有关清算机构建立跨机构开户数量核验机制和风险信息共享机制，并为客户提供查询名下银行账户、支付账户的便捷渠道。银行业金融机构、非银行支付机构应当按照国家有关规定提供开户情况和有关风险信息。相关信息不得用于反电信网络诈骗以外的其他用途。

【释义】　本条是关于银行账户、支付账户开户数量和风险管理措施的规定。

大量银行账户、支付账户被作为电信网络诈骗的重要工具。据统计，截至 2020 年年底，我国共开立银行账户 125.36 亿户，全国发卡数量为 89.54 亿张。2021 年上半年，涉电信网络诈骗案件个人银行账户高达 32.2 万个。为规范银行账户的使用，加大对电信网络诈骗上游帮助行为的治理，杜绝违规代开卡、乱开卡、批量开卡等问题，2015 年 11 月 13 日中国银行业监督管理委员会发布《关于银行业打击治理电信网络新型违法犯罪有关工作事项的通知》明确对开卡数量进行限制。为进一步加强对账户管理，2016 年 9 月中国人民银行发布《关于加强支付结算管理防范电信网络新型违法犯罪有关事项的通知》明确了个人账户分类管理，规定在同一家银行只能开立 1 个Ⅰ类户，非银行支付机构为个人开立支付账户的，同一个人在同一家非银行支付机构只能开立一个Ⅲ类账户。在满足资金往来需要的同时，规范银行账户、支付账户的管理。针对上述问题，本条第 1 款对开立银行账户、支付账户的数量作了限制性规定。同时，赋予银行业金融机构、非银行支付机构本条第 2 款的职权，对于发现客户开立银行账户、支付账户存在异常情形的，如频繁开立、注销银行卡，异地频繁开卡，在不同银行大量开卡，有权加强核查或者拒绝开户。本条第 3 款规定，中国人民银行、国务院银行业监督管理机构组织有关清算机构建立跨机构开户数量核验机制和风险信息共享机制，并为客户提供查询名下银行账户、支付账户的便捷渠道，便于客户准确掌握自己名下开立的银行账户、支付账户的全部信息。

本条共分三款。

第 1 款是关于开户数量限制的规定。

根据本款规定，开立银行账户、支付账户不得超出国家有关规定限制的数量，以规范银行账户、支付账户的管理。

2015 年 11 月 13 日原中国银监会发布《关于银行业打击治理电信网络新型违法犯罪有关工作事项的通知》，明确开卡数量和超过规定数量卡的管理方法。分为以下三种情形的数量规定：

（1）正常客户开户。同一客户在同一商业银行开立借记卡原则上不得超过 4 张。如果已持有同一商业银行全国范围内 4 张

(含)以上借记卡的,商业银行不得为其开立或激活新的借记卡,社会保障卡、医疗保险卡、军人保障卡、已销户的借记卡除外。同一代理人在同一商业银行代理开卡原则上不得超过3张。确有正当理由,需要超出上述开卡数量限制的,由商业银行核实后酌情办理。对已办理4张以上借记卡的客户,银行业金融机构要主动与开卡客户进行联系,开展核查工作,发现非本人意愿办理的,应当中止服务。(2)参与出租、出借、出售行为的客户。对于公安机关或司法机关正式提供的文件显示客户(持卡人、申请人、代理人等)曾参与出租、出借、出售本人或他人借记卡账户以及相关各类验证工具的,同一商业银行在全国范围内对该客户(持卡人、申请人、代理人)等开立的借记卡账户数量不得超过2个。如该客户(持卡人、申请人、代理人等)之前已持有同一商业银行全国范围内2个(含)以上借记卡账户的,商业银行不得为其开立或激活新的借记卡账户。限制时间自收到公安机关或司法机关正式文件之日起至少5年。社会保障卡、医疗保险卡、军人保障卡、已销户的借记卡账户除外。(3)代理开立的借记卡。对于代理开立的借记卡,需被代理人持本人有效身份证件在柜面办理卡片启用后方可正常使用,在启用前应只支持存款转入等贷方交易,不支持取款、转出、消费、理财投资等借方交易。

为进一步加强对账户管理,中国人民银行于2016年9月发布《关于加强支付结算管理防范电信网络新型违法犯罪有关事项的通知》明确全面推进个人账户分类管理,规范完善资金转移和网络支付:(1)个人银行结算账户。自2016年12月1日起,银行业金融机构为个人开立银行结算账户的,同一个人在同一家银行只能开立一个Ⅰ类户,已开立Ⅰ类户,再新开户的,应当开立Ⅱ类户或Ⅲ类户。银行对本银行行内异地存取现、转账等业务,收取异地手续费的,应当自本通知发布之日起3个月内实现免费。个人于2016年11月30日前在同一家银行开立多个Ⅰ类户的，银行应当对同一存款人开户数量较多的情况进行摸排清理，要求存款人作出说明，核实其开户的合理性。对于无法核实开户合理性的，银行应当引导存款人撤销或归并账户，或者采取降低账户类别等措施，使存款人运用账户分类机制，合理存放资金，保护资金安全。(2)个人支付账户。自2016年12月1日起，非银行支付机构为个人开立支付账户的，同一个人在同一家支付机构只能开立一个Ⅲ类账户。支付机构应当于2016年11月30日前完成存量支付账户清理工作，联系开户人确认需保留的账户，其余账户降低类别管理或予以撤并；开户人未按规定时间确认的，支付机构应当保留其使用频率较高和金额较大的账户，后续可根据其申请进行变更。

实践中，国家有关主管部门可总结账户管理方面的经验，从生产、生活的实际需要出发，由国家有关规定确定合理数量。这里的国家有关规定，既可以是法律、行政法规，也可以是部门规章。

第2款是关于加强核查或者拒绝开户的规定。本款规定包含两层意思：

一是明确需要核查或拒绝开户的情形，即经识别存在异常开户情形的。这里所说的“异常开户情形”，是指银行业金融机构、非银行支付机构在开立银行账户、支付账户过程中发现客户有违反实名制规定或者有合理事由怀疑其有从事电信网络诈骗活动的情形。具体情形有：不出示身份证件或者不使用身份证件上的姓名的；对单位和个人身份信息存在疑义，要求出示辅助证件，单位和个人拒绝出示的，或者有其他不配合客户身份识别行为的；单位和个人组织他人同时或者分批开立账户的；开立金融账户的数量超出规定数量限制的；在公安机关失效居民身份证信息系统有丢失身份证记录的；有明显理由怀疑开立账户从事电信网络诈骗违法犯罪活动等。

二是赋予银行业金融机构、非银行支付机构加强核查或者拒绝开户的权力。对于经识别发现有上述情形的，银行业金融机构、非银行支付机构有权对身份证件和开户原因等情形予以核查。对于核查后，仍然不符合相关规定或者不能排除怀疑的，可以拒绝开户；对于电信网络诈骗违法犯罪风险较高的客户，也可以直接拒绝开户。

2016 年 9 月《中国人民银行关于加强支付结算管理防范电信网络新型违法犯罪有关事项的通知》进一步加强对异常开户情形的处置，其第 6 项规定：加强对异常开户行为的审核。有下列情形之一的，银行和支付机构有权拒绝开户：(1)对单位和个人身份信息存在疑义，要求出示辅助证件，单位和个人拒绝出示的。(2)单位和个人组织他人同时或者分批开立账户的。(3)有明显理由怀疑开立账户从事违法犯罪活动的。银行和支付机构应当加强账户交易活动监测，对开户之日起 6 个月内无交易记录的账户，银行应当暂停其非柜面业务，支付机构应当暂停其所有业务，银行和支付机构向单位和个人重新核实身份后，可以恢复其业务。

2019 年 3 月《中国人民银行关于进一步加强支付结算管理防范电信网络新型违法犯罪有关事项的通知》第二部分“加强账户实名制管理”第 3 项规定：(1)加强单位支付账户开户审核。支付机构为单位开立支付账户应当严格审核单位开户证明文件的真实性、完整性和合规性，开户申请人与开户证明文件所属人的一致性，并向单位法定代表人或负责人核实开户意愿，留存相关工作记录。支付机构可采取面对面、视频等方式向单位法定代表人或负责人核实开户意愿，具体方式由支付机构根据客户风险评级情况确定。单位存在异常开户情形的，支付机构应当按照反洗钱等规定采取延长开户审核期限、强化客户尽职调查等措施，必要时应当拒绝开户。(2)开展存量单位支付账户核实。支付机构应当按照本通知第3项规定的开户审核要求，开展全部存量单位支付账户实名制落实情况核实工作。核实中发现单位支付账户未落实实名制要求或者无法核实实名制落实情况的，应当中止其支付账户所有业务，且不得为其新开立支付账户。

对于异常开户的情形，需要银行业金融机构、非银行支付机构进一步总结金融领域治理经验，发现管理不足，完善账户管理措施，提升从开户环节打击治理电信网络犯罪的能力。

第3款是关于建立核验和风险信息共享机制的规定。主要有三方面内容：

第一，建立开户数量核验机制和风险信息共享机制。现阶段，我国共有4000多家银行业金融机构、200多家非银行支付机构，各自有自己的开户信息、数据等，有些属于商业信息、秘密，相互之间沟通较少，缺少核验和风险信息共享机制，给违法犯罪分子开办多个账户用于出售、代理开户和冒名开户等提供可乘之机。本款规定中国人民银行、国务院银行业监督管理机构组织有关清算机构建立跨机构开户数量核验机制和风险信息共享机制。建立开户数量和风险信息共享机制的主体是有关清算机构，而不是银行业金融机构、非银行支付机构，这样规定有利于在保障各自商业信息安全的前提下，建立跨机构开户数量核验机制和风险信息共享机制。现阶段，在中国人民银行的指导下，中国银联已经联合商业银行基于云闪付APP向客户提供“一键查卡”服务，支持持卡人查询多家银行名下银行卡及开立使用状况等信息。

第二，为客户提供查询名下银行账户、支付账户的便捷渠道。在日常的生产、生活中，为购物消费、旅游出行、生意结算以及就医就学就业等方便，客户会在不同银行办理不同账户，时间一长，客户可能不会完全掌握自己开卡信息。为了客户准确掌握开卡信息,有必要建立为其查询名下银行账户、支付账户提供便捷通道,也有助于及时发现被冒用办卡的情形。

第三,银行业金融机构、非银行支付机构应当按照国家有关规定提供开户情况和有关风险信息,相关信息不得用于风险防控之外的其他用途。此项内容规定了银行业金融机构、非银行支付机构的配合义务。由于客户的账户是在银行业金融机构、非银行支付机构开立的,建立跨机构开户数量核验机制和风险信息共享机制,离不开银行业金融机构、非银行支付机构的配合,本法要求应当按照规定提供开户情况和有关风险信息。这样规定有利于金融领域打击治理电信网络诈骗行为的展开。实践中,银行业金融机构、非银行支付机构应当按照相关规定提供开户情况和风险信息,履行相应职责。这里所说的"开户信息",是指客户在开户时提供的相关信息。"有关风险信息",主要是指相关机构认为可能存在电信网络诈骗风险的相关信息。同时,为了防止有关部门和机构过度收集、使用客户的相关信息,本款明确规定,相关信息不得用于风险防控以外的其他用途。

实践中需要注意的:一是要正确处理打击治理电信网络诈骗和优化营商环境促进经济发展之间的关系,做到统筹发展和安全。银行业金融机构、非银行支付机构对经识别存在异常开户情形的,要加强核查或者拒绝开户,不仅是银行业金融机构、非银行支付机构享有的权利,也是其应当履行的反电信网络诈骗的职责。这些行为不会影响优化营商环境,而是为优化营商环境促进经济发展提供社会秩序基础。

二是中国人民银行、国务院银行业监督管理机构组织有关清算机构建立跨机构开户数量核验机制和风险信息共享机制时需要统筹考虑几个问题:(1)共享机制的信息安全问题。将银行业金融机构、非银行支付机构客户的信息汇总,虽然有利于打击电信网络诈骗活动,但也存在客户大量信息被泄露的风险,保障客户信息的安全十分重要。(2)共享机制的信息内容的限制。考虑到客户留存在银行业金融机构、非银行支付机构的信息数量庞大,不仅涉及客户的开户信息,还有交易信息等,如果全面共享可能存在更大的金融风险等情况,本条明确规定,银行业金融机构、非银行支付机构只提供开户情况和有关风险信息,对于客户的交易信息等其他与开户情况和电信网络诈骗无关的信息不能共享。(3)共享机制的信息不得用于风险防控以外的其他用途。共享机制的建立必然汇集大量的客户信息,这些信息十分重要,一旦被滥用,必然造成严重的后果,本条对此作了限制性规定,即不得用于风险防控以外的其他用途,也就是说,主管部门和清算机构只能将共享信息用于防范电信网络诈骗活动。

第十七条　银行业金融机构、非银行支付机构应当建立开立企业账户异常情形的风险防控机制。金融、电信、市场监管、税务等有关部门建立开立企业账户相关信息共享查询系统,提供联网核查服务。

市场主体登记机关应当依法对企业实名登记履行身份信息核验职责;依照规定对登记事项进行监督检查,对可能存在虚假登记、涉诈异常的企业重点监督检查,依法撤销登记的,依照前款的规定及时共享信息;为银行业金融机构、非银行支付机构进行客户尽职调查和依法识别受益所有人提供便利。

【释义】　本条是关于企业账户管理措施的规定。

据统计,电信网络诈骗涉案账户中个人银行账户占95%以上,企业账户占 5%以下。虽然企业账户在全部电信网络诈骗案件涉案账户中占比不足 5%,但由于对公账户迷惑性大、风控策略宽松、查询止付冻结困难,造成损失的金额非常大,占到整个电信网络诈骗损失的 30%以上。涉及企业账户洗钱转账的案件主要体现在“杀猪盘”与投资类诈骗案件、冒充企业主 QQ 诈骗财物等案件。有些电信网络诈骗违法犯罪分子在同一地址注册多个空壳公司或者利用国家进行“放管服”改革等优化营商环境,放宽注册成立企业、公司要求,简化审批手续的条件,有计划地组织成立不以经营为目的的公司、企业,出售企业证件用于电信网络诈骗。银行业金融机构、非银行支付机构在一定程度上存在对企业账户监管不力、部分银行审核不严、大量空壳公司账户被诈骗分子用来实施犯罪的情况。加强对公账户的开户管控和事中风控依然是反电信网络诈骗工作的重点。本条对上述行为进行规制,以加强对企业账户管理,堵塞漏洞。

本条共分两款。

第 1 款是关于建立风险防控机制及履行身份信息核验职责的规定。本款规定包含两个方面的内容:

第一,建立开立企业账户异常情形的风险防控机制。本法第 15 条规定了银行业金融机构、非银行支付机构开立银行账户、支付账户,采取相应风险管理措施的规定。本款内容是对该条规定在开立企业账户阶段的具体细化。“企业账户”,依照《人民币银行结算账户管理办法》规定分为基本存款账户、一般存款账户、专用存款账户和临时存款账户等。企业只能在银行开立一个基本账户,不得开立两个以上基本存款账户。具体要求有:银行应当向企业法定代表人或者单位负责人核实企业开户意愿,并留存相关工作记录;企业开立一般账户、专用存款账户的,应当遵守《人民币银行结算账户管理办法》等规定,对企业应当出具的开户证明文件进行严格要求和审查,并判断企业开户合理性,防止企业违规开立或随意开立银行账户。

2019 年 2 月中国人民银行《企业银行结算账户管理办法》规定:企业申请开立银行结算账户,应当按照规定提交开户申请书,并出具下列开户证明文件:(1)营业执照;(2)法定代表人或单位负责人有效身份证件;(3)法定代表人或单位负责人授权他人办理的,还应出具法定代表人或单位负责人的授权书以及被授权人的有效身份证件;(4)《人民币银行结算账户管理办法》等规定的其他开户证明文件。在开立企业账户时,一方面,企业应当对开户申请书所列事项及相关开户证明文件的真实性、有效性负责;另一方面,在开立账户时,银行业金融机构、非银行支付机构应当审核企业开户证明文件的真实性、完整性和合规性,以确保开户申请人和开户证明文件所属人的一致性以及企业开户意愿的真实性。

对于存在异常开户情形的,银行业金融机构、非银行支付机构可以按照反洗钱等规定采取延长开户审查期限、强化客户尽职调查等措施,必要时应当拒绝开户。银行业金融机构、非银行支付机构重点对以下情形加强单位开户审慎核实:一是对于被全国企业信用信息公示系统列入"严重违法失信企业名单",以及经银行和支付机构核实单位注册地址不存在或者虚构经营场所的单位,银行和支付机构不得为其开户。银行和支付机构应当至少每季度排查企业是否属于严重违法企业,情况属实的,应当在 3 个月内暂停其业务,逐步清理。二是对存在法定代表人或者负责人对单位经营规模及业务背景等情况不清楚、注册地和经营地均在异地等异常情况的单位,银行和支付机构应当加强对单位开户意愿的核查。银行应当对法定代表人或者负责人面签并留存视频、音频资料等,开户初期原则上不开通非柜面业务,待后续了解后再审慎开通。支付机构应当留存单位法定代表人或者负责人开户时的视频、音频资料等。三是同经办人、同法定代表人、同财务人员、同电话地址的“四同”企业。四是短期内开立多个账户。五是企业名称随意,明显与常理相悖,注册资金金额较高但实缴资本为零。六是注册地址为集群、托管地址,但要求开通较高网银支付额度。七是首次开户企业法定代表人年纪偏大或者偏小(集中在 25 岁以下或 60 岁以上)。八是网银限额要求较高与经营范围、注册资金明显不符等情形。

第二,建立开立企业账户相关信息共享查询系统,提供联网核查服务。企业在开立账户时要求提供证明文件涉及市场监督管理部门,如营业执照的真实性、法定代表人或单位负责人身份证件的真实性和联系方式的有效性等问题,需要有关主管部门参与、验证。本款规定了金融、电信、市场监管、税务等有关部门建立开立企业账户相关信息共享查询系统,提供联网核查服务。有关主管部门要从自身职责出发,做好核查所需的各项材料、数据,便于及时开展相关信息的查询。金融、电信、市场监管、税务等有关部门应当做好协同配合,尤其是电信、市场监管、税务部门等要坚持系统观念、落实好打击治理电信网络诈骗相关措施,为金融部门在账户开立阶段验证相关信息的真伪提供支持、帮助,切实履行好反电信网络诈骗职责。

第 2 款是关于市场主体登记机关对企业实名登记履行身份信息核验职责的规定。主要包含以下四方面内容:

一是依法对企业实名登记履行身份信息核验职责。2021 年 7 月国务院《市场主体登记管理条例》规定,国务院市场监督管理部门主管全国市场主体登记管理工作。县级以上地方人民政府市场监督管理部门主管本辖区市场主体登记管理工作。该条例规定,市场主体实行实名登记。申请办理市场主体登记,申请人应当提交申请书、自然人身份证明等文件,并对提交材料的真实性、合法性和有效性负责。登记机关应当对申请材料进行形式审查。本款规定市场主体登记机关履行身份信息核验职责,要求在进行主体登记时,进一步加强审查,确保登记信息真实,防范利用虚假地址信息、个人信息等注册公司、企业后,出售给违法犯罪分子用于电信网络诈骗,给案件的查办增加工作难度。在市场登记过程中,登记主体发现不符合法律、行政法规规定,或者可能危害国家安全、社会公共利益的,登记机关不予登记并说明理由。对于在身份信息核验中,发现可能成立公司、企业用于电信网络诈骗的,登记机关可依照上述规定,不予登记。现阶段,市场主体登记机关依托国家政务服务平台统一身份认证系统和公安部门提供的识别技术,推进"全国企业登记身份管理实名验证系统"建设,提升了企业实名验证技术手段。

二是依照规定对登记事项进行监督检查,重点检查可能存在虚假登记、涉诈异常的企业。《市场主体登记管理条例》规定,登记机关应当根据市场主体的信用风险状况实施分级分类监管。登记机关应当采取随机抽取检查对象、随机选派执法检查人员的方式,对市场主体登记事项进行监督检查。市场主体登记机关应当加强事中事后监管,从经营方式、经营形式等入手,了解掌握市场主体的经营状态,加强敏感行业主体如互联网、投资理财平台、网络工作室、快递等的监管。对可能存在虚假登记、涉诈异常的企业,包括一人注册多个企业、一个地址注册多个企业和注册企业后长期不开展经营、一人联系电话对应多个单位法人客户法定代表、财务负责人等特殊情形。市场主体登记机关可总结对市场主体管理经验,与金融、电信等主管部门做好沟通,对重点监督检查的市场主体和情形作进一步明确。

三是及时共享依法撤销登记企业的相关信息。按照法律规定，虚报注册资本、提交虚假材料或者采取其他欺诈手段隐瞒重要事实取得市场主体登记的，受虚假市场登记影响的自然人、法人和其他组织可以向登记机关提出撤销市场主体登记的申请。主体登记机关受理申请后，应当及时开展调查。经调查认定存在虚假市场主体登记情形的，登记机关应当撤销主体登记。实践中，存在企业被撤销登记后，相关银行账户未注销、通信方式仍有效的情况，这些企业账户可能被出售用于电信网络诈骗。企业登记被依法撤销后，市场主体登记机关应当及时与金融、电信、税务等有关部门共享相关信息，防范已被撤销企业账户用于电信网络诈骗情况的发生。

四是为银行业金融机构、非银行支付机构进行客户尽职调查和依法识别受益所有人提供便利。本法第 15 条规定银行业金融机构、非银行支付机构为客户开立银行账户、支付账户及提供支付结算服务，和与客户业务关系存续期间，应当建立客户尽职调查制度，依法识别受益所有人。客户尽职调查和依法识别受益所有人都需要对相关证明文件进行查验核实，尤其是识别受益所有人需要确定法定代表人或单位负责人有效身份，这些情况市场主体登记机关掌握。市场主体登记机关有义务在银行业金融机构、非银行支付机构履行反电信网络诈骗职责时予以协助，提供便利条件。

实践中需要注意的是，银行业金融机构、非银行支付机构在提升防控策略的同时，不法分子也在调整手段。例如，开户环节，出现专门租用办公地点给违法犯罪分子临时应对调查的情况；使用环节，为规避银行对新开户的严格调查，收购存量账户；资金链环节，将单笔限额以上交易进行拆分，在交易中混入企业日常经营活动，增加监管难度。企业管理涉及市场监督、金融、电信、税务等多个部门，有关主管部门之间要坚持系统观念，从协同打击治理电信网络诈骗行为出发，做到共享相关信息，才能真正形成治理合力。有关主管部门也应当总结涉诈企业类型，进行重点监督检查，防范企业账户用于电信网络诈骗。

第十八条　银行业金融机构、非银行支付机构应当对银行账户、支付账户及支付结算服务加强监测，建立完善符合电信网络诈骗活动特征的异常账户和可疑交易监测机制。

中国人民银行统筹建立跨银行业金融机构、非银行支付机构的反洗钱统一监测系统，会同国务院公安部门完善与电信网络诈骗犯罪资金流转特点相适应的反洗钱可疑交易报告制度。

对监测识别的异常账户和可疑交易，银行业金融机构、非银行支付机构应当根据风险情况，采取核实交易情况、重新核验身份、延迟支付结算、限制或者中止有关业务等必要的防范措施。

银行业金融机构、非银行支付机构依照第一款规定开展异常账户和可疑交易监测时，可以收集异常客户互联网协议地址、网卡地址、支付受理终端信息等必要的交易信息、设备位置信息。上述信息未经客户授权，不得用于反电信网络诈骗以外的其他用途。

【释义】　本条是关于反电信网络诈骗工作监测、识别、处置涉诈异常账户和可疑交易的规定。

当前电信网络诈骗多发高发，严重影响了人民群众的生命财产安全、社会和谐稳定和国家经济安全。从发案的情况看，电信网络诈骗已成为各种发案中最高、损失也最大、群众反映最为强烈的突出犯罪。电信网络诈骗手段多样，且花样不断翻新，很容易使人上当受骗，且境内境外串通，侦破打击难度都比较大。电信网络诈骗的防范、管理和治理,还涉及如电信、互联网、金融、公安、信息产业等多个部门。因此,反电信网络诈骗工作不但跨境跨地区,而且还跨部门,任何一个方面有薄弱环节,或配合不力都难以有效打击电信网络诈骗犯罪。

电信网络诈骗一般分为三个环节:一是虚构场景、设骗局环节。通过各类骗术引导群众落入圈套。二是受害人资金支付环节。受害人向诈骗团伙控制的账户付款,如银行账户、支付账户、收款码、电话卡充值、兑换虚拟货币等。三是洗钱环节。通过各类支付工具转移资金,将资金洗白,如通过多账户转账、虚构交易背景结算、代发佣金等形式洗钱。跨境洗钱,一般包括提取现金出境、地下钱庄、虚构跨境贸易、虚拟货币等方式。资金转移、洗钱是关键的环节。

诸多非法资金隐匿在普通群众的资金转账交易之中。不法分子以高额利益为诱饵,吸引大量群众实名开立银行卡并连同证件、手机卡成套出租出售,在“跑分”平台由群众使用其本人账号、收款码与客户“点对点”转移资金,配合转移非法资金、应对银行问询等,涉及人数多,识别难度大,管控措施波及范围广。在金融领域,大量空壳公司账户被诈骗分子用来实施犯罪;第三方支付公司成为洗钱团伙重要通道,涉诈资金经第三方机构洗钱占比达30%至40%,专案中某第三方机构每天为诈骗集团洗钱达1亿元;涉诈资金拦截机制不健全,在某地的一起案件中,3400万元被骗资金在不到两个小时内被迅速拆分至200多张银行卡。因此,明确金融、通信、互联网等领域涉诈骗异常情况的监测、识别和处置等对于打击电信网络诈骗至关重要。

本条共分四款。

第1款是关于银行业金融机构、非银行支付机构应当对银行账户、支付账户及支付结算服务加强监测,建立完善符合电信网络诈骗活动特征的异常账户和可疑交易监测机制的规定。

本款规定包含以下几个方面的内容：

第一，关于涉诈监测对象的规定。根据本款规定，涉诈监测对象包括银行账户、支付账户及支付结算服务。这里所说的“银行账户、支付账户及支付结算服务”的本条第15条中已作解释，这里不再赘述。实践中，电信诈骗涉案账户的前两级中个人银行卡账户占95%以上，对公账户占5%以下；诈骗资金进入第三级之后出现财付通、支付宝账户，财付通、支付宝账户占下游涉案账户的50%以上，而目前财付通、支付宝账户风险管控力度明显不足。

涉及对公账户（单位结算账户、非银行支付机构商户账户）洗钱转账的案件主要体现在“杀猪盘”与投资类诈骗案件、冒充企业主QQ诈骗财物等案件。虽对公账户在全部电信网络诈骗案件涉案账户中占比不足5%，但由于对公账户迷惑性大、风控策略宽松、查询止付冻结困难，故造成的损失的金额非常大，造成损失占整个电信网络诈骗损失的30%以上，加强对公账户的开户管控和事中风控依然是反诈工作的重点。

第二，银行业金融机构、非银行支付机构应当对银行账户、支付账户及支付结算服务加强监测。银行业金融机构、非银行支付机构应当切实履行反电信网络诈骗的职责，从银行账户、支付账户的开立阶段，提供支付结算服务阶段，以及与客户关系存续期间，通过客户尽职调查、受益所有人的识别等多种方式，加强对账户的监测，及时发现账户的异常情况，防止电信网络诈骗分子利用支付工具和支付结算服务实施电信网络诈骗活动。实践中，有些银行开展联系电话与身份证对应管理，通过提取一个联系电话对应多个个人客户以及一个联系电话对应多个单位法人客户法定代表、财务负责人等的清单，主动联系客户，开展摸排清理工作。有的银行针对涉案账户风险特征隐蔽、变化快、传统手段不易识别等问题,围绕开户异常、交易偏离等特征研发上线智能模型;有的银行对涉案上下游资金交易对手进行延伸和关联监控,实现对可疑交易的事中监测管控。

第三,银行业金融机构、非银行支付机构应当建立完善符合电信网络诈骗活动特征的异常账户和可疑交易监测机制。银行业金融机构、非银行支付机构应当制定本机构的可疑交易监测标准,并对其有效性负责。可疑交易监测标准包括但不限于客户的身份、行为,交易的资金来源、金额、频率、流向、性质等存在异常的情形,并应当参考以下因素:(1)中国人民银行及其分支机构发布的反洗钱、反恐怖融资规定及指引、风险提示、洗钱类型分析报告和风险评估报告;(2)公安机关、司法机关发布的犯罪形势分析、风险提示、犯罪类型报告和工作报告;(3)本机构的资产规模、地域分布、业务特点、客户群体、交易特征,洗钱和恐怖融资风险评估结论;(4)中国人民银行及其分支机构出具的反洗钱监管意见;(5)中国人民银行要求关注的其他因素。

第2款是关于统筹建立跨银行业金融机构、非银行支付机构的反洗钱统一监测系统,完善反洗钱可疑交易报告制度的规定。

本款规定包含以下两个方面的内容:

第一,统筹建立反洗钱统一监测系统。根据本款规定,中国人民银行统筹建立跨银行金融机构、非银行支付机构的反洗钱统一监测系统。

本款的责任主体是中国人民银行,目前中国人民银行指导、部署金融业反洗钱工作,负责反洗钱资金监测。中国反洗钱监测分析中心是中国政府根据联合国有关公约的原则和反洗钱金融行动特别工作组建议以及中国国情建立的行政型国家金融情报机构,隶属于中国人民银行,负责接收、分析和移送金融情报。2006年《反洗钱法》第10条规定确立了中国反洗钱监测分析中心的法律地位:“国务院反洗钱行政主管部门设立反洗钱信息中心,负责大额交易和可疑交易报告的接收、分析,并按照规定向国务院反洗钱行政主管部门报告分析结果,履行国务院反洗钱行政主管部门规定的其他职责。”中国反洗钱监测分析中心由此成为中国反洗钱框架中的一个重要法律实体。自成立以来,中国反洗钱监测分析中心在反洗钱方面发挥了重要作用,为执法机关打击洗钱及相关犯罪提供了有力金融情报支持。其主要职责包括:收集、整理并保存大额和可疑资金交易信息及相关调查、案件信息;与有关部门研判和会商可疑资金交易线索,配合有关部门进行可疑资金交易线索协查;国家反洗钱数据库建设和管理,研究、开发反洗钱信息接收及监测分析系统,负责系统的运行和维护等。

目前,中国人民银行建立的中国反洗钱监测分析中心,主要监测的是金融机构存在的可疑交易,考虑到非银行支付机构是电信网络诈骗重要资金转移渠道,有必要由中国人民银行统筹建立跨银行的反洗钱监测系统,以便高效地实现对反电信网络诈骗犯罪活动中各类数据的协查监测、主动监测、战略监测,实现机构间的信息共享,可以使反洗钱数据时效性显著增强、覆盖面持续扩展、数据来源日趋稳定,数据识别标准逐步统一,数据挖掘能力显著提升。

第二,完善反洗钱可疑交易报告制度。根据本款规定,中国人民银行应当会同国务院公安部门完善与电信网络诈骗犯罪资金流转特点相适应的反洗钱可疑交易报告制度。在此制度中,金融机构发现或者有合理理由怀疑客户、客户的资金或者其他资产、客户的交易或者试图进行的交易与电信网络诈骗、洗钱等犯罪活动相关的,无论所涉资金金额或者资产价值大小,应当提交可疑交易报告。中国人民银行应当会同国务院公安部门及时发布电信网络诈骗犯罪相关风险提示、洗钱类型分析报告和风险评估报告,对与电信网络诈骗犯罪资金流转特点相适应的反洗钱可疑交易报告制度进行完善。

第3款是关于对监测识别的异常账户和可疑交易,银行业金融机构、非银行支付机构应当采取的防范措施的规定。

本款规定包含以下几个方面的内容:

第一,银行业金融机构、非银行支付机构采取防范措施的对象是监测识别的异常账户和可疑交易。其中客户的身份、行为,交易的资金来源、金额、频率、流向、性质等存在异常的情形往往是需要考虑的主要因素。

第二,对异常账户和可疑交易应当采取必要的防范措施。根据本款规定,银行业金融机构、非银行支付机构需要采取核实交易情况、重新核验身份、延迟支付结算、限制或者中止有关业务等必要的防范措施。

对于通过可疑监测标准筛选出的异常交易,各金融机构和支付机构应当注重挖掘客户身份资料和交易记录价值,发挥客户尽职调查的重要作用,采取有效措施进行人工分析、识别。这些措施包括但不限于:重新识别、调查客户身份,包括客户的职业、年龄、收入等信息;采取合理措施核实客户实际控制人或交易实际受益人,了解法人客户的股权或控制权结构;调查分析客户交易背景、交易目的及其合理性,包括客户经营状况和收入来源,关联客户基本信息和交易情况、开户或交易动机等;整体分析与客户的业务关系,对客户全部开户及交易情况进行详细审查,判断客户交易与客户及其业务、风险状况、资金来源等是否相符;涉嫌利用他人账户实施犯罪活动的,与账户所有人核实交易情况。

各金融机构和支付机构应当遵循风险为本和审慎均衡原则,合理评估可疑交易的可疑程度和风险状况,审慎处理账户(或资金)管控与金融消费者权益保护之间的关系,在报送可疑交易报告后,对可疑交易报告所涉客户,账户(或资金)和金融业务及时采取适当的后续控制措施,充分减轻本机构被洗钱、恐怖融资及其他违法犯罪活动利用的风险。

第 4 款是关于异常客户必要的交易信息、设备位置信息收集的规定。

本款规定包含以下几个方面的内容:

第一,收集异常客户交易信息、设备位置信息的条件,即银行业金融机构、非银行支付机构只有在依照第 1 款规定,即对银行账户、支付账户及支付结算服务开展监测,发现存在异常账户和可疑交易的时候,才能收集该异常客户的信息。

第二,收集异常客户必要的交易信息、设备位置信息。根据本款规定,银行业金融机构、非银行支付机构可以收集异常客户互联网协议地址、网卡地址、支付受理终端信息等必要的交易信息、设备位置信息。

互联网协议地址,又称 IP 地址,是 IP 协议提供的一种统一的地址格式,它为互联网上的每一个网络和每一台主机分配一个逻辑地址,由此来屏蔽物理地址的差异,它相当于现实生活中的某一个目的地地址。

网卡地址,又叫 MAC 地址,通常表示为 12 个 16 进制数,是上网设备在网络中的唯一标识,可以用来定义网络设备的位置。

支付受理终端涉及支付信息的读取、采集和支付指令的生成,其安全性和合规性对保障支付信息与资金安全具有重要意义。支付受理终端及相关业务管理也面临一些新问题、新挑战。例如:部分市场主体变造交易的手段不断翻新,通过擅自更改终端交易路由、商户编码、商户名称、交易地址等方式隐藏违规交易,导致交易信息难以还原真实消费场景,不仅侵犯消费者合法权益、引发投诉纠纷,还为不法分子借道转移违法犯罪资金带来可乘之机。还有一些不法分子利用收款条码转移赌资，为跨境赌博活动提供支付通道。对此，中国人民银行发布了《关于加强支付受理终端及相关业务管理的通知》，加强支付受理终端及相关业务管理，维护支付市场秩序，保护消费者合法权益。

客户交易信息，是指记载交易双方与交易信息的电子数据、业务凭证、账簿和其他资料及其载体。在现代支付中，支付过程中的登录验证措施、支付验证措施以及交易的地址信息（如 IP 地址）、位置信息（如 GPS 信息）、设备信息等都有助于判断客户的身份，分析交易的性质，在非面对面完成的支付交易中，有不可替代的价值。

第三，对相关信息使用进行限定。根据本款规定，上述信息未经客户授权，不得用于反电信网络诈骗以外的其他用途。这里所说的"上述信息"是指银行业金融机构、非银行支付机构收集的客户互联网协议地址、网卡地址、支付受理终端信息等交易信息、设备位置信息。银行业金融机构、非银行支付机构在对客户进行监测时不可避免获取大量的客户信息，这些信息必然具有一定商业价值，为保护个人和组织的合法权益，避免发生侵权行为，法律明确规定，未经客户授权，这些信息不得用于反电信网络诈骗以外的其他用途。这里规定的"其他用途"是指反电信网络诈骗违法犯罪的调查、侦查、起诉和审判等之外的用途，如民事纠纷的调解、商业用途等。

实践中需要注意的是，客户身份资料和交易记录涉及客户的个人信息、财产信息等完整信息，一旦泄露易导致对客户隐私权的侵害。客户身份资料和交易记录保存需要将保护个人信息与维护公共利益、履行反洗钱职责、保护客户的财产安全有效地结合在一起。

一般而言，客户身份资料和交易记录保密的范围是金融机构等在业务过程中获取的客户身份资料和交易记录的全部信息。但是，有些非自然人的身份信息依据有关规定需要公示，或者是任何人都有权查询的公开信息，属于公示项目且已经公示过的身份信息，金融机构再予以保密是不必要的，如登记机关公示的信息、经客户本人同意向他人提供的信息等。我国《反洗钱法》第5条规定，对依法履行反洗钱职责或者义务获得的客户身份资料和交易信息，应当予以保密；非依法律规定，不得向任何单位和个人提供。反洗钱行政主管部门和其他依法负有反洗钱监督管理职责的部门、机构履行反洗钱职责获得的客户身份资料和交易信息，只能用于反洗钱行政调查。司法机关依照本法获得的客户身份资料和交易信息，只能用于反洗钱刑事诉讼。《个人信息保护法》第5条规定处理个人信息应当遵循合法、正当、必要和诚信原则。该法第9条规定个人信息处理者应当对其个人信息处理活动负责，并采取必要措施保障所处理的个人信息的安全。《商业银行法》也规定了商业银行为存款人保密的原则。

第十九条　银行业金融机构、非银行支付机构应当按照国家有关规定，完整、准确传输直接提供商品或者服务的商户名称、收付款客户名称及账号等交易信息，保证交易信息的真实、完整和支付全流程中的一致性。

【释义】　本条是关于完整、准确传输交易信息的规定。

目前实践中存在银行业金融机构、非银行支付机构交易信息报送准确性、完整性不足的问题。在账户认证及签约环节，存在银行业金融机构、非银行支付机构对账户信息未如实填报的情形；在交易内容上，存在未如实填报交易背景如商户信息、行业、交易类型等，使涉诈资金链追溯、匹配困难，涉诈交易的识别效果受到严重影响。有的平台企业实施封闭策略，形成资金信息闭环，透明度差，上报交易信息不完整、不规范，未满足电子支付指令性、完整性、一致性、可追踪性的要求。因此，本条明确规定银行业金融机构、非银行支付机构应当依照规定完整、准确传输有关交易信息，防范电信网络诈骗分子借此洗钱。

本条包含以下几个方面的内容：

第一，完整、准确传输交易信息。这一规定包含以下几层意思：一是本条规定的责任主体是银行业金融机构、非银行支付机构。二是按照国家有关规定。这里所说的“按照国家有关规定”，既包括法律、行政法规的规定，也包括部门规章和规范性文件的规定。三是完整、准确传输直接提供商品或者服务的商户名称、收付款客户名称及账号等交易信息。银行业金融机构、非银行支付机构应当确保交易信息的真实性、完整性、可追溯性以及在支付全流程中的一致性，不得篡改或者隐匿交易信息。所谓“交易信息”，根据2017年《条码支付业务规范（试行）》第20条第2款规定，交易信息至少应包括：直接提供商品或服务的特约商户名称、类别和代码，受理终端（网络支付接口）类型和代码，交易时间和地点（网络特约商户的网络地址），交易金额，交易类型和渠道，交易发起方式等。网络特约商户的交易信息还应当包括订单号和网络交易平台名称。实践中，交易信息包括但不限于下列内容：（1）交易渠道、交易终端或接口类型、交易类型、交易金额、交易时间，以及直接向客户提供商品或者服务的特约商户名称、编码和按照国家与金融行业标准设置的商户类别码；（2）收付款客户名称，收付款支付账户账号或者银行账户的开户银行名称及账号；（3）付款客户的身份验证和交易授权信息；（4）有效追溯交易的标识；（5）单位客户单笔超过5万元的转账业务的付款用途和事由。

2017 年《条码支付业务规范(试行)》第 20 条第 1 款进一步规定,银行、支付机构应根据条码支付的真实场景,按规定正确选用交易类型,准确标识交易信息并完整发送,确保交易信息的完整性、真实性和可追溯性。2019 年《中国人民银行关于进一步加强支付结算管理防范电信网络新型违法犯罪有关事项的通知》要求,银行、支付机构应当按照清算机构报文规范要求准确、完整报送实际交易的特约商户信息和收款方、付款方信息,并向客户准确展示商户名称或收款方、付款方名称。

第二,完整、准确传输交易信息的目的是保证交易信息的真实、完整和支付全流程中的一致性。完整、准确传输交易信息在实践中也称为交易信息透传,也就是使交易信息传输透明,交易信息透传制度在反洗钱工作中起着十分重要的作用。随着电子支付行业的快速发展,银行卡业务面临的洗钱风险日益加剧。与传统现金和柜台交易不同,新型互联网和移动支付具有资金快速流转、线上远程操作、信息验证交易等特点,大量洗钱交易转移到线上新型支付渠道,使洗钱资金的监测和追查越发困难。由于支付行业涉及发卡银行、收单机构、转接清算机构、商户等众多参与方,消费、取现、转账、缴费、代收付等支付交易类型繁多、交易信息要素各异,加之发卡银行和支付机构通常的“重欺诈、轻洗钱”的风险管理,特别是非金融支付机构起步较晚,洗钱风险管理普遍较为薄弱,容易成为洗钱的“温床”。数据“黑产”与洗钱团伙联合,申请欺诈、交易欺诈和洗钱交易交织并存,交易变造、虚假商户、“跑分”平台等恶性违规行为层出不穷,进一步加剧了洗钱行为在电子支付网络的泛滥和蔓延。因此,要加强支付领域数据透传监管,做到支付交易信息的完整准确标识、传递和处理,确保支付交易信息在支付全流程、可穿透关联,保障支付消费者的公平交易权。完整、准确传输提供商品或服务的相关交易信息，从而能够保证交易信息的真实性、完整性以及支付全流程中的一致性。

实践中需要注意的是，金融机构之间的交易信息如不能有效贯通，交易在不同机构间就会割裂而无法对应识别。部分支付机构使用自身账户标识替代账户信息，部分机构出于逐利目的，甚至会违规变造交易，造成交易被系统化分拆至不同商户甚至虚假商户，交易信息失真无法反映真实交易场景，会导致洗钱分子利用支付体系的弱点将资金通过电子交易在机构间流转，各机构间的交易信息通常不能透传，无法展现完整的资金链条，给洗钱资金的还原造成了很大的困难。即使各家机构分别报送了同一笔资金流向的可疑交易报告，中国反洗钱监测分析中心也可能难以通过唯一的身份或账户信息将各机构上报的交易进行有效串联，还原其在支付业务参与主体间资金流转的完整链路。目前尽管监管机构下发了上送交易唯一标识的要求，但由于缺乏明确的技术标准和报文规范，难以在报告中有效执行落地。由于支付宝和微信支付的条码交易在不同支付环节可能通过银联或网联不同渠道转接，单个清算机构也无法掌握全部环节交易，给洗钱分子通过不同的支付和转接渠道分散交易提供了可乘之机。因此，有关方面要明确交易唯一标识和交易对方账户等信息上送要求，实现交易信息从客户身份或账户层面的唯一性识别和参与机构间的透传，规范上送交易对方信息，打通不同机构间的资金链条；同时，不断加强对义务机构的监管力度，通过现场检查等方式，有效震慑交易变造等恶性违规行为，督促相关机构按照行业规范，真实、准确、完整上送交易信息。

第二十条 国务院公安部门会同有关部门建立完善电信网络诈骗涉案资金即时查询、紧急止付、快速冻结、及时解冻和资金返还制度，明确有关条件、程序和救济措施。

公安机关依法决定采取上述措施的，银行业金融机构、非银行支付机构应当予以配合。

【释义】 本条是关于涉诈资金即时查询、紧急止付、快速冻结、及时解冻和资金返还制度的规定。

目前，电信网络行业进行失信管理或者实施失信惩戒效力弱，电信、金融部门配合公安机关打击电信网络诈骗活动，主要采取关停、拦截、二次核验、资金止付冻结等措施。实践中依靠政策协调国有企业执行，尚没有明确的法律依据。特别是修改后的《行政处罚法》规定，暂停、限制有关市场主体业务等措施属于行政处罚的种类，必须由法律、行政法规明确规定，有关规章、政策性文件无权设定。因此一些实践做法、政策规定还需要进一步上升为法律规定。

此外，快速止付冻结机制的相关依据层级较低。中国人民银行、工业和信息化部、公安部和国家工商行政管理总局（已撤销）2016 年颁布《关于建立电信网络新型违法犯罪涉案账户紧急止付和快速冻结机制的通知》（银发〔2016〕86 号）作出规定，对涉案账户及关联账户，特别是资金接收的下游账户建立快速止付冻结机制。但是该通知要求在执行中缺乏统一法律文书，以立法的形式予以规范存在必要性。本条规定为银行业金融机构、非银行支付机构采取紧急止付、快速冻结等处置措施，提供了必要的法律依据。

本条共分两款。

第1款是关于涉诈资金即时查询、紧急止付、快速冻结、及时解冻和资金返还制度的规定。

本款包含以下几个方面的内容：

1. 本款规定的职责主体是国务院公安部门。这里所说的“国务院公安部门”是指公安部。“有关部门”主要包括中国人民银行、中国银保监会、中国证监会等与处置电信网络诈骗涉案资金相关的主管部门。国务院公安部门有职责会同有关部门完善电信网络诈骗涉案资金即时处置措施，减少被害人的财产损失。

2. 建立电信网络诈骗涉案资金的即时处置措施。根据本款规定，为了有效打击电信网络诈骗活动，使被害人的财产及时止损，本款规定了以下处置措施：

第一，“即时查询”制度。所谓“即时查询”，是指及时、快速地查询涉诈资金的去向。了解涉诈资金的去向和流转方式才能有效对涉诈资金进行追查及止付冻结，因此，即时查询资金的去向十分重要。当前电信网络诈骗犯罪资金流转已经从前期的背包客取款，转向第三方、第四方支付、“跑分”平台、国际贸易对冲等方式。目前洗钱手法主要有以下几种：一是通过地下钱庄贸易对冲洗钱；二是通过银行账户转第三方支付公司，利用第三方支付公司办理的账户搭建第四方支付、“跑分”平台进行资金流转；三是将赃款转入信用卡（贷记卡），再用刷卡消费方式将赃款流向物理隔断进行洗钱；四是将电信网络诈骗资金或网赌资金购买成虚拟币，再将虚拟币充值到犯罪团伙指定钱包。

电信网络诈骗犯罪涉案资金转移境外方式，目前主要有四种：一是通过外贸走地下钱庄资金对敲（对冲），由境内外贸商户收取地下钱庄代收的涉诈资金，境外地下钱庄通过对敲方式给诈骗团伙支付美元或等额外币。二是由境内虚拟币承兑商通过虚拟币交易平台将赃款转手购买成虚拟币，再将虚拟币充值到上游犯罪团伙指定钱包地址。三是通过“换钱党”将电信网络诈骗资金取成现金,走私出境;或通过边境的“背包客”将电信网络诈骗资金以现金方式偷运出境。四是通过跨境电商在境外购物网站购买虚拟商品如韩国游戏装备或游戏币等,再通过电商平台将其售出获取外币。目前最主要的方式是虚拟币承兑商将电信网络诈骗资金洗出境外,其次是贸易对冲(对敲)洗钱。

值得借鉴的是,浙江省义乌市成立了全省首个县级反诈中心,凡是涉及诈骗的银行卡、电话卡立即开展止付工作,实现接警后第一时间冻结。2021 年 1～10 月通过反诈中心平台累计电话劝阻 620 多起,止付银行卡 2400 多张,止付金额 2500 余万元,冻结嫌疑银行卡 5300 多张。

第二,“紧急止付”制度。紧急止付这一措施最早被用于电信网络犯罪案件的办理之中。在该类案件中,被害人完成支付后,财产会被专业犯罪集团在 1 分钟内转移至多级账户,很难再追回。为提高公安机关止付、冻结涉诈资金效率,切实保护社会公众财产安全,2016 年,中国人民银行、工业和信息化部、公安部、国家工商行政管理总局决定建立电信网络新型违法犯罪涉案账户紧急止付和快速冻结机制。通过该机制,受害人在遇到电信诈骗后第一时间报警,民警核实情况后,立即启动紧急止付程序,大大缩短了处理的时间,提高了止付冻结的成功率。该机制至今已经运行了 6 年多的时间,成功挽回了大量的诈骗款,取得了很好的社会效果。

实践中,紧急止付制度与资金止付的挽损紧密相关。一是电信网络诈骗犯罪的挽损率与被害人报案时间关系密切。当前,电信网络诈骗犯罪的专业洗钱速度以分钟来计算,受害人汇款汇出后半小时之内报案的,挽损拦截率可以达到 85%以上;2 小时之内报案的,挽损拦截率可以达到 70%以上;4 小时之内报案的,挽损拦截率可以达到 60%以上;24 小时之内报案的,挽损拦截率可以达到 35%以上;超过 24 小时报案的,止付挽损率相对较低,平均不足 20%。二是采用紧急止付方式挽损率较低。公安部门会同金融监管部门建立了资金紧急止付系统平台,在立案前对涉诈资金实行紧急拦截、止付。目前,采用紧急止付方式挽损率一般不超过本账户涉案总量的 15%,原因主要有四点:首先,紧急止付的完成时间和诈骗团伙电子转账时间不成正比。目前中国境内各家银行的电子转账均为即时到达,而紧急止付发起后通过多个网关路由和定时报文交换,银行最快 15 分钟才能收到止付指令进行管控。其次,紧急止付的资金往往并非本案涉案资金。诈骗账户一般不留余额,公安机关对涉案账户进行紧急止付时,本案的诈骗资金早已经被转移至下游洗钱账户,而止付后汇入的资金往往来自另外的受害人,诈骗分子一旦发现账户被止付则会立即启动备用账户继续诈骗。再次,诈骗团伙通过多种方式混合洗钱并做多层物理隔断后,所冻结资金无法清晰划分归属,导致资金返还难;通过向社会发布公告,按涉案资金比例返还,受流程、核案、资金返还比例的划分等条件限制,难以全面开展。最后,受害人报案不及时,严重影响挽损拦截率。当前,比较高发的电信网络诈骗案件种类主要有刷单、贷款、"杀猪盘"、冒充客服等,都有一定的案发周期,当受害人发现自己上当受骗,资金早已不知所踪。

第三,"快速冻结"制度。根据 2016 年 8 月中国银行业监督管理委员会、公安部发布的《电信网络新型违法犯罪案件冻结资金返还若干规定》第 2 条第 2 款的规定,冻结资金是指公安机关依照法律规定对特定银行账户实施冻结措施,并由银行业金融机构协助执行的资金。2016 年 12 月《电信网络新型违法犯罪案件冻结资金返还若干规定实施细则》第 2 条规定,外国通过有关国际条约、协议、规定的联系途径、外交途径,提出刑事司法协助请求的，由银监会和公安部批准后，可参照《电信网络新型违法犯罪案件冻结资金返还若干规定》执行。

采取冻结措施具有严格的限制条件，2016 年《中共中央、国务院关于完善产权保护制度依法保护产权的意见》第 5 条细化了涉嫌违法的企业和人员财产处置规则，依法慎重决定是否采取相关强制措施。确需采取查封、扣押、冻结等措施的，要严格按照法定程序进行，除依法需责令关闭企业的情形外，在条件允许的情况下可以为企业预留必要的流动资金和往来账户，最大限度降低对企业正常生产经营活动的不利影响。采取查封、扣押、冻结措施和处置涉案财物时，要依法严格区分个人财产和企业法人财产。对股东、企业经营管理者等自然人违法，在处置其个人财产时不任意牵连企业法人财产；对企业违法，在处置企业法人财产时不任意牵连股东、企业经营管理者个人合法财产。严格区分违法所得和合法财产，区分涉案人员个人财产和家庭成员财产，在处置违法所得时不牵连合法财产。完善涉案财物保管、鉴定、估价、拍卖、变卖制度，做到公开公正和规范高效，充分尊重和依法保护当事人及其近亲属、股东、债权人等相关方的合法权益。

第四，"及时解冻"制度。根据《银行业金融机构协助人民检察院公安机关国家安全机关查询冻结工作规定》第 23 条的规定，经查明冻结财产确实与案件无关的，人民检察院、公安机关、国家安全机关应当在 3 日以内按照本规定第 19 条的规定及时解除冻结，并书面通知被冻结财产的所有人；因此对被冻结财产的单位或者个人造成损失的，银行业金融机构不承担法律责任，但因银行业金融机构自身操作失误或设备故障造成被冻结财产的单位或者个人损失的除外。上级人民检察院、公安机关、国家安全机关认为应当解除冻结措施的，应当责令作出冻结决定的下级人民检察院、公安机关、国家安全机关解除冻结。

第五,“资金返还”制度。2015 年中共中央办公厅、国务院办公厅印发的《关于进一步规范刑事诉讼涉案财物处置工作的意见》第 2 条规定,规范涉案财物查封、扣押、冻结程序。查封、扣押、冻结涉案财物,应当严格依照法定条件和程序进行。严禁在立案之前查封、扣押、冻结财物。不得查封、扣押、冻结与案件无关的财物。凡查封、扣押、冻结的财物,都应当及时进行审查;经查明确实与案件无关的,应当在 3 日内予以解除、退还,并通知有关当事人。查封、扣押、冻结涉案财物,应当为犯罪嫌疑人、被告人及其所扶养的亲属保留必需的生活费用和物品,减少对涉案单位正常办公、生产、经营等活动的影响。公安机关、国家安全机关决定撤销案件或者终止侦查、人民检察院决定撤销案件或者不起诉、人民法院作出无罪判决的,涉案财物除依法另行处理外,应当解除查封、扣押、冻结措施,需要返还当事人的应当及时返还。

实践中,冻结资金一般以溯源返还为原则,由公安机关区分不同情况按以下方式返还:(1)冻结账户内仅有单笔汇(存)款记录,可直接溯源被害人的,直接返还被害人。(2)冻结账户内有多笔汇(存)款记录,按照时间戳记载可以直接溯源被害人的,直接返还被害人。(3)冻结账户内有多笔汇(存)款记录,按照时间戳记载无法直接溯源被害人的,按照被害人被骗(盗)金额占冻结在案资金总额的比例返还。(4)按比例返还的,公安机关应当发出公告,公告期为 30 日。公告期间内被害人、其他利害关系人可就返还冻结提出异议,公安机关依法进行审核。冻结账户返还后剩余资金在原冻结期内继续冻结;公安机关根据办案需要可以在冻结期满前依法办理续冻手续。如查清新的被害人,公安机关可以按照本规定启动新的返还程序。

实际执行中,对于查封、扣押财物、文件、邮件、电报或者冻结存款、汇款、债券、股票、基金份额后,必须及时调查核实,弄清被查封、扣押物与电信网络犯罪案件及犯罪嫌疑人的关系，不能扣而不查。经查明确实与案件无关的查封、扣押物，应当及时退回；对被冻结的存款、汇款、债券、股票、基金份额要尽快解冻，不得以任何借口留置或者拖延退还、解冻。

3. 明确有关条件、程序和救济措施。国务院公安部门会同有关部门对电信网络诈骗涉案资金采取即时处置措施时，必须明确有关措施适用的条件、程序和救济措施。对涉案资金采取即时处置等措施是非常必要的，但在反诈骗、防诈骗中也要有保护正常用户权益的意识和相应的规定。具体而言，一方面，要精准施策，明确适用的具体条件，还要有严格的内部审批程序，做到慎重使用，这里的所说的涉案资金处置的法定条件和程序，既包括《刑事诉讼法》等有关法律规定的条件和程序，也包括部门规章和规范性文件规定的条件和程序。比如，《刑事诉讼法》第 144 条规定，人民检察院、公安机关根据侦查犯罪的需要，可以依照规定查询、冻结犯罪嫌疑人的存款、汇款、债券、股票、基金份额等财产。有关单位和个人应当配合。犯罪嫌疑人的存款、汇款、债券、股票、基金份额等财产已被冻结的，不得重复冻结。《最高人民法院、最高人民检察院、公安部、司法部关于办理黑恶势力刑事案件中财产处置若干问题的意见》也规定，严禁在立案之前查封、扣押、冻结财物。凡查封、扣押、冻结的财物，都应当及时进行审查，防止因程序违法、工作瑕疵等影响案件审理以及涉案财产处置。

另一方面，要给予涉案当事人或者善意第三人等救济措施，尽可能减少相应的损失和负面效应。财产权益是公民和组织重要的民事权利，直接关系到公民个人及相对人的切身利益，也是法律重点保护的对象。处置涉案资金要依法保护公民和组织的合法财产权益，要严格区分违法所得与合法财产、本人财产与其家属的财产，减少不利影响。国务院公安部门应当及时会同有关部门明确本条规定的相关制度的救济措施，给予涉案当事人或者善意第三人等必要的申诉渠道，同时对提出的申诉及时进行核查，经核查与案件无关的财产，应当即时解除有关措施，从而保障公民和组织的合法权益。

第2款是关于公安机关依法决定相关措施，有关机构予以配合的规定。

根据本款规定，公安机关依法决定采取即时查询、紧急止付、快速冻结、及时解冻和资金返还措施的，银行业金融机构、非银行支付机构应当予以配合。这里所说的“予以配合”，就是要求银行业金融机构、非银行支付机构依照本法和其他有关规定协助公安机关对单位或个人在本机构涉案的存款、汇款等财产采取即时查询、紧急止付、快速冻结、及时解冻和资金返还措施。

实践中，各有关方面在资金返还制度中存在不同分工：（1）公安机关。公安机关负责查清被害人资金流向，及时通知被害人，并作出资金返还决定，实施返还。（2）银行业监督管理机构。银行业监督管理机构负责督促、检查辖区内银行业金融机构协助查询、冻结、返还工作，并就执行中的问题与公安机关进行协调。银行业金融机构依法协助公安机关查清被害人资金流向，将所涉资金返还至公安机关指定的被害人账户。（3）银行业金融机构、非银行支付机构。银行业金融机构、非银行支付机构具有协助查询、冻结的配合义务。为了及时追回被害人的财产，如有的地方规定，对于公安机关通过管理平台发起的涉案账户查询、止付和冻结业务，符合法律法规和相关规定的，银行和支付机构应当立即办理并及时反馈。银行和支付机构应当建立涉案账户查询、止付、冻结7×24小时紧急联系人机制，设置AB角，并将紧急联系人姓名、联系方式等信息报送法人所在地公安机关。紧急联系人发生变更的，应当于变更之日起1个工作日内重新报送。

实践中需要注意的是:对于涉案资金链中的账户予以止付、冻结,理论上可行,但电信网络诈骗犯罪案件的特殊性在于在涉案账户处置过程中,存在一些现有条件下难以解决的问题,有的还需要进一步研究和明确:(1)外贸商户,利用地下钱庄进行境内外货款结算,如何平衡善意取得和涉案资金追索,需要进一步研究。(2)网上虚拟币交易的涉案合理交易资金流处置问题,近日中国互联网金融协会、中国银行业协会、中国支付清算协会联合发布公告,明确虚拟币交易不受法律保护,为此类情况的妥善处置提供了很好的基础。但对于虚拟币流转去向、账号查扣等问题,需要进一步研究。(3)由于客观原因,一部分电信网络诈骗案件无法破案,冻结的涉案资金难以查清归属,对此涉案资金特别是涉及虚拟币时如何处置的问题,需要进一步研究。(4)公安机关办案过程中发现为电信网络诈骗洗钱的专业团伙对公安机关的支付和冻结情况十分清楚,其有发起恶意投诉的流程和"话术"剧本,此类情况也易造成误判。(5)从司法实践看,被冻结的涉案账户中既有涉及诈骗等违法犯罪资金,也有不少其他正常资金。对于后者,在能够甄别资金来源的前提下,应当及时解冻,并及时返还给被害人和企业。合法资金如果长期被冻结,不仅严重影响被害人获得感和幸福感,也影响相关企业的正常运营,容易产生社会不稳定因素。

第四章　互联网治理

第二十一条　电信业务经营者、互联网服务提供者为用户提供下列服务，在与用户签订协议或者确认提供服务时，应当依法要求用户提供真实身份信息，用户不提供真实身份信息的，不得提供服务：

（一）提供互联网接入服务；

（二）提供网络代理等网络地址转换服务；

（三）提供互联网域名注册、服务器托管、空间租用、云服务、内容分发服务；

（四）提供信息、软件发布服务，或者提供即时通讯、网络交易、网络游戏、网络直播发布、广告推广服务。

【释义】　本条是关于互联网实名制的规定。

2015年2月国家网信办公布的《互联网用户账号名称管理规定》等法律法规对互联网账号实名制作了规定。根据规定，互联网信息服务提供者按照“后台实名、前台自愿”的原则，要求互联网信息服务使用者通过真实身份信息认证后注册账号。例如，微信公众号实施注册认证机制，注册用户需采用实名认证并进行信息登记，对资料的真实性、合法性、准确性和有效性承担责任。2021年1月公布的《互联网用户公众账号信息服务管理规定》对申请注册互联网账号的用户落实实名制作出规定，明确了公众账号信息服务平台、公众账号生产运营者在维护互联网安全、预防互联网违法犯罪等方面的监管职责和义务。

随着互联网技术的快速发展和在经济社会生活各领域的广泛应用，信息网络已经成为信息传递交流的主要方式和社会经济生活的重要平台。与信息网络快速发展相伴，一些犯罪分子利用信息网络实施犯罪的情况也日益严重。由于网络自身的特性，网络犯罪与传统犯罪相比，也呈现出很多不同特点，这些不同特点也对犯罪追诉模式带来了一定挑战。这种以互联网为纽带、分工配合实施犯罪的方式，大大降低了网络犯罪的门槛和成本。以钓鱼网站诈骗为例，从域名注册和服务器的租用、网站的制作与推广、盗取他人账户信息、销售盗取的信息、实施诈骗、冒名办理银行卡、赃款提取等，每个环节往往由互不相识的不同群体的人员实施。这种情况给依法打击犯罪带来很大困难。一些搜索引擎公司、支付结算平台、互联网接入服务商等，常常以不知道他人实施犯罪为由逃避法律追究，因此明确电信业务经营者、互联网服务提供者的互联网实名制责任尤为关键。

根据本条规定，电信业务经营者、互联网服务提供者为用户提供服务，在与用户签订协议或者确认提供服务时，应当依法要求用户提供真实身份信息，用户不提供真实身份信息的，不得提供服务。在我国，网络运营者为用户办理网络接入、域名注册服务，办理固定电话、移动电话等入网手续，或者为用户提供信息发布、即时通讯等服务，在与用户签订协议或者确认提供服务时，应当要求用户提供真实身份信息。用户不提供真实身份信息的，网络运营者不得为其提供相关服务。

一、关于责任主体

1. 电信业务经营者

根据《电信条例》第8条第1款、第2款的规定，电信业务分为基础电信业务和增值电信业务。基础电信业务，是指提供公共网络基础设施、公共数据传送和基本话音通信服务的业务。增值电信业务，是指利用公共网络基础设施提供的电信与信息服务的业务。

2. 互联网服务提供者

《最高人民法院、最高人民检察院关于办理非法利用信息网络、帮助信息网络犯罪活动等刑事案件适用法律若干问题的解释》对如何认定网络服务提供者作了明确规定，即第1条规定，"提供下列服务的单位和个人，应当认定为刑法第二百八十六条之一第一款规定的'网络服务提供者'：(一)网络接入、域名注册解析等信息网络接入、计算、存储、传输服务；(二)信息发布、搜索引擎、即时通讯、网络支付、网络预约、网络购物、网络游戏、网络直播、网站建设、安全防护、广告推广、应用商店等信息网络应用服务；(三)利用信息网络提供的电子政务、通信、能源、交通、水利、金融、教育、医疗等公共服务"。

二、关于用户个人信息

所谓用户"真实身份信息"，主要是指电信业务经营者和互联网信息服务提供者在提供服务的过程中收集的用户姓名、出生日期、身份证件号码、住址、电话号码、账号和密码等能够单独或者与其他信息结合识别用户的信息以及用户使用服务的时间、地点等信息。

电信业务经营者、互联网信息服务提供者及其工作人员对在提供服务过程中收集、使用的用户个人信息应当严格保密,不得泄露、篡改或者毁损,不得出售或者非法向他人提供。《个人信息保护法》第 13 条第 1 款规定:“符合下列情形之一的,个人信息处理者方可处理个人信息:(一)取得个人的同意;(二)为订立、履行个人作为一方当事人的合同所必需,或者按照依法制定的劳动规章制度和依法签订的集体合同实施人力资源管理所必需;(三)为履行法定职责或者法定义务所必需;(四)为应对突发公共卫生事件,或者紧急情况下为保护自然人的生命健康和财产安全所必需;(五)为公共利益实施新闻报道、舆论监督等行为,在合理的范围内处理个人信息;(六)依照本法规定在合理的范围内处理个人自行公开或者其他已经合法公开的个人信息;(七)法律、行政法规规定的其他情形。”

三、关于具体服务的解释与规定

本条对要求用户提供真实身份信息的服务具体规定了四项:

(一)互联网接入服务

“互联网接入”是指为他人提供访问互联网或者在互联网发布信息的通路。目前常用的互联网接入服务有电话线拨号接入、ADSL 接入、光纤宽带接入、无线网络等方式。用户只有通过这些特定的通信线路连接到互联网服务提供商,享受其提供的互联网入网连接和信息服务,才能连接使用互联网或者建立服务器发布消息。这一规定主要是针对电信业务经营者、互联网服务提供者在与用户签订协议或者确认提供服务时,应当依法要求用户提供真实身份信息,用户不提供真实身份信息的,不得提供互联网接入服务。

(二)网络代理等网络地址转换服务

网络代理是代理网络用户去取得网络信息,是网络信息的中转站。网络代理是一种特殊的网络服务,允许一个网络终端(一般为客户端)通过代理服务与另一个网络终端(一般为服务器)进行非直接的连接。在新型网络诈骗中,有的诈骗分子通过网页劫持技术和木马软件,窃取受害人的个人银行账户信息,并在境外设置网络代理服务器,隐藏 IP 地址,这些诈骗手法融合了网络技术,诈骗过程隐蔽。

(三)互联网域名注册、服务器托管、空间租用、云服务、内容分发服务

1. 互联网域名注册服务。互联网域名服务,是指从事域名根服务器运行和管理、顶级域名运行和管理、域名注册、域名解析等活动。“. CN”和“. 中国”是中国的国家顶级域名。中文域名是中国互联网域名体系的重要组成部分。国家鼓励和支持中文域名系统的技术研究和推广应用。提供域名服务,应当遵守国家相关法律法规,符合相关技术规范和标准。域名根服务器运行机构、域名注册管理机构和域名注册服务机构应当向用户提供安全、方便、稳定的服务。

域名注册服务机构提供域名注册服务,应当要求域名注册申请者提供域名持有者真实、准确、完整的身份信息等域名注册信息。域名注册管理机构和域名注册服务机构应当对域名注册信息的真实性、完整性进行核验。域名注册申请者提供的域名注册信息不准确、不完整的,域名注册服务机构应当要求其予以补正。申请者不补正或者提供不真实的域名注册信息的,域名注册服务机构不得为其提供域名注册服务。

根据《网络安全法》第 24 条的规定,网络运营者为用户办理网络接入、域名注册服务,办理固定电话、移动电话等入网手续,或者为用户提供信息发布、即时通讯等服务,在与用户签订协议或者确认提供服务时,应当要求用户提供真实身份信息。用户不

提供真实身份信息的,网络运营者不得为其提供相关服务。国家实施网络可信身份战略,支持研究开发安全、方便的电子身份认证技术,推动不同电子身份认证之间的互认。

2. 服务器托管服务。服务器托管,是指将服务器及相关设备托管到具有专门数据中心的机房。托管的服务器一般由客户通过远程方式自行维护,由机房负责提供稳定的电源、带宽、温湿度等物理环境。

3. 空间租用、云服务。所谓空间租用、云服务的实质是计算能力与资源的分享,是一种计算服务,而非物理设施出租。承租方所建网站中的所有信息资源,都存储在出租方的服务器上,并通过服务器的软硬件系统向网络用户进行传播,这个过程实际上集信息处理、存储及传输于一体。

4. 内容分发服务。内容分发是通过实现用户对网站的就近访问及网络流量的智能分析,将本节点流媒体库中的指定内容,根据业务运营商定义的内容分发策略向下层节点推送。下层节点控制系统通过下层内容管理系统登记接收,该节点以内容注入的方式接收分发的内容。这项服务可以从技术上解决网络带宽小、用户访问量大、网点分布不均等对用户访问效果的影响,大大提高了网络的响应速度。

(四)提供信息、软件发布服务,或者提供即时通讯、网络交易、网络游戏、网络直播发布、广告推广服务

1. 提供信息、软件发布服务。互联网信息服务,是指通过互联网向上网用户提供信息的服务活动。从事新闻、出版以及电子公告等服务项目的互联网信息服务提供者,应当记录提供的信息内容及其发布时间、互联网地址或者域名;互联网接入服务提供者应当记录上网用户的上网时间、用户账号、互联网地址或者域名、主叫电话号码等信息。

软件发布服务属于应用程序服务，是指通过应用软件程序向用户提供文字、图片、语音、视频等信息制作、复制、发布、传播等服务的活动，包括即时通讯、新闻资讯、知识问答、论坛社区、网络直播、电子商务、网络音视频、生活服务等类型。根据《移动互联网应用程序信息服务管理规定》的规定，应用程序提供者为用户提供信息发布、即时通讯等服务的，应当对申请注册的用户进行基于移动电话号码、身份证件号码或者统一社会信用代码等方式的真实身份信息认证。用户不提供真实身份信息，或者冒用组织机构、他人身份信息进行虚假注册的，不得为其提供相关服务。应用程序提供者处理个人信息应当遵循合法、正当、必要和诚信原则，具有明确、合理的目的并公开处理规则，遵守必要个人信息范围的有关规定，规范个人信息处理活动，采取必要措施保障个人信息安全，不得以任何理由强制要求用户同意个人信息处理行为，不得因用户不同意提供非必要个人信息，而拒绝用户使用其基本功能服务。

2. 即时通讯。通讯传输，是指用户之间传输信息的通路。一种常用的通讯传输是 VOIP 电话。该技术能将语音信号经技术处理后通过互联网传输出去。另一种常用的通讯传输通道是 VPN（虚拟专用网络）。该技术能在公用网络上建立专用网络，进行加密通讯。目前很多网络犯罪嫌疑人使用 VPN 技术隐藏其真实位置。此外，除上述明确列举的几种技术支持外，常见的为他人实施网络犯罪提供技术支持的行为方式还有销售赌博网站代码，为病毒、木马程序提供免杀服务，为网络盗窃、QQ 视频诈骗制作专用木马程序，为设立钓鱼网站等提供技术支持等行为。根据《即时通信工具公众信息服务发展管理暂行规定》第 6 条的规定，即时通信工具服务提供者应当按照“后台实名、前台自愿”的原则，要求即时通信工具服务使用者通过真实身份信息认证后注册账号。即时通信工具服务使用者注册账号时，应当与即时通信工具服务提供者签订协议，承诺遵守法律法规、社会主义制度、国家利益、公民合法权益、公共秩序、社会道德风尚和信息真实性等“七条底线”。

3. 网络交易。网络交易，是指互联网等信息网络销售商品或者提供服务的经营活动。《网络交易监督管理办法》第 13 条规定，网络交易经营者收集、使用消费者个人信息，应当遵循合法、正当、必要的原则，明示收集、使用信息的目的、方式和范围，并经消费者同意。网络交易经营者收集、使用消费者个人信息，应当公开其收集、使用规则，不得违反法律、法规的规定和双方的约定收集、使用信息。网络交易经营者不得采用一次概括授权、默认授权、与其他授权捆绑、停止安装使用等方式，强迫或者变相强迫消费者同意收集、使用与经营活动无直接关系的信息。收集、使用个人生物特征、医疗健康、金融账户、个人行踪等敏感信息的，应当逐项取得消费者同意。网络交易经营者及其工作人员应当对收集的个人信息严格保密，除依法配合监管执法活动外，未经被收集者授权同意，不得向包括关联方在内的任何第三方提供。

4. 网络游戏。网络游戏，是指由软件程序和信息数据构成，通过互联网、移动通信网等信息网络提供的游戏产品和服务。

5. 网络直播。网络直播，即互联网直播。根据《互联网直播服务管理规定》第 2 条的规定，互联网直播，是指基于互联网，以视频、音频、图文等形式向公众持续发布实时信息的活动；本规定所称互联网直播服务提供者，是指提供互联网直播平台服务的主体；本规定所称互联网直播服务使用者，包括互联网直播发布者和用户。根据《互联网直播服务管理规定》第 12 条的规定，互联网直播服务提供者应当按照“后台实名、前台自愿”的原则，对互联网直播用户进行基于移动电话号码等方式的真实身份信息认证,对互联网直播发布者进行基于身份证件、营业执照、组织机构代码证等的认证登记。互联网直播服务提供者应当对互联网直播发布者的真实身份信息进行审核,向所在地省、自治区、直辖市互联网信息办公室分类备案,并在相关执法部门依法查询时予以提供。互联网直播服务提供者应当保护互联网直播服务使用者身份信息和隐私,不得泄露、篡改、毁损,不得出售或者非法向他人提供。

6. 广告推广。广告,是指商品经营者或者服务提供者承担费用,通过一定媒介和形式直接或者间接地介绍自己所推销的商品或者所提供的服务的商业广告。根据《广告法》的规定,广告应当真实、合法,以健康的表现形式表达广告内容,符合社会主义精神文明建设和弘扬中华民族优秀传统文化的要求。广告不得含有虚假或者引人误解的内容,不得欺骗、误导消费者。广告推广一般是指新闻媒介等各种媒介为推销广告版面、广告时间、树立品牌形象等进行的活动。实践中,广告推广极有可能被不法分子利用实施电信网络诈骗活动,因此,明确电信业务经营者和互联网服务提供者在广告推广领域的用户实名义务,也有助于阻断电信网络诈骗犯罪。

实践中应当注意以下几个方面的问题:

第一,我国电信基础资源和设备的监管依旧薄弱。诈骗分子更多采用“钻空子”“打短板”的方式实施诈骗,一些互联网企业片面追求经济利益,不落实安全管理社会责任,致使各种网络账号和网络技术被违法犯罪分子大量利用。手机卡、电话卡和网络账号“实名不实人”的问题是滋生电信网络诈骗违法犯罪的根源性问题,但多年来一直没有得到有效解决。目前,不法分子仅凭一张身份证或复印件开设手机卡、银行卡、网络账户等,已经无法实现。电信网络诈骗案件侦破难,主要难在查到的信息流和资金流卡号都是非“实人”使用,很难明确真实的作案人员,又无法直接追究账号实名使用者的犯罪行为。因此,通过各种方式获取他人身份证信息进行实名认证,在电信网络诈骗及关联犯罪中广泛使用:一是相关人员为了自身的利益,用自己的身份证、手机卡等实名开设银行卡、手机卡、互联网账号等,并于开通后私自出售给不法分子使用,即通常所说的“实名不实人”。二是在招工和企业人事管理或银行、电信企业办理号卡业务过程中,相关工作人员在不告知员工真实情况的情景下,给员工进行人脸采集、签字确认等操作,冒名开设银行卡、手机卡、互联网账户、域名等。

第二,互联网账号等实名制落实方式有待改进。身份证作为实名制的基础,对于实名制落实具有重要作用。办理银行卡需要使用身份证实名验证,目前的问题是身份证丢失、补办后,原身份证仍然可以有效使用,一些人出售、出租本人身份证后可以继续补办,造成身份证被冒用的情况,目前对于丢失身份证信息的全系统联网、识别系统正在珠海等地进行试点。目前互联网账号等实名制落实主要是通过短信验证等方式,电话号码注销后,通过电话号码注册的互联网账号仍可继续使用。如不加强对电话卡使用环节的核验,明确核验标准,定期处置与注销的电话号码关联的互联网账号,互联网账号等实名制就难以真正落实。

第三,平衡企业反诈工作信息采集与公民个人信息保护之间的关系。在反诈模型建设过程中,企业对于公民个人信息、手机卡、银行卡相关使用信息获取的越精确,监测预警就越精确及时。但如何处理与个人信息保护的关系,在法律没有明确规定的情况下,企业获取个人信息和采取处置措施有与《个人信息保护法》的规定相冲突的担忧。因此对平台企业采集公民信息的范围和权限作出明确;明确规定互联网服务提供者按照监管要求配合上报涉诈关联账号用户个人信息的义务,银行业金融机构、非银行支付机构的用户个人信息报送、核验义务等;对银行业金融机构、非银行支付机构接入跨机构开户核验机制、风险共享平台，履行个人信息报送等义务提供法律依据尤为关键。

第四，未经用户同意，电信业务经营者、互联网信息服务提供者不得收集、使用用户个人信息。电信业务经营者、互联网信息服务提供者收集、使用用户个人信息的，应当明确告知用户收集、使用信息的目的、方式和范围，查询、更正信息的渠道以及拒绝提供信息的后果等事项。电信业务经营者、互联网信息服务提供者不得收集其提供服务所必需以外的用户个人信息或者将信息用于提供服务之外的目的，不得以欺骗、误导或者强迫等方式或者违反法律、行政法规以及双方的约定收集、使用信息。电信业务经营者、互联网信息服务提供者在用户终止使用电信服务或者互联网信息服务后，应当停止对用户个人信息的收集和使用，并为用户提供注销号码或者账号的服务。网络运营者收集、使用个人信息，应当遵循合法、正当、必要的原则，公开收集、使用规则，明示收集、使用信息的目的、方式和范围，并经被收集者同意。

第二十二条　互联网服务提供者对监测识别的涉诈异常账号应当重新核验，根据国家有关规定采取限制功能、暂停服务等处置措施。

互联网服务提供者应当根据公安机关、电信主管部门要求，对涉案电话卡、涉诈异常电话卡所关联注册的有关互联网账号进行核验，根据风险情况，采取限期改正、限制功能、暂停使用、关闭账号、禁止重新注册等处置措施。

【释义】　本条是关于互联网服务提供者监测识别、处置涉诈异常互联网账号的规定。

当前，随着互联网行业的飞速发展，电信网络诈骗中，利用网络实施诈骗是主流，占比达到 85%以上。互联网成为诈骗分子的主要作案平台，电话诈骗向网络诈骗转移，从传统的拨打电话、发送短信向网络发展。实践中，利用短信和电话独立完成诈骗的案件很少，短信和电话主要发挥引流作用，如通过电话联系、冒充客服发送验证短信、发送诈骗链接、引诱刷单广告等，将用户引到网络上进行诈骗。

互联网服务提供者特别是大型的互联网企业，对互联网账号涉诈信息有着最直接的接触，负有相应的管理职责，应当担负起相应的社会责任。实践中，部分互联网企业基于商业利益不愿共享涉诈数据资源，不愿开展涉诈账号快速处置。也有的互联网企业高度重视电信网络诈骗防治，加大投入，根据业务场景和领域，有针对性研究设立反制技术模型，及时监测处置涉诈信息、活动，取得较好的效果。与其他领域相比，在电信网络诈骗监测处置方面，互联网企业具备技术、信息、人才等多方面优势，可以通过主动的监测，发现异常情况，针对不同业务场景采取相应处置措施，如及时删帖或者封号等。在调研过程中，有的互联网企业提出，对涉诈异常账号主动进行监测识别后采取相应处置措施，目前主要依据的是政策文件的规定，建议在立法中予以明确。

从国外情况来看，各国普遍有相关规定，要求互联网服务提供者承担一定的社会责任。有的国家最初期待互联网企业通过自律行为治理各自平台上的违法犯罪内容，但收效甚微，后来也开始通过立法赋予互联网服务提供者一定的强制性义务。从我国的法律制度规范来看，目前关于互联网账号的管理，主要有国家网信办 2021 年 1 月修订的《互联网用户公众账号信息服务管理规定》。该规定第 19 条规定，公众账号信息服务平台应当加强对本平台公众账号信息服务活动的监督管理，及时发现和处置违法违规信息或者行为。公众账号信息服务平台应当对违反本规定及相关法律法规的公众账号，依法依约采取警示提醒、限制账号功能、暂停信息更新、停止广告发布、关闭注销账号、列入“黑名单”、禁止重新注册等处置措施，保存有关记录，并及时向网信等有关主管部门报告。还有国家网信办 2015 年 2 月出台的《互联网用户账号名称管理规定》。该规定第 7 条规定，互联网信息服务使用者以虚假信息骗取账号名称注册，或其账号头像、简介等注册信息存在违法和不良信息的，互联网信息服务提供者应当采取通知限期改正、暂停使用、注销登记等措施。

此外，2021 年 6 月，工业和信息化部、公安部出台了《关于依法清理整治涉诈电话卡、物联网卡以及关联互联网账号的通告》，要求持续深入推进“断卡”行动，以“零容忍”态度，依法严厉打击非法办理、出租、出售、购买和囤积电话卡、物联网卡以及关联互联网账号的行为，全力清理涉诈号卡资源。提出电信企业、互联网企业应按照“谁开卡、谁负责，谁接入、谁负责，谁运营、谁负责”的原则，严格落实网络信息安全主体责任，加强电话卡、物联网卡、互联网账号的实名制管理，加强涉诈网络信息监测处置，强化风险防控。据此，互联网企业应根据公安机关、电信主管部门有关要求，对涉案电话卡、涉诈高风险电话卡所关联注册的微信、QQ、支付宝、淘宝等互联网账号依法依规进行实名核验，对违法违规账号及时采取关停等处置措施。

互联网服务提供者是电信网络诈骗治理中的重要环节，为了切实加强对互联网账号的管理，本条对互联网服务提供者主动监测识别涉诈异常账号后进行核验，根据国家有关规定，采取相应的处置措施，以及根据公安机关、电信主管部门的要求，对涉案电话卡、涉诈异常电话卡所关联注册的有关互联网账号进行核验，并根据风险情况采取相应的处置措施作出了明确规定。

本条共分两款。

第1款是关于互联网服务提供者对监测识别的涉诈异常账号，依照国家有关规定采取相应处置措施的规定。

这一款主要包括以下几个方面的内容：第一，互联网服务提供者应当监测识别涉诈异常账号。这里的互联网服务提供者是指互联网内容提供者，向用户提供新闻、信息、资料、音视频、建立通讯群组的平台等内容服务，如腾讯、抖音、字节跳动、淘宝、新浪、搜狐等就是典型的互联网服务提供者。此外，按照服务对象和提供信息的不同，还可以进一步分为网上媒体运营商、数据库运营商、信息咨询商和信息发布代理商等。

互联网服务提供者监测识别涉诈异常账号，主要包括：一是在提供网络账号注册服务时，应当采取相应技术防范措施，及时监测、发现涉诈异常账号。对同一身份信息短期内频繁注册账号、使用他人身份信息注册账号、反复注销后又重新注册账号或者使用物联网卡注册账号等规避真实身份核验要求的，可以确定为异常账号。若通过综合其他信息，判断账号可能涉嫌电信网络诈骗的，可以确定为涉诈异常账号。二是在为已经注册成功的互联网账号提供服务的过程中，通过主动监测识别电信网络诈骗有关信息，发现涉嫌电信网络诈骗的异常账号。这些账号可能存在传播涉诈非法内容、发布虚假招聘信息、发布诈骗引流信息、公布博彩网站链接、频繁触动反诈技术模型预警等情形。互联网服务提供者应当加大常态化排查和技术管控力度，提升对诈骗信息的甄别能力，及时发现、处置涉诈异常账号。

第二，互联网服务提供者对监测识别的涉诈异常账号应当重新核验，根据国家有关规定采取限制功能、暂停服务等处置措施。

对于涉诈异常账号，互联网服务提供者应当首先重新核验。重新核验是指重新进行实名认证。我国当前对互联网账号实行实名制管理，根据2015年国家网信办公布的《互联网用户账号名称管理规定》第5条第1款的规定，互联网信息服务提供者应当按照“后台实名、前台自愿”的原则，要求互联网信息服务使用者通过真实身份信息认证后注册账号。本法第21条对需要用户提供真实身份信息的互联网服务作了明确规定。互联网服务提供者要求的重新核验，主要是通过线上方式进行。重新核验时，可以要求用户阅读涉诈风险告知书，告知其不得非法买卖、出租、出借互联网账号，不得为非法买卖、出租、出借互联网账号提供实名核验帮助，提醒用户从事相关违法行为需承担相应的法律责任。

实践中，通过各种方式获取他人身份信息进行实名认证，导致“实名不实人”的情况，在电信网络诈骗中大量存在。一是有的用自己的身份证、手机卡等实名开设银行卡、手机卡、互联网账号等，开通后出售给不法分子使用。二是在企业招工和管理过程中，工作人员在不告知员工真实情况，给员工进行人脸采集、签字确认，冒名开设手机卡、互联网账号等。此外，还有大量使用虚假个人信息、手机黑卡恶意注册的互联网账号，形成黑色产业，专门供下游网络犯罪使用。为了防止这种“实名不实人”，冒用他人互联网账号实施电信网络诈骗的行为，以及使用虚假个人信息、手机黑卡恶意注册互联网账号后实施电信网络诈骗行为的发生，对于涉诈的异常账号应当进行重新核验。

根据本法第33条的规定，互联网服务提供者对存在涉诈异常的互联网账号，可以通过国家网络身份认证公共服务对用户身份重新进行核验。当前，国家正在积极推进网络身份认证公共服务建设。互联网服务提供者可以借用这种方式对涉诈的异常账号进行重新核验，执行中应当注意“坚持个人、企业自愿使用”的原则。在实际操作中，多数互联网服务提供者是通过手机号码核验验证码进行验证的，这也对手机号的实名制落实提出了更高的要求。

重新核验之后，互联网服务提供者应当根据法律法规、部门规章等国家有关规定，区分情形，采取限制功能、暂停服务等处置措施。限制功能，是指根据所提供的服务类型，限制对其提供部分服务，如停止更新、停止广告发布等；暂停服务，是指暂停为用户提供新的服务，待涉电信网络诈骗的风险解除后，再恢复服务。具体采取何种处置措施，应当根据国家有关规定，根据互联网账号涉诈异常的具体情况决定。在确保账号不能被用于电信网络诈骗的同时，也要注意保障用户的合法权益，做到处置措施与风险程度相当。

第 2 款是关于互联网服务提供者根据公安机关、电信主管部门的要求，对涉案电话卡、涉诈异常电话卡所关联注册的互联网账号进行核验，并根据风险情况采取相应处置措施的规定。

各国的互联网服务提供者普遍有协助执法机关开展工作的义务，我国也不例外。2021 年 6 月 2 日，工业和信息化部、公安部出台了《关于依法清理整治涉诈电话卡、物联网卡以及关联互联网账号的通告》，其中第 5 条规定，互联网企业应根据公安机关、电信主管部门有关要求，对涉案电话卡、涉诈高风险电话卡所关联注册的微信、QQ、支付宝、淘宝等互联网账号依法依规进行实名核验，对违法违规账号及时采取关停等处置措施。在互联网实名制的背景下，互联网账号一般是与用户的电话号码绑定的。若电话卡涉案或者属于涉诈高风险电话卡，相应地，与之相关联注册的互联网账号涉案、涉诈就存在很高的可能性。公安机关、电信主管部门在工作中发现电话卡涉案或者属于涉诈异常电话卡的，可以用适当方式将信息提供给互联网服务提供者，由互联网服务提供者根据主管部门的要求，对关联注册的有关互联网账号进行核验,并根据风险情况,采取相应的处置措施。此外,本法第32条规定,国家支持互联网服务提供者研究开发有关电信网络诈骗反制技术,主管部门统筹本行业领域反制技术措施建设,不断提高防范处置的精准度。

这里的"核验"和第1款中规定的核验一样,也是指实名核验,以确保该互联网账号处于正常状态,用于正常用途。核验之后,互联网服务提供者再根据风险情况,采取相应的处置措施,具体包括限期改正、限制功能、暂停使用、关闭账号、禁止重新注册等。限期改正,是指限定用户在一定期限内改变现有的错误做法,以及不恰当的操作和使用方式。限制功能,是指只向其提供部分服务,开放部分功能,如禁言,停止广告发布、打赏等功能。暂停使用,是指暂停为用户提供新的服务。关闭账号,是指不再为该账号提供服务,并清除有关内容。"禁止重新注册"是指禁止用该电话号码再行注册新的账号。具体采取何种处置措施由互联网服务提供者进行核验后,根据公安机关、电信主管部门的要求以及风险情况决定。实践中,采取的处置措施应当与关联账号的风险程度相当,在确保账号不能被用于电信网络诈骗的同时,也应当注意保障用户的合法权益。

实践中需要注意的是:第一,对于被采取有关处置措施的单位、个人,本法第32条规定了相应的救济渠道。根据第32条第3款的规定,对于依照本条规定,对涉诈异常情形采取限制、暂停服务等处置措施的,应当告知处置原因、救济渠道及需要提交的资料等事项,被处置对象可以向作出决定或者采取措施的部门、单位提出申诉。作出决定的部门、单位应当建立完善申诉渠道,及时受理申诉并核查,核查通过的,应当即时解除有关措施。互联网服务企业由于自身监测处置能力、技术水平等因素的局限可能导致漏防，同时在监测识别、采取阻断措施过程中也难免引发误伤。实践中，误伤的情形还包括因恶意投诉致无辜人员账号被采取措施，未成年人被诱骗出售、出租、出借自己家人的网络账号导致被封号、被通报或者投诉举报的电话号码、账号不准确等情形。规定申诉的救济渠道，是为了保护公民、组织的合法权益，避免给用户的正常使用带来不便，同时，这也有利于互联网企业自身的健康发展。

第二，根据本法规定，互联网服务提供者有建立机制及监测识别涉诈异常账号并依法予以处置的义务，对于未建立相关机制的，本法第 41 条规定了相应的法律责任。根据第 41 条第 2 项和第 5 项的规定，未履行网络实名制职责，或者未对涉案、涉诈电话卡关联注册互联网账号进行核验的；未履行对涉诈互联网账号和应用程序，以及其他电信网络诈骗信息、活动的监测识别和处置义务的，由有关主管部门责令改正，情节较轻的，给予警告、通报批评，或者处 5 万元以上 50 万元以下罚款；情节严重的，处 50 万元以上 500 万元以下罚款，并可以由有关主管部门责令暂停相关业务、停业整顿、关闭网站或者应用程序、吊销相关业务许可证或者吊销营业执照，对其直接负责的主管人员和其他直接责任人员，处 1 万元以上 20 万元以下罚款。

此外，根据《刑法》第 286 条之一的规定，网络服务提供者不履行本条规定的义务，经监管部门责令改正而拒不改正，存在致使违法信息大量传播；致使用户信息泄露，造成严重后果；致使刑事案件证据灭失，情节严重；有其他严重情节等情形，构成犯罪的，应当以拒不履行信息网络安全管理义务罪追究行为人的刑事责任，依法处 3 年以下有期徒刑、拘役或者管制，并处或者单处罚金。

第三,互联网服务提供者应当根据自身能力和条件建立相应的监测识别和处置机制,不宜对互联网服务提供者提出过高的要求。本法第 32 条规定,国家支持互联网服务提供者研究开发有关电信网络诈骗反制技术,用于监测识别、动态封堵和处置涉诈信息、活动。有关部门应当统筹负责本行业领域反制技术建设。实践中,大型互联网服务平台应当承担更多的社会责任,通过建立电信网络诈骗反制技术模型,快速监测、识别涉诈异常账号,并根据不同的场景和领域采取处置措施。同时,也应当注意统筹好安全和企业自身发展的关系,实践中不宜对互联网服务提供者特别是小型互联网企业提出超出自身能力的过高的要求,互联网服务平台由于自身监测处置能力、技术水平等客观因素的限制导致涉诈异常账号监测识别有遗漏,有时是无法避免的。不能以结果为导向,仅因为没有识别到涉诈账号,就对互联网服务提供者予以处罚。

第四,互联网服务提供者在对监测识别的涉诈异常账号采取重新核验、限制功能、暂停服务等处置措施的同时,发现有可疑犯罪线索、风险信息的,根据本法第 26 条的规定,应当依照国家有关规定,根据涉诈风险类型、程度情况移送公安、金融、电信、网信等部门。实践中,互联网服务提供者监测到的信息是海量的,若都移送有关部门,会增加企业和主管部门负担,这里赋予了互联网服务提供者一定的自主权,由企业根据监测情况进行判断,将其中风险较高的涉诈线索和信息按照规定移交。对有涉电信网络诈骗犯罪嫌疑的,应当将有关线索移送公安机关,其他违法线索和信息应当移交相应的主管部门,由公安机关或者相应的主管部门依法进行处理。

第二十三条 设立移动互联网应用程序应当按照国家有关规定向电信主管部门办理许可或者备案手续。

为应用程序提供封装、分发服务的，应当登记并核验应用程序开发运营者的真实身份信息，核验应用程序的功能、用途。

公安、电信、网信等部门和电信业务经营者、互联网服务提供者应当加强对分发平台以外途径下载传播的涉诈应用程序重点监测、及时处置。

【释义】 本条是关于移动互联网应用程序治理的规定。

随着移动互联网信息技术的快速发展，我国移动互联网应用程序APP在架数量和用户规模持续扩大。据统计，全国大约有300万款APP。当前，利用APP实施诈骗的案件量激增，60%以上的电信网络诈骗案件都是通过APP实施的。据有关部门、互联网企业反映，APP研发技术门槛低、用来实施犯罪成本低，涉诈APP治理总体上存在排查难、发现难等问题。在APP设立申请方面，一般实行备案制，管理相对宽松，缺乏对使用环节的有力监管。实践中有很多散而小的非法APP，专门提供给特定人群或者针对特定诈骗目标，主要功能就是犯罪工具。有的诈骗分子自行开发APP，通过租赁境外服务器、供境内被害人下载安装来实施诈骗，难以发现、防范和打击。其中部分非法APP是在正规应用商店下载，但多数非法APP通过应用商店以外的渠道下载、使用，包括通过社交工具“点对点”发送安装包或提供下载二维码，监督管理难度较大。实践中，主管部门对正规渠道的应用程序管理相对严格，对其他渠道应用程序的监管存在困难。为APP提供封装、分发服务的平台审核时一般是抽检，覆盖面小，个别的APP未经严格审核就上架提供服务。

为加强对移动互联网应用程序的管理，有关部门不断出台文件和制度对其予以规范。2011 年 12 月，工业和信息化部曾出台《移动互联网恶意程序监测与处置机制》，规定由国家计算机网络应急技术处理协调中心对移动互联网恶意程序进行监测、分析、通报，协调处置传播服务器、控制服务器和攻击源，国家计算机网络应急技术处理协调中心、移动通信运营企业、互联网域名注册管理和服务机构应建立健全本单位的处置机制，加强协同配合，共同做好移动互联网恶意程序的监测和处置工作。这里的恶意程序包括存在窃听用户通话、窃取用户信息、推送广告或欺诈信息等恶意行为的计算机程序。2014 年 8 月，工业和信息化部出台的《关于加强电信和互联网行业网络安全工作的指导意见》，要求加强移动应用商店和应用程序安全管理。2016 年 12 月，工业和信息化部出台的《移动智能终端应用软件预置和分发管理暂行规定》，对从事应用商店等移动应用分发平台服务的互联网信息服务提供者、在移动智能终端中预置了移动应用分发平台的生产企业，对所提供的应用软件的相应的管理职责以及通信主管部门的管理职责作了规定。国家网信办 2016 年 8 月出台、2022 年修订的《移动互联网应用程序信息服务管理规定》规定，移动互联网应用程序提供者应当严格落实信息安全管理责任，互联网应用商店服务提供者应当对应用程序提供者落实管理责任。应用程序提供者通过应用程序提供互联网新闻信息服务的，应当取得互联网新闻信息服务许可，禁止未经许可或者超越许可范围开展互联网新闻信息服务活动。应用程序提供者提供其他互联网信息服务，依法须经有关主管部门审核同意或者取得相关许可的，经有关主管部门审核同意或者取得相关许可后方可提供服务。

此外，2020 年 7 月，工业和信息化部发布了《关于开展纵深推进 APP 侵害用户权益专项整治行动的通知》，要求深入推进技管结合，加强监督检查，督促相关企业强化 APP 个人信息保护，及时整改消除违规收集、使用用户个人信息和骚扰用户、欺骗误导用户、应用分发平台管理责任落实不到位等突出问题，净化 APP 应用空间。

这些规定和举措为移动互联网应用程序 APP 的管理积累了有益经验。为进一步规范 APP 的上市和管理工作，本条对设立应用程序的程序要求、应用程序封装和分发服务的提供者以及有关部门、电信业务经营者、互联网服务提供者的管理义务和职责作了明确规定。

本条共分三款。

第 1 款是关于设立移动互联网应用程序应当办理许可或者备案手续的规定。

移动互联网应用程序设立环节的管理是涉诈 APP 治理的源头，需要通过履行特定的手续来保证 APP 上市时的合法性。根据本款规定，设立移动互联网应用程序应当按照国家有关规定向电信主管部门办理许可或者备案手续。这里的“国家有关规定”包括法律法规和部门规章，“电信主管部门”在中央层面是工业和信息化部，在地方层面是各地的通信管理局。具体如何履行许可、备案手续需要根据相关规定执行。例如，我国 2011 年《互联网信息服务管理办法》第 4 条规定，国家对经营性互联网信息服务实行许可制度；对非经营性互联网信息服务实行备案制度。未取得许可或者未履行备案手续的，不得从事互联网信息服务。

目前，国家正在积极推进 APP 备案管理，工业和信息化部正在推进建立完善 APP 运营者备案管理制度，国家网信办依托国家计算机网络与信息安全管理中心的技术支撑，通过对接各大应用商店，开展了 APP 上架备案相关工作。当前根据 APP 的种类和涉及的业务不同情况,对 APP 上架主要采取“资质许可+一般备案+特殊备案”的模式:资质许可是在 APP 在上架前,必须取得法律所规定的许可资质;一般备案是在 APP 上架、分发过程中,不同的主体需履行法律备案义务;特殊备案是特殊领域主管机构对本领域内的 APP 设定的备案义务。例如,北京移动公司内部的 APP(绝大部分是自用)采用报备制管理,按照流程进行安排评估、线上报备后可以正常使用,这属于一般备案。具体适用何种模式,需要根据应用程序所从事的具体服务的类型和内容进行确定。

此外,根据规定,某些特定类型的应用程序上市,需要报经相关主管部门许可。国家网信办 2016 年 8 月出台、2022 年修订的《移动互联网应用程序信息服务管理规定》第 7 条规定,应用程序提供者通过应用程序提供互联网新闻信息服务的,应当取得互联网新闻信息服务许可,禁止未经许可或者超越许可范围开展互联网新闻信息服务活动。应用程序提供者提供其他互联网信息服务,依法须经有关主管部门审核同意或者取得相关许可的,经有关主管部门审核同意或者取得相关许可后方可提供服务。《互联网信息服务管理办法》第 5 条规定,从事新闻、出版、教育、医疗保健、药品和医疗器械等互联网信息服务,依照法律、行政法规以及国家有关规定须经有关主管部门审核同意的,在申请经营许可或者履行备案手续前,应当依法经有关主管部门审核同意。

第 2 款是关于为应用程序提供封装、分发服务的平台,应当登记并核验开发运营者的真实身份信息,并核验应用程序的功能、用途的规定。

对于应用程序的治理,关键在于落实实名制,以及在应用商店上架前的功能、用途审查以及上架后的巡查。为此,本款明确了为应用程序提供封装、分发服务的平台的义务,要求封装、分发平台在 APP 上架前对其严格进行实名登记,并核验应用程序的功能、用途。封装、分发平台可以对通过特性比对过滤、关键词过滤等措施对应用程序进行核查，审查合格后才允许上架。

“应用程序封装服务”，是指应用程序的制作服务，将网站、网页及其内容转换为应用程序，如将新浪网转换为新浪应用程序。“应用程序分发服务”，是指提供应用程序发布、下载、动态加载等服务的活动。有关平台包括应用商店、快应用中心、互联网小程序平台、浏览器插件平台等类型。根据本款的规定，为应用程序提供封装、分发服务的平台，应当对应用程序的开发运营者进行实名登记，并核验应用程序的功能和用途。

2016 年工业和信息化部发布的《移动智能终端应用软件预置和分发管理暂行规定》第 8 条和 2022 年国家网信办发布的《移动互联网应用程序信息服务管理规定》第 14 条、第 20 条、第 21 条等条文对为应用程序提供分发服务的企业，以及在移动智能终端中预置了移动应用分发平台的生产企业的相关管理责任作了明确规定，具体包括：(1)登记应用软件提供者、运营者、开发者的真实身份、联系方式等信息。(2)建立应用软件管理机制，对应用软件进行审核及安全、服务等相关检测，对审核和检测中发现的恶意应用软件等违法违规软件，不得向用户提供；对所提供应用软件进行跟踪监测，及时处理违法违规软件，建立完善用户举报投诉处置措施等。(3)要求应用软件提供者在提交应用软件时声明其获取的用户终端权限及用途，并将上述信息向软件下载用户明示。(4)留存所提供应用软件，以及该软件有关版本、上线时间、功能简介、用途、MD5(消息摘要算法 5)等校验值、服务器接入等信息以备追溯检测等。(5)应用程序提供的信息服务属于互联网新闻信息服务范围的，应当对相关许可等情况进行核验。(6)应用程序提供者上线具有舆论属性或者社会动员能力的新技术、新应用、新功能，应当按照国家有关规定进行安全评估。对经审核，发现应用程序名称、图标、简介存在违法和不良信息，与注册主体真实身份信息不相符，业务类型存在违法违规等情况的，不得为其提供服务。

第3款是关于公安、电信、网信等部门和电信业务经营者、互联网服务提供者应当加强对分发平台以外途径下载传播的涉诈应用程序重点监测、及时处置的规定。

实践中，多数违法APP通过应用商店以外的其他传播渠道如扫描二维码、点击网站链接和社交软件在线分享方式直接下载、使用。无论是苹果系统的应用商店，还是安卓系统的应用市场，都存在被绕过进行安装的漏洞，如苹果系统可以通过企业签、超级签进行单独安装，安卓系统也可以通过APK文件直接传输安装，甚至一些手机厂商在出厂前已经在收集植入非应用商店的APP。目前这类APP主要是抽样监测，难以全面覆盖，不易识别。据有关方面统计，在手机应用商城等正规平台存在的不明APP数量至少有8000万个。虽然技术上对涉诈APP进行监测识别是可行的，但对其进行治理，需要电信、网信、公安等有关部门和电信业务经营提供者、互联网服务提供者形成合力，共同加大对APP特别是分发平台以外途径下载的APP的监测力度，以及时处置、关停非法的APP。本款对有关部门和电信业务经营提供者、互联网服务提供者加强对分发平台以外途径下载传播的涉诈应用程序重点监测、及时处置作了明确规定。

这里的"电信业务经营者"指的是网络运营商(Network Operator,NO)和接入服务商(Access Provider,AP)。网络运营商是指基础电信运营商，即电信基础设施的运营者，如中国移动、中国联通、中国电信等运营商。接入服务商是向网络用户提供从用户终端到网络接入服务的主体，如各宽带业务经营者。这里的"互联网服务提供者"是指互联网内容提供者，向用户提供新闻、信息、资料、音视频、建立通讯群组的平台等内容服务，如腾讯、抖音、字节跳动、淘宝、新浪、搜狐等。

在监测和处置涉诈应用程序的过程中，公安、电信、网信等部门应当负总责，统筹本行业领域技术反制措施，推进信息数据共享，建立有关涉诈应用程序的监测识别和处置机制，对分发平台以外途径下载传播的应用程序重点检测，发现涉诈的，及时处置，不断提高监测识别和处置能力。电信业务经营者和互联网服务提供者特别是大型互联网企业应当履行信息内容管理市场主体责任，在主管部门的统一部署下，承担社会责任，建立涉诈应用程序的监测识别和处置机制，发挥自身资源优势，加强相关工作，共同构建维护合规应用程序正常运转的良好环境。

实践中需要注意的是，第一，电信业务经营者、互联网服务提供者在对应用程序进行监测的过程中，发现有恶意应用程序的，或者应用程序中含有法律、行政法规中禁止发布或者传输的信息的，根据《网络安全法》第 48 条的规定，应当停止提供服务，采取消除等处置措施，保存有关记录，并向有关主管部门报告。根据《网络安全法》第 60 条的规定，设置恶意程序的，由有关主管部门责令改正，给予警告；拒不改正或者导致危害网络安全等后果的，处 5 万元以上 50 万元以下罚款，对直接负责的主管人员处 1 万元以上 10 万元以下罚款。

第二，为使本条的规定落到实处，本法在“法律责任”一章中规定了电信业务经营者、互联网服务提供者不履行本条义务需要承担的法律责任。根据本法第 41 条第 4 项、第 5 项的规定，未登记核验移动互联网应用程序开发运营者的真实身份信息或者未核验应用程序的功能、用途，为其提供应用程序封装、分发服务的；未履行对涉诈互联网账号和应用程序，以及其他电信网络诈骗信息、活动的监测和处置义务的，由有关主管部门责令改正，情节较轻的，给予警告、通报批评，或者处5万元以上50万元以下罚款；情节严重的，处50万元以上500万元以下罚款，并可以由有关主管部门责令暂停相关业务、停业整顿、关闭网站或者应用程序、吊销相关业务许可证或者吊销营业执照，对其直接负责的主管人员和其他直接责任人员，处1万元以上20万元以下罚款。

此外，根据《刑法》第286条之一的规定，网络服务提供者不履行本条规定的义务，经监管部门责令采取改正措施而拒不改正，存在致使违法信息大量传播，或者致使用户信息泄露，造成严重后果，或者致使刑事案件证据灭失，情节严重，以及其他严重情节等情形，构成犯罪的，应当以拒不履行信息网络安全管理义务罪追究行为人的刑事责任，依法处3年以下有期徒刑、拘役或者管制，并处或者单处罚金。

第三，互联网服务提供者在对涉诈应用程序监测中发现可疑犯罪线索、风险信息的，根据本法第26条的规定，应当依照国家有关规定，根据涉诈风险类型、程度情况移送公安、金融、电信、网信等部门。

第二十四条　提供域名解析、域名跳转、网址链接转换服务的，应当按照国家有关规定，核验域名注册、解析信息和互联网协议地址的真实性、准确性，规范域名跳转，记录并留存所提供相应服务的日志信息，支持实现对解析、跳转、转换记录的溯源。

【释义】　本条是关于域名解析、域名跳转和网址链接转换服务管理的规定。

域名是网络用户找到特定网站的门户，每个网站都有固定的互联网协议IP地址，但现实生活中极少有人记住复杂、枯燥的IP

地址，网站管理是将域名和 IP 地址绑定的，当用户访问某个域名时，就会通过域名解析服务，将域名指向所绑定的网站。网址链接转换则实现了网址与文字、二维码、应用程序之间的相互转换，让用户访问网站更加便捷。

实践中，利用域名、网址链接进行电信网络诈骗的行为主要包括：一是犯罪分子先根据现有的域名，注册用户可能错误输入的近似域名，设置与目标网站类似的网页。当用户不小心输错域名时，就会将域名解析到其预设的网站，对用户进行“钓鱼”诈骗。由于域名是用户主动输入的，用户在输入账户密码或者银行卡等敏感信息时警惕心很低，很容易上当受骗。二是通过干扰用户上网时的域名解析过程，将用户的访问跳转至其他伪装类似网站，设置非法代码，窃取用户身份、银行账户、验证码信息等，进行诈骗活动。三是在网络链接转换过程中，将用户指引到预设的网站，开展诈骗活动。

对于上述行为，有关主管部门应当加强监督和管理，让域名解析、跳转和网址链接服务依法依规运转，切实保护用户的合法权益。2017 年 8 月，工业和信息化部出台的《互联网域名管理办法》对域名的注册、解析等活动进行了规范，要求实名注册，进行核验，记录并留存域名解析日志、维护日志和变更记录，不得恶意将域名解析指向他人的 IP 地址。实践中，域名注册、服务器租用等存在层层转包、登记备案信息不全和“实名不实人”问题，域名跳转存在次数太多，难以追根溯源的问题，这都增加了侦查和打击难度。据此，有必要在法律中明确域名解析、跳转和网址链接转换服务提供者核验注册信息、解析信息和互联网协议地址的真实性、准确性等义务，以防范和减少利用这一环节开展电信网络诈骗行为。同时，在出现相关诈骗行为时，也有利于进行溯源，追究行为人的法律责任。

域名是指互联网上识别和定位计算机的层次结构式的字符标识，与该计算机的IP地址相对应。“域名解析”是指从域名到IP地址的转换过程。IP地址是网络上标识站点的数字地址，为了方便操作，采用域名来替代IP地址标识站点地址。域名解析就是把网站的域名指向IP地址，让访客通过注册的域名访问网站。域名的解析工作由域名系统（DNS）服务器完成。“域名跳转”是指访问某一域名时，跳转到该域名绑定或者指向的其他域名、IP地址或者网络信息服务等，这主要是通过服务器的技术设置得到实现的。域名跳转有合法的，也有非法的。“网络链接转换”是指通过网络链接转换软件，将网址转换为文字、二维码、应用程序等，通过网络链接转换，电信网络诈骗分子可以将潜在被害人引诱到诈骗网站。

根据本条规定，提供域名解析、域名跳转和网址链接转换服务的，应当按照法律法规、部门规章等国家有关规定，履行下列义务：

第一，核验域名注册、解析信息和互联网协议地址的真实性和准确性。根据《网络安全法》第24条、本法第21条的规定，提供互联网域名注册、互联网接入、网络代理等网络地址转换服务的，都应当依法要求用户提供真实身份信息，用户不提供真实身份信息的，不得提供相关服务。网络用户的身份实名管理制度既包括基础环节，也包括应用环节。工业和信息化部2017年发布的《互联网域名管理办法》第30条规定，域名注册申请者应当提供域名持有者真实、准确、完整的身份信息等域名注册信息，域名注册管理机构和域名注册服务机构应当对域名注册信息的真实性、完整性进行核验。域名注册申请者提供的域名注册信息不准确、不完整的，域名注册服务机构应当要求其予以补正。申请者不补正或者提供不真实的域名注册信息的，域名注册服务机构不得为其提供域名注册服务。提供域名解析、域名跳转和网址链接转换服务涉及互联网访问地址的变化，在提供相关服务时，有必要核验域名注册、解析信息和互联网协议地址的真实性和准确性，以准确掌握有关信息，实现事后的溯源。

第二，规范域名跳转。电信网络诈骗分子利用域名跳转主要实现两个目的：一是在潜在被害人上钩后，通过推送等方式引诱被害人直接到付款页面支付钱款；二是通过多次跳转实现隐藏真实互联网协议 IP 地址的作用。实践中，域名跳转次数过多，会导致无法追溯到最初的域名，不利于对电信网络诈骗行为的查处。此外，根据《互联网域名管理办法》第 28 条、第 38 条的规定，不得为含有法律、行政法规禁止的内容的域名提供跳转服务。互联网服务提供者应当按照国家有关规定，规范域名跳转，防止利用域名跳转进行电信网络诈骗行为的发生。

第三，记录并留存所提供相应服务的日志信息，支持实现对跳转、解析、转换记录的溯源。根据《网络安全法》第 21 条的规定，网络运营者应当采取监测、记录网络运行状态、网络安全事件的技术措施，并按照规定留存相关的网络日志不少于 6 个月。根据工业和信息化部发布的《互联网域名管理办法》第 36 条和第 37 条第 1 款的规定，提供域名解析服务，应当依法记录并留存域名解析日志、维护日志和变更记录，保障解析服务质量和解析系统安全；提供域名解析服务，不得擅自篡改解析信息。网络日志是对网络信息系统的用户访问、运行状态、系统维护等情况的记录，对于追溯非法操作、非法授权的访问，维护网络安全以及调查网络违法犯罪活动具有重要作用。记录并留存所提供相应服务的日志信息，有利于实现对跳转、解析、转换记录的溯源。

需要注意的是，第一，根据本条规定，提供域名解析、域名跳转和网址链接转换服务的，具体应当履行哪些义务，应当根据国家法律法规和部门规章的有关规定执行。在实践中,提供域名解析、域名跳转、网址链接转换服务的,往往不是同一个主体,对其的具体要求也不尽相同。例如,域名解析服务提供者应当按照法律法规的要求,对服务过程进行完整的日志记录;域名跳转服务提供者应当按照规定规范域名跳转;提供网址链接转换服务的,应当核验域名注册、解析信息和互联网协议地址的真实性、准确性。各类市场主体具体应当履行哪些义务应当依照具体的规定执行。

第二,为使本条的规定落到实处,本法在“法律责任”一章中规定了电信业务经营者、互联网服务提供者不履行本条义务需要承担的法律责任。根据本法第 41 条第 3 项的规定,未按照国家有关规定规定核验域名注册、解析信息和互联网协议地址的真实性、准确性,规范域名跳转,或者记录并留存所提供相应服务的日志信息的,由有关主管部门责令改正,情节较轻的,给予警告、通报批评,或者处 5 万元以上 50 万元以下罚款;情节严重的,处 50 万元以上 500 万元以下罚款,并可以由有关主管部门责令暂停相关业务、停业整顿、关闭网站或者应用程序、吊销相关业务许可证或者吊销营业执照,对其直接负责的主管人员和其他直接责任人员,处 1 万元以上 20 万元以下罚款。

此外,根据《刑法》第 286 条之一的规定,网络服务提供者不履行本条规定的义务,经监管部门责令采取改正措施而拒不改正,存在致使违法信息大量传播,或者致使用户信息泄露,造成严重后果,或者致使刑事案件证据灭失,情节严重,以及其他严重情节等情形,构成犯罪的,应当以拒不履行信息网络安全管理义务罪追究行为人的刑事责任,依法处 3 年以下有期徒刑、拘役或者管制,并处或者单处罚金。

第二十五条　任何单位和个人不得为他人实施电信网络诈骗活动提供下列支持或者帮助：

（一）出售、提供个人信息；

（二）帮助他人通过虚拟货币交易等方式洗钱；

（三）其他为电信网络诈骗活动提供支持或者帮助的行为。

电信业务经营者、互联网服务提供者应当依照国家有关规定，履行合理注意义务，对利用下列业务从事涉诈支持、帮助活动进行监测识别和处置：

（一）提供互联网接入、服务器托管、网络存储、通讯传输、线路出租、域名解析等网络资源服务；

（二）提供信息发布或者搜索、广告推广、引流推广等网络推广服务；

（三）提供应用程序、网站等网络技术、产品的制作、维护服务；

（四）提供支付结算服务。

【释义】　本条是关于任何单位和个人不得为他人实施电信网络诈骗提供支持或者帮助，以及电信业务经营者、互联网服务提供者应当依照国家有关规定，履行合理注意义务，对涉诈支持、帮助活动进行监测识别和处置的规定。

由于网络自身的特点，网络违法犯罪行为与传统违法犯罪行为相比，呈现出不同特点。电信网络诈骗违法犯罪活动以利益链为脉络，已经逐渐形成比较完整的产业链。上游主要为实施电信网络违法犯罪提供资源、技术等条件，中游实施电信网络违法犯罪活动，下游将违法犯罪所得及收益通过交易支付平台等方式变现或者进行洗钱。实践中，一些不法人员受巨大利益驱动，利用行业监管的漏洞,出现了假网站制作、买卖公民个人信息、第三方支付平台洗钱、地下钱庄洗钱、POS 机套现等一系列相对独立的职业群体。他们以互联网为纽带,分工配合,持续地、成规模地为电信网络诈骗犯罪集团提供信息、技术或人员支撑,从中牟取非法利益,形成了电信网络诈骗黑灰产业。这类为电信网络诈骗活动提供支持或者帮助的行为大大降低了电信网络诈骗犯罪的门槛和成本,直接或间接地支持和推动了电信网络诈骗行为的实现。支持或者帮助行为出现高度专业化、模式化发展,与电信网络诈骗犯罪分子互生共存,侵害群众利益,严重扰乱行业管理和社会管理秩序,社会危害巨大,需要在法律中作出禁止性规定,对有关行为依法予以惩处。

电信业务经营者包括中国移动、中国联通、中国电信等基础电信运营商以及宽带业务经营者等接入服务商。电信业务经营者提供网络接入等基础服务,应当利用自身优势资源,根据国家有关规定,对有关服务被用于涉诈支持、帮助活动进行监测识别,并采取限制功能、暂停服务等必要处置措施。实践中,有的地方的电信行业为加强对涉电信网络诈骗、疑似诈骗用户的电话、短信、域名、IP 等的处置工作,采取了关停、拦截、封堵等措施,但这些措施主要依靠有关政策文件的规定,尚缺乏明确的法律依据。

互联网服务提供者直接接触用户,对用户合法合规使用网络负有一定的监督管理职责。互联网服务提供者在为用户提供服务时,一般会签订用户协议,协议中一般会明确用户在使用相关服务时,不得违反法律法规的规定,不得从事非法活动,如果有相关行为,会被采取关停账户、限制功能等措施,并移交主管部门或者公安机关处理。国外的互联网服务公司对用户也会有相应的要求,如推特公司(Twitter)通过对用户的使用进行监测,有理由相信用户违反了 Twitter 规则和政策,或者为 Twitter 带来风险或者可能的法律风险,或者所从事的行为非法,或者提供的服务在商业上是不可行的,可以随时暂停或者中止用户账号,或者停止向用户提供全部或者部分服务。实践中,我国的部分互联网服务企业通过对相关行为的监测和处理,防范了电信网络诈骗行为的发生。

根据各方面的意见,为切实加强对有关业务被用于涉诈支持、帮助活动的监测和处理,让电信业务经营者、互联网服务提供者承担应有的社会责任,本条对互联网服务提供者应当建立监测防范制度,对涉诈支持、帮助活动进行监测识别和处置作出了专门规定。

本条共分两款。

第 1 款是关于任何单位和个人不得为他人实施电信网络诈骗活动提供支持或者帮助的规定。

明知他人从事电信网络诈骗活动,还为其提供支持或者帮助,直接或者间接地支持电信网络诈骗活动得以实现,足以说明行为人的主观恶意,应当明确予以禁止。根据本款规定,这里规定的支持或者帮助行为主要包括以下几种具体形式:

1. 出售、提供个人信息。根据《个人信息保护法》第 4 条的规定,“个人信息”是以电子或者其他方式记录的与已识别或者可识别的自然人有关的各种信息,但不包括匿名化处理后的信息。收集、存储、使用、加工、传输、提供个人信息,应当遵守《个人信息保护法》的相关规定。电信网络诈骗犯罪泛滥的重要因素之一就是电信网络诈骗犯罪分子通过各种非法手段获得了大量受害人个人信息,包括手机号码、银行账号、身份证件信息等,这些信息大量流入“黑灰产”,为电信网络诈骗分子实施诈骗提供了基础。犯罪分子利用非法获取的个人信息数据进行精准诈骗,更有针对性,更容易取得被害人的信任,被害人更容易上当遭受损失。实践中，有的专门为电信网络诈骗分子提供个人银行卡“四件套”，包括身份证件、银行卡、手机卡、U 盾，还有的专门提供企业对公账户“八件套”，包括银行卡、U 盾、法定代表人身份证、营业执照、对公账户公章、法人私章、对公开户许可证等。其中，有的出卖自己个人信息，办好“四件套”“八件套”后自己直接卖，也有的专门组织办卡、收购，再进行转卖，成套出售，获取非法利益。这种出售、提供个人信息的行为为他人实施电信网络诈骗行为提供了极大的支持，应当予以打击。

2. 帮助他人通过虚拟货币交易等方式洗钱。“通过虚拟货币交易等方式洗钱”是指利用虚拟货币转移洗白赃款。虚拟货币具有匿名性高、隐蔽性强、交易不受时间限制等特点，我国明确禁止代币发行融资和兑换活动，但由于各国监管政策存在差异，仍可通过境外虚拟货币服务商、交易所进行虚拟货币与法定货币的兑换，通过虚拟货币交易方式、地下钱庄洗钱已经成为最常见的洗钱方式。电信网络诈骗分子实施犯罪最终是为了获得经济利益，对洗钱环节加大打击力度，有利于防止诈骗分子铤而走险。

3. 其他为电信网络诈骗活动提供支持或者帮助的行为。具体包括明知他人从事电信网络诈骗活动，仍为其提供销毁数据、使用虚假身份逃避监管帮助，提供资金支持，提供“多卡合一”(银行卡、电话卡、支付宝账号、微信账号、身份证)服务，提供解冻被冻结的账户、协助进行实名核验等支持、帮助行为。

第 2 款是关于电信业务经营者、互联网服务提供者应当依照国家有关规定，履行合理注意义务，对有关业务被用于涉诈支持、帮助活动进行监测识别和处置的规定。

实践中，电信业务经营者、互联网企业为了加强对互联网使用的监督管理，高度重视电信网络诈骗防治，主动加大投入，根据业务场景和领域，有针对性研究设立电信网络诈骗反制技术模型，及时监测处置涉诈信息、活动，取得很好的效果。也有一些互联网企业保护防范措施流于形式，在一些短视频平台、社交平台上，存在大量电信诈骗信息。与其他领域相比，在电信网络诈骗监测处置方面，电信企业、互联网企业具备技术、信息、人才等多方面优势，能及时发现异常情况，针对不同业务场景采取相应的拦截处置措施，如限制服务、及时删帖或者封号等。电信业务经营者、互联网服务提供者应当承担相应的社会责任。

根据本款规定，电信业务经营者、互联网服务提供者应当依照国家有关规定，履行合理注意义务，对下列业务被用于涉诈支持、帮助活动进行监测识别和处置。具体包括：

1. 提供互联网接入、服务器托管、网络存储、通讯传输、线路出租、域名解析等网络资源服务。"互联网接入"是指为他人提供访问互联网或者在互联网发布信息的通路；"服务器托管"是指将服务器及相关设备托管到具有专门数据中心的机房，客户通过远程方式进行维护；"网络存储"是指通过网络存储、管理数据的载体空间，如网盘等；"通讯传输"是指用户之间传输信息的通路，如很多电信网络诈骗分子使用虚拟专用网络（VPN）技术隐藏其真实位置；"线路出租"是指将有关线路出租给用户专用的服务；"域名解析"是指从域名到 IP 地址的转换过程。这些都是为电信网络诈骗活动提供技术支持服务的具体行为。

2. 提供信息发布或者搜索、广告推广、引流推广等网络推广服务。"信息发布或者搜索"是指主动在各类互联网平台发布相关信息，或者设定搜索引擎，通过特定的关键词就能搜索到其想要推广的文章或者信息。"广告推广"是指为电信网络犯罪相关活动作宣传或者推广，帮助其扩大影响或者获得收入来源，包括为诈骗网站或者应用程序作广告推广。"引流推广"是指将用户由一个互联网平台引流到另一个平台或者群组，如利用相应内容平台,筛选潜在被害人,并引流至其他社交工具、平台上完成诈骗过程。为电信网络诈骗分子提供的上述网络推广服务,会让用户接触诈骗信息,用户稍有不慎,就会陷入诈骗圈套。

3. 提供应用程序、网站等网络技术、产品的制作、维护服务。“应用程序”是指向用户提供信息服务的应用软件;“网站”是设立者或者维护者制作的用于展示特定内容的相关网页的集合,便于使用者发布、获取信息。实践中,有人专门研发、制作诈骗类应用程序、“钓鱼”网站等,专门供电信网络诈骗分子所用,这已经发展形成一个黑灰产业。60%以上的电信网络诈骗案件是通过应用程序实施的。有一些应用程序、网站专门用于电信网络诈骗活动,如虚假投资理财、赌博平台的 APP,仿冒银行、执法部门网站制作的“钓鱼”网站等。这些应用程序、网站没有正常用途,危害巨大。对于为他人实施电信网络诈骗活动提供应用程序、网站等技术、产品的制作、维护服务的行为,应当明确予以禁止和打击。

4. 提供支付结算服务。“支付结算”是指提供收款、转账、取款、付款等服务,为行为人获得资金支持提供便利。行为人要最终获得犯罪收益,往往需要通过第三方支付等各种网络支付结算服务,完成收款、转账、取现等活动。支付结算方式包括转账、票据承兑和贴现等资金支付结算业务。

上述四类服务,都属于电信业务经营者、互联网服务提供者开展的正常业务的范畴,但这些业务若被用于涉诈支持、帮助活动,则是非法的活动。电信业务经营者、互联网服务提供者应当根据法律法规和部门规章的规定,尽到自己应尽的义务,对有关业务被用于涉诈支持、帮助活动进行监测识别和处置。本法第 43 条规定了违反这一款规定的法律责任。根据这些规定,无论电信业务经营者、互联网服务提供者对于所提供的上述四类服务被用于涉诈支持、帮助活动是知道还是不知道,只要没有履行合理的注意义务,都应当承担相应的法律责任。合理注意义务的具体范围,需要根据国家有关规定,结合具体的服务领域、业务类型、操作标准、企业规模等情形予以确定。

实践中需要注意的是,第一,为确保本条的有关规定落到实处,本法“法律责任”一章中第 42 条和第 43 条规定了违反本条规定的法律责任。第 42 条规定,违反本条第 1 款的规定,没收违法所得,由公安机关或者有关主管部门处违法所得 1 倍以上 10 倍以下罚款,没有违法所得或者违法所得不足 5 万元的,处 50 万元以下罚款;情节严重的,由公安机关并处 15 日以下拘留。第 43 条规定,违反本条第 2 款的规定,由有关主管部门责令改正,情节较轻的,给予警告、通报批评,或者处 5 万元以上 50 万元以下罚款;情节严重的,处 50 万元以上 500 万元以下罚款,并可以由有关主管部门责令停止相关业务、停业整顿、关闭网站或者应用程序,对其直接负责的主管人员和其他直接责任人员,处 1 万元以上 20 万元以下罚款。

第二,根据本法第 38 条的规定,有本条第 1 款规定的行为,为电信网络诈骗活动提供支持或者帮助,构成犯罪的,应当依照刑法规定追究刑事责任。例如,《刑法》第 253 条之一规定了侵犯公民个人信息罪,违反国家有关规定,向他人出售或者提供公民个人信息,情节严重的,处 3 年以下有期徒刑或者拘役,并处或者单处罚金;情节特别严重的,处 3 年以上 7 年以下有期徒刑,并处罚金。《刑法》第 287 条之二规定了帮助信息网络犯罪活动罪,明知他人利用信息网络实施犯罪,为其犯罪提供互联网接入、服务器托管、网络存储、通讯传输等技术支持,或者提供广告推广、支付结算等帮助,情节严重的,处 3 年以下有期徒刑或者拘役,并处或者单处罚金。《刑法》第 312 条规定了掩饰、隐瞒犯罪所得、犯罪所得收益罪,明知是电信网络诈骗所得及其产生的收益,通过地下钱庄、虚拟货币交易等方式予以转移、掩饰、隐瞒的,依法处3年以下有期徒刑、拘役或者管制,并处或者单处罚金;情节严重的,处3年以上7年以下有期徒刑,并处罚金。此外,若行为人与电信网络诈骗分子有共同犯意,同时构成诈骗罪等其他犯罪的,依照处罚较重的规定定罪处罚。

第三,本条第1款规定的为电信网络诈骗活动提供支持或者帮助,主观上应当是明知,即知道或者应当知道。如果行为人对他人利用自己提供的产品、服务实施电信网络诈骗不知情的,不应当受到处罚。司法执法中,认定行为人主观方面,既可以是行为人自己承认知道,也可以是根据主客观因素推定其"应当知道"。实践中,行为人可能会辩解其不知道他人实施电信网络诈骗,在这种情况下,不能仅听行为人本人的辩解,对其是否知道的认定,还需结合其对他人所实际从事活动的认知情况、之间往来和联络情况、交易价格等,综合判断其是否"应当知道"。如存在经监管部门告知后仍继续为其提供服务、接到举报后不履行法定管理职责、交易价格或者方式明显异常等情形,就是认定行为人"应当知道"。若综合各方面因素判断,行为人确实不知道,只是疏于管理,不能以支持或者帮助行为追究其责任。

第四,电信业务经营者、互联网服务提供者应当依照国家有关规定,履行合理的注意义务,不宜对小型互联网服务企业提出过高的要求。本法第32条规定,国家支持互联网服务提供者研究开发有关电信网络诈骗反制技术,用于监测识别、动态封堵和处置涉诈信息、活动。有关部门应当统筹负责本行业领域技术反制措施建设。

第五,互联网服务提供者在对有关业务被用于涉诈支持、帮助活动的监测中发现可疑犯罪线索、风险信息的,其可以根据监测情况进行判断,将其中风险较高的涉诈线索和信息,按照规定移交。对有涉电信网络诈骗犯罪嫌疑的，应当将有关线索移送公安机关，其他违法线索和信息应当移交相应的主管部门，由公安机关或者相应的主管部门依法进行处理。

第二十六条　公安机关办理电信网络诈骗案件依法调取证据的，互联网服务提供者应当及时提供技术支持和协助。

互联网服务提供者依照本法规定对有关涉诈信息、活动进行监测时，发现涉诈违法犯罪线索、风险信息的，应当依照国家有关规定，根据涉诈风险类型、程度情况移送公安、金融、电信、网信等部门。有关部门应当建立完善反馈机制，将相关情况及时告知移送单位。

【释义】　本条是关于互联网企业依法协助办案、移送涉诈犯罪线索和风险信息的规定。

互联网的飞速发展，在为人民群众生活带来更多便利、促进社会进步的同时，也容易被犯罪分子利用，以实施电信网络诈骗，或者为实施电信网络诈骗提供帮助。2021 年 4 月 9 日，习近平总书记对于打击治理电信网络诈骗犯罪工作作出重要指示，强调要全面落实打防管控各项措施和金融、通信、互联网等行业监管主体责任，加强法律制度建设，加强社会宣传教育防范，推进国际执法合作，坚决遏制此类犯罪多发高发态势。

随着互联网经济的发展和互联网企业的不断壮大，在预防和惩治电信网络诈骗方面互联网服务提供者的作用日益凸显，因而，加强国家机关与互联网服务提供者的合作，对于预防和打击电信网络诈骗犯罪无疑是十分重要的。一方面，一些互联网企业的平台容易被犯罪分子利用从事电信网络诈骗犯罪；另一方面，互联网服务提供者具有及时发现、掌握电信网络诈骗信息的能力、技术优势，因而互联网服务提供者有能力也有义务积极提供电信网络诈骗相关线索，配合国家机关查获电信网络诈骗犯罪。

从实践情况来看，反电信网络诈骗工作综合治理、源头治理方面的制度措施不够充分，金融、通信、互联网等行业治理存在薄弱环节，需要进一步建立完善各方面责任制度，形成协同打击治理合力。目前，互联网服务提供者配合国家机关反电信网络诈骗的机制已经建立起来，并取得一定的积极效果。但是也存在一定的问题，主要表现在：一是互联网服务提供者配合公安机关调查电信网络诈骗案件的主动性、积极性还有待提高。有的不愿意配合公安机关侦查办理电信网络诈骗案件，有的人为设置各种障碍、关卡，有的不及时保存涉电信网络诈骗证据信息，有的将利用技术手段监测发现的有关犯罪线索提供给公安机关时收取费用，这些行为导致公安机关无法及时、顺畅调取证据材料，给反电信网络诈骗工作造成干扰。二是互联网服务提供者在完善犯罪防控方面责任意识不强、能力有待提高。有的缺少检测电信网络诈骗的主动性，有的企业互联网账号异常监测，涉诈支持、帮助活动监测能力不足，风险检测模型质量不高、监测准确度偏低等。针对上述情况，有必要在法律中对互联网服务提供者对依法协助办案、移送涉诈犯罪线索和风险信息的义务作出明确规定。根据国内外的经验以及国内执法的实际需要，本条在法律中明确互联网服务提供者为公安机关侦查电信网络诈骗犯罪提供技术支持和协助，同时对互联网服务提供者规定了移送涉诈违法犯罪线索、风险信息等义务，并规定了反馈机制。

本条共分两款。第 1 款是关于互联网企业应当依法协助办案的规定。根据本款规定，公安机关办理电信网络诈骗案件依法调取证据的，互联网服务提供者应当及时提供技术支持和协助。

本款规定的责任主体是互联网服务提供者。“互联网服务提供者”，是指互联网内容提供者，向用户提供新闻、信息、资料、音视频，建立通信群组的平台等内容服务，如阿里巴巴、腾讯、百度、字节跳动等互联网企业就是典型的互联网服务提供者。按照服务对象和提供信息的不同，互联网服务提供者可以进一步分为网上媒体运营商、数据库运营商、信息咨询商和信息发布代理商等，具体包括两类，一类是信息发布、搜索引擎、即时通信、网络支付、网络预约、网络购物、网络游戏、网络直播、网站建设、安全防护、广告推广、应用商店等信息网络应用服务；另一类是利用信息网络提供的电子政务、通信、能源、交通、水利、金融、教育、医疗等公共服务。

这里所说的“提供技术支持和协助”，主要是指互联网服务提供者应当根据公安机关侦查电信网络诈骗犯罪的需要，通过互联网技术手段，为公安机关提供必要的支持和协助，如为公安机关提供涉及电信网络诈骗犯罪团伙和个人的有关数据；为获取电信网络诈骗犯罪团伙和个人有关数据提供相关通道等技术支持。

传统的刑事案件往往具有物理性质的案发现场，可以通过现场痕迹勘验、调查走访、摸底排查、辨认等传统侦查方式进行取证，但电信网络诈骗犯罪作为一种非接触性的新型犯罪，犯罪分子利用电信网络“虚拟空间”实施诈骗，传统的刑事侦查手段往往不再有效。因此，侦查电信网络诈骗案件需要通过“虚拟犯罪现场”，通过信息网络获取可以证明犯罪行为的电子数据等证据材料。电子数据等作为侦破电信网络诈骗案件的关键证据，其易被修改，而且往往具有一定的存储期限。因而，能否在第一时间查获电子数据，是侦查电信网络诈骗案件的关键所在。这就要求公安机关迅速地发掘、固定证据，稍有耽搁，则容易贻误最佳取证时机，导致证据灭失。电子数据的侦查取证工作离不开互联网企业等的协作配合，实践中要加强公安机关与互联网企业的配合，充分利用企业数据资源，利用大数据分析等手段，智能化查明犯罪嫌疑人在电信网络中留下的数据信息，建立快速响应机制，迅速对涉电信网络诈骗的“信息流”“资金流”进行查询追踪和溯源处置，及时查询、冻结涉案互联网账户信息等电子数据，尽快查清资金流向。

第2款是关于互联网服务提供者在监测中发现的涉诈违法犯罪线索、风险信息等，应当依照规定，根据涉诈风险类型、程度情况移送公安、金融、电信、网信等部门，以及有关部门应当建立完善反馈机制的规定。

治理电信网络诈骗，加强互联网企业对有关国家机关的配合、支持是关键。互联网平台服务是数字经济区别于传统经济的显著特征，互联网平台为商品和服务的交易提供技术支持、交易场所、信息发布和交易撮合等服务。互联网平台对其平台内的交易活动具有较强的控制能力，互联网服务提供者是反电信网络诈骗系统上的关键环节之一，因而在反电信网络诈骗监测方面应当承担更多的法律义务。为了加强互联网服务提供者的反电信诈骗能力，本法规定了一系列制度措施，包括支持研发电信网络诈骗反制技术措施，统筹推进跨行业、企业统一监测系统建设，为利用大数据反诈提供制度支持；规定金融、通信、互联网等领域对涉诈异常情形的监测、识别和处置，包括高风险电话卡、异常金融账户和可疑交易、异常互联网账号等；规定金融、通信、互联网行业主管部门统筹推进相关跨行业、企业的统一监测系统建设，推进涉诈样本信息数据共享。在上述规定的基础上，本款要求互联网企业应当及时移送监测发现的涉诈违法犯罪线索、风险信息等。

根据本款规定，首先，互联网服务提供者要做好互联网账号异常使用监测，涉诈支持、帮助活动监测和其他涉诈信息、活动监测。对此,一方面,需要通过制定内部监测管理制度和操作规程,落实本法规定的监测防范制度要求,根据实践情况通过大数据、人工智能等技术手段不断完善涉诈监测模型,提高监测的准确性、及时性。可以根据不同诈骗类型,开展高危交易模型专项建设,针对具体交易环节,研究、分析类案犯罪链路、特点并提炼模型特征,建设相关预警模型。另一方面,要完善涉诈风险信息共享机制。当前,单一平台的数据和信息有限性与电信网络诈骗跨平台甚至跨国作案的矛盾,影响企业算法识别效果,只有丰富全链路数据和信息种类,才能不断提升识别准确度。

其次,对于监测中发现的涉诈违法犯罪线索、风险信息等,应当依照规定,根据涉诈风险类型、程度情况移送公安、金融、电信、网信等部门。这里的"涉诈违法犯罪线索",是指互联网服务提供者通过监测发现的涉电信网络诈骗违法犯罪行为、嫌疑人、被害人等信息;"风险信息"是指根据一定的标准,经判断涉电信网络诈骗违法犯罪可能性高的信息。"根据涉诈风险类型、程度情况",主要是指互联网企业对于通过监测发现的涉诈违法犯罪线索,通过算法、模型监测等发现的风险信息等,应当进一步区分涉诈风险类型、风险程度,依照有关规定移送公安、金融、电信、网信等部门。

法律赋予互联网服务提供者一定的移送自主权,由其根据涉诈风险类型、风险程度等作出判断,对于确认风险较高的应当移送,对于风险较低的,则不需要移送。这样规定,主要是考虑互联网服务提供者在账号、涉诈产业、信息、活动等的监测中,检测到的犯罪线索和风险信息是海量的,如果全部直接移送公安、金融、电信、网信等部门,一方面,信息量较大,会给监管部门造成压力,很难在海量信息中有效精准地辨别出哪些信息需要重点关注并采取进一步措施;另一方面,如果仅仅是风险信息就移交,最终真正转化成案件的比例较小,容易造成人员、资源的浪费。互联网服务提供者处于对账号、涉诈信息进行监测的第一线,为有效利用有限资源,避免无效投入,法律给予互联网服务提供者一定的自主权,允许互联网服务提供者根据监测情况进行判断,按规定移交其中情节严重、风险较高的犯罪线索和风险信息,这样可以减轻互联网企业的移送工作压力,也有利于相关职能部门精准调查处理。

最后,根据本款规定,有关部门应当建立完善反馈机制,将相关情况及时告知移送单位。建立完善反馈机制,一方面有利于督促接收移送的有关部门及时处理涉诈违法犯罪线索、风险信息,及时侦办案件,追查犯罪行为;另一方面通过反馈,也有利于互联网服务提供者知悉其移送的涉诈违法犯罪线索、风险信息的使用情况,及时对风险监测模式等进行调整,完善对涉诈活动的监测机制,提高监测质量和效率。

此外,本法同时对违反本条规定的法律责任作出规定。本法第 41 条规定:“电信业务经营者、互联网服务提供者违反本法规定,有下列情形之一的,由有关主管部门责令改正,情节较轻的,给予警告、通报批评,或者处五万元以上五十万元以下罚款;情节严重的,处五十万元以上五百万元以下罚款,并可以由有关主管部门责令暂停相关业务、停业整顿、关闭网站或者应用程序、吊销相关业务许可证或者吊销营业执照,对其直接负责的主管人员和其他直接责任人员,处一万元以上二十万元以下罚款:(一)未落实国家有关规定确定的反电信网络诈骗内部控制机制的;(二)未履行网络服务实名制职责,或者未对涉案、涉诈电话卡关联注册互联网账号进行核验的;(三)未按照国家有关规定,核验域名注册、解析信息和互联网协议地址的真实性、准确性,规范域名跳转,或者记录并留存所提供相应服务的日志信息的;(四)未登记核验移动互联网应用程序开发运营者的真实身份信息或者未核验应用程序的功能、用途，为其提供应用程序封装、分发服务的；（五）未履行对涉诈互联网账号和应用程序，以及其他电信网络诈骗信息、活动的监测识别和处置义务的；（六）拒不依法为查处电信网络诈骗犯罪提供技术支持和协助，或者未按规定移送有关违法犯罪线索、风险信息的。”

实践中需要注意的是：

（1）我国当前有多部法律对公民、组织为有关机关侦查违法犯罪行为提供技术支持和协助的范围、措施等作出规定。根据《国家安全法》《反恐怖主义法》《反间谍法》《网络安全法》《刑事诉讼法》等规定，任何公民和组织对有关机关维护国家安全和侦查犯罪的活动都有提供支持和协助的义务。《网络安全法》第28条规定，网络运营者应当为公安机关、国家安全机关依法维护国家安全和侦查犯罪的活动提供技术支持和协助。本条规定的互联网服务提供者的协助、配合义务，与上述法律规定的精神是一致的。也要注意，互联网服务提供者及时提供技术支持和协助的前提必须是公安机关依法调取证据，也就是说，公安机关必须按照法律、行政法规和有关规定的要求调取证据；对于不符合要求的，则不能提供。

（2）实践中要处理好安全与企业发展的关系。公安机关与互联网服务提供者应当建立适当机制，加强沟通协调，在企业为公安机关提供证据调取等办案支持的同时，也要避免过度加重企业负担，维护好企业的发展利益。互联网服务提供者提供的内容多样，其产品被用于诈骗的情形也各不相同，公安机关调取证据的要求要尽量明确、具体。另外，当前电信网络诈骗仍然高发、多发，受害群众多、分布广，办理电信网络诈骗案件的公安机关数量也很多。公安机关内部也应当建立相应的信息、证据材料的协调共享机制，以提高使用效率。

第五章　综合措施

第二十七条　公安机关应当建立完善打击治理电信网络诈骗工作机制，加强专门队伍和专业技术建设，各警种、各地公安机关应当密切配合，依法有效惩处电信网络诈骗活动。

公安机关接到电信网络诈骗活动的报案或者发现电信网络诈骗活动，应当依照《中华人民共和国刑事诉讼法》的规定立案侦查。

【释义】　本条是关于公安机关建立完善打击治理工作机制，加强能力建设及依法及时立案的规定。

公安机关是打击治理电信网络诈骗犯罪活动的"主力军"，本法总则部分第 6 条规定的各方职责中，已从总体上明确了公安机关在反电信网络诈骗工作中的部门职责，即"公安机关牵头负责反电信网络诈骗工作，金融、电信、网信、市场监管等有关部门依照职责履行监管主体责任，负责本行业领域反电信网络诈骗工作"。本条关于公安机关建立完善打击治理工作机制，加强能力建设及依法及时立案的规定，是对公安机关部门职责的重申和采取综合措施的具体要求。

我国电信诈骗犯罪高发多发的态势，已影响社会治安稳定和国家经济安全，为有效打击治理电信网络诈骗犯罪活动，必须坚持系统观念和源头治理、综合治理的总体思路。这就要求公安机关建立完善打击治理电信网络诈骗的工作机制，健全反电信网络诈骗犯罪专业力量，加强人才队伍建设和专业技术建设，建立一支强大、高效的反电信网络诈骗犯罪队伍。在反电信网络诈骗工作中承担不同职能的警种，不同地区的公安机关，应当密切协作、积极配合，共同依法有效惩处电信网络诈骗活动。公安机关建立完善打击治理工作机制，进一步加强反电信网络诈骗能力建设，是有效预防和惩治电信网络诈骗犯罪的最重要保证。

针对电信网络诈骗犯罪案件，一个重要的办案原则是“快、准、狠”。要求公安机关在接到电信网络诈骗活动的报案或者发现电信网络诈骗活动时，应当依据《刑事诉讼法》的规定立案侦查，不得推诿。公安机关对电信网络诈骗犯罪线索要依法处理，该立案的应当依法立案，立案后进一步开展有关侦查工作，及时惩治电信网络诈骗犯罪。实践中，有的部门在接收到有关电信网络诈骗犯罪举报线索或者发现线索后，失职渎职、迟延懈怠，不及时依法移送线索，不认真核查线索，不依法立案，导致不能及时查处犯罪或者放纵犯罪；在发现有电信网络诈骗活动时，有畏难情绪，故意不依法立案或推诿扯皮等。因此，本条第 2 款对公安机关应当依法立案作出强调和规定，是与《刑事诉讼法》相衔接的规定。

本条共分两款。

第 1 款是关于公安机关建立完善打击治理工作机制，加强能力建设的规定。

公安机关应当建立完善打击治理电信网络诈骗工作机制，这里的“工作机制”，是指公安机关在打击治理电信网络诈骗过程中，所建立的具体实施规范、工作程序、职责分工等，强调内部协调配合，形成打击合力，以保证公安机关打击治理电信网络诈骗工作机制高效运行。打击治理电信网络诈骗工作机制的主要内容，具体包括预警防范、案情通报、线索落查、联动处置、约谈问责等方面。公安机关反电信网络诈骗专业力量是防范和惩治电信网络诈骗犯罪的具体实施者，在反电信网络诈骗犯罪线索发现、证据收集、侦查讯问等方面发挥重要作用。电信网络诈骗犯罪具有涉及面广、欺骗性强、无接触性等特点，需要一支经过专业训练、具备丰富经验和专业技术的专门队伍来应对电信网络诈骗犯罪。专门队伍和专业技术建设，是指公安机关针对电信网络诈骗犯罪行为的特点、规律、手段、方式等，组建专门的团队，提升相应的专业技术水平，从而使反电信网络诈骗专门力量具备应对网络、金融、信息技术等相应活动的专业技能、技巧。通过加强反电信网络诈骗犯罪专门力量建设，提高专业技术水平，强化反电信网络诈骗犯罪情报信息收集能力，使公安机关在面对复杂、多变、隐蔽的电信网络诈骗活动时，能够及时、果断地采取有针对性的处置措施，从而尽可能地避免电信网络诈骗犯罪的发生，最大限度减少人民群众的财产损失。在应对电信网络诈骗犯罪过程中，公安机关应当发挥内部协作配合的优势，不同警种各司其职、各负其责，刑事、经侦、网安、治安等警察团队应发挥各自职能进行通力合作；还要发挥不同地区公安机关联动配合机制的优势，互通涉诈信息、线索，相互提供办案协助等，多部门、多区域之间密切配合，对电信网络诈骗犯罪形成打击合力，依法有效惩处电信网络诈骗活动。

第 2 款是关于公安机关依法及时立案的规定。本款规定是对公安机关及时查处电信网络诈骗活动的具体要求，公安机关接到电信网络诈骗活动的报案或者发现电信网络诈骗活动后，应当依照规定及时立案侦查。该款属于与《刑事诉讼法》相衔接的条款，具体可以从以下几个方面理解：

第一，本款强调的是对公安机关的职责要求，其在接到电信网络诈骗活动的报案或者发现电信网络诈骗活动后，应当依法立案侦查。公安机关获取的电信网络诈骗犯罪线索，主要来自自身发现、有关部门移送或者群众举报等。本法第 30 条第 3 款规定："任何单位和个人有权举报电信网络诈骗活动，有关部门应当依法及时处理，对提供有效信息的举报人依照规定给予奖励和保护。"第 26 条第 2 款规定："互联网服务提供者依照本法规定对有关涉诈信息、活动进行监测时，发现涉诈违法犯罪线索、风险信息的，应当依照国家有关规定，根据涉诈风险类型、程度情况移送公安、金融、电信、网信等部门。有关部门应当建立完善反馈机制，将相关情况及时告知移送单位。"本款要求公安机关从上述途径发现电信网络诈骗活动相关线索的，应当及时进行审查核实，依法进行立案侦查。

第二，公安机关接到电信网络诈骗活动的报案或者发现电信网络诈骗活动的，应当依照《刑事诉讼法》的规定立案侦查。《刑事诉讼法》第 109 条规定："公安机关或者人民检察院发现犯罪事实或者犯罪嫌疑人，应当按照管辖范围，立案侦查。"立案是刑事诉讼活动开始的标志。立案侦查是法律赋予侦查机关的专属权力，其他任何机关或者个人都不得行使。根据《刑事诉讼法》的规定，公安机关和人民检察院依照法律规定的案件管辖范围承担着对犯罪案件的侦查工作，肩负着打击犯罪、维护社会治安、维护社会稳定的职责。因此，公安机关接到电信网络诈骗活动的报案或者发现电信网络诈骗活动的，根据《刑事诉讼法》第 109 条的规定，在此过程中发现犯罪事实或者犯罪嫌疑人的，应当由公安机关立案侦查。本款规定的公安机关立案侦查的条件与《刑事诉讼法》规定的情形是一致的。在公安机关自身发现、有关部门移送或者群众举报中，发现犯罪事实或者发现犯罪嫌疑人，具有两种情形之一的，即应立案。在一些情况下，只有依法立案后才能进一步采取有关侦查措施，才能查证犯罪，因此对于发现涉嫌犯罪线索，符合《刑事诉讼法》规定的立案侦查条件的，应当及时依法立案。对公安机关的刑事案件侦查权，《刑事诉讼法》作出明确规定。对于案件应由哪一个具体公安机关侦查，可根据案件发生地、造成的社会影响、复杂程度等因素确定具体的侦查机关。

《公安机关办理刑事案件程序规定》第 15 条第 1 款规定："刑事案件由犯罪地的公安机关管辖。如果由犯罪嫌疑人居住地的公安机关管辖更为适宜的，可以由犯罪嫌疑人居住地的公安机关管辖。"第 21～22 条规定：几个公安机关都有权管辖的刑事案件，由最初受理的公安机关管辖。必要时，可以由主要犯罪地的公安机关管辖。对于管辖有争议的，由公安机关协商，协商不成的，由共同的上级公安机关指定管辖。有关公安机关在接到电信网络诈骗活动的报案或者发现电信网络诈骗活动的，发现犯罪事实或者犯罪嫌疑人并属于自己管辖的，应当依法立案；对不属于自身管辖的，按照法律和有关规定移送有权管辖的公安机关。

第三，关于电信网络诈骗犯罪活动的立案标准。电信网络诈骗犯罪活动包括诈骗罪、帮信罪等具体罪名。关于诈骗罪，《刑法》第 266 条规定："诈骗公私财物，数额较大的，处三年以下有期徒刑、拘役或者管制，并处或者单处罚金；数额巨大或者有其他严重情节的，处三年以上十年以下有期徒刑，并处罚金；数额特别巨大或者有其他特别严重情节的，处十年以上有期徒刑或者无期徒刑，并处罚金或者没收财产。本法另有规定的，依照规定。"《最高人民法院、最高人民检察院关于办理诈骗刑事案件具体应用法律若干问题的解释》第 1 条对诈骗数额标准明确作出规定："诈骗公私财物价值三千元至一万元以上、三万元至十万元以上、五十万元以上的，应当分别认定为刑法第二百六十六条规定的'数额较大’、‘数额巨大’、‘数额特别巨大’。各省、自治区、直辖市高级人民法院、人民检察院可以结合本地区经济社会发展状况，在前款规定的数额幅度内，共同研究确定本地区执行的具体数额标准，报最高人民法院、最高人民检察院备案。”《最高人民法院、最高人民检察院、公安部关于办理电信网络诈骗等刑事案件适用法律若干问题的意见》“依法严惩电信网络诈骗犯罪”中规定：“根据《最高人民法院、最高人民检察院关于办理诈骗刑事案件具体应用法律若干问题的解释》第一条的规定，利用电信网络技术手段实施诈骗，诈骗公私财物价值三千元以上、三万元以上、五十万元以上的，应当分别认定为刑法第二百六十六条规定的‘数额较大’‘数额巨大’‘数额特别巨大’。二年内多次实施电信网络诈骗未经处理，诈骗数额累计计算构成犯罪的，应当依法定罪处罚。”

关于帮信罪，《刑法》第 287 条之二第 1 款、第 2 款规定：“明知他人利用信息网络实施犯罪，为其犯罪提供互联网接入、服务器托管、网络存储、通讯传输等技术支持，或者提供广告推广、支付结算等帮助，情节严重的，处三年以下有期徒刑或者拘役，并处或者单处罚金。单位犯前款罪的，对单位判处罚金，并对其直接负责的主管人员和其他直接责任人员，依照第一款的规定处罚。”《最高人民法院、最高人民检察院关于办理非法利用信息网络、帮助信息网络犯罪活动等刑事案件适用法律若干问题的解释》第 11 条规定：“为他人实施犯罪提供技术支持或者帮助，具有下列情形之一的，可以认定行为人明知他人利用信息网络实施犯罪，但是有相反证据的除外：（一）经监管部门告知后仍然实施有关行为的；（二）接到举报后不履行法定管理职责的；（三）交易价格或者方式明显异常的；（四）提供专门用于违法犯罪的程序、工具或者其他技术支持、帮助的；（五）频繁采用隐蔽上网、加密通信、销毁数据等措施或者使用虚假身份，逃避监管或者规避调查的；（六）为他人逃避监管或者规避调查提供技术支持、帮助的；（七）其他足以认定行为人明知的情形。”第12条规定：“明知他人利用信息网络实施犯罪，为其犯罪提供帮助，具有下列情形之一的，应当认定为刑法第二百八十七条之二第一款规定的‘情节严重’：（一）为三个以上对象提供帮助的；（二）支付结算金额二十万元以上的；（三）以投放广告等方式提供资金五万元以上的；（四）违法所得一万元以上的；（五）二年内曾因非法利用信息网络、帮助信息网络犯罪活动、危害计算机信息系统安全受过行政处罚，又帮助信息网络犯罪活动的；（六）被帮助对象实施的犯罪造成严重后果的；（七）其他情节严重的情形。实施前款规定的行为，确因客观条件限制无法查证被帮助对象是否达到犯罪的程度，但相关数额总计达到前款第二项至第四项规定标准五倍以上，或者造成特别严重后果的，应当以帮助信息网络犯罪活动罪追究行为人的刑事责任。”《最高人民法院、最高人民检察院、公安部关于办理电信网络诈骗等刑事案件适用法律若干问题的意见（二）》规定：“为他人利用信息网络实施犯罪而实施下列行为，可以认定为刑法第二百八十七条之二规定的‘帮助’行为：（一）收购、出售、出租信用卡、银行账户、非银行支付账户、具有支付结算功能的互联网账号密码、网络支付接口、网上银行数字证书的；（二）收购、出售、出租他人手机卡、流量卡、物联网卡的。认定刑法第二百八十七条之二规定的行为人明知他人利用信息网络实施犯罪，应当根据行为人收购、出售、出租前述第七条规定的信用卡、银行账户、非银行支付账户、具有支付结算功能的互联网账号密码、网络支付接口、网上银行数字证书，或者他人手机卡、流量卡、物联网卡等的次数、张数、个数，并结合行为人的认知能力、既往经历、交易对象、与实施信息网络犯罪的行为人的关系、提供技术支持或者帮助的时间和方式、获利情况以及行为人的供述等主客观因素，予以综合认定。

收购、出售、出租单位银行结算账户、非银行支付机构单位支付账户，或者电信、银行、网络支付等行业从业人员利用履行职责或提供服务便利，非法开办并出售、出租他人手机卡、信用卡、银行账户、非银行支付账户等的，可以认定为《最高人民法院、最高人民检察院关于办理非法利用信息网络、帮助信息网络犯罪活动等刑事案件适用法律若干问题的解释》第十一条第（七）项规定的'其他足以认定行为人明知的情形'。但有相反证据的除外。"

上述法律、司法解释对通过电信网络进行诈骗的典型行为作出较为清晰的界定，也对电信网络诈骗活动中诈骗罪及帮助信息网络犯罪活动罪的立案标准作出较为明确的解释。关于电信网络诈骗活动中可能涉及的拒不履行信息网络安全管理义务罪、非法利用信息网络罪、信用卡诈骗罪等，公安机关对立案标准的把握，也应当以《刑法》及相关司法解释作为主要依据。另外，公安机关在接到电信网络诈骗活动的报案或者发现电信网络诈骗活动后，应对是否符合立案条件进行综合评判、整体考量，不局限于个案事实或区域行为，依法及时立案侦查。

第四，公安机关接到电信网络诈骗活动的报案或者发现电信网络诈骗活动的，符合《刑事诉讼法》关于立案的条件，应当依法及时立案。公安机关在此过程中发现电信网络诈骗犯罪事实或者犯罪嫌疑人的，必须立案侦查，不得推诿、拖延，及时采取必要的侦查措施，及时发现和收集证据，从而确保准确、及时惩治电信网络诈骗犯罪。如果该立案不立案或者立案不及时，就可能贻误侦查时机，甚至放纵电信网络诈骗犯罪，造成无法挽回的损失。公安机关决不能为片面追求破案率或者不愿做工作而不依法积极立案、不破不立或者先破后立，这是严重违反本款规定的错误做法，应当予以纠正。对于公安机关接到电信网络诈骗活动的报案或者在发现电信网络诈骗活动过程中，发现犯罪事实或者犯罪嫌疑人,不依法立案侦查行动,相关法律规定了相应的救济措施。《刑事诉讼法》第113条规定:"人民检察院认为公安机关对应当立案侦查的案件而不立案侦查的,或者被害人认为公安机关对应当立案侦查的案件而不立案侦查,向人民检察院提出的,人民检察院应当要求公安机关说明不立案的理由。人民检察院认为公安机关不立案理由不能成立的,应当通知公安机关立案,公安机关接到通知后应当立案。"对于不依法立案,本法第45条规定:"反电信网络诈骗工作有关部门、单位的工作人员滥用职权、玩忽职守、徇私舞弊,或者有其他违反本法规定行为,构成犯罪的,依法追究刑事责任。"

第二十八条　金融、电信、网信部门依照职责对银行业金融机构、非银行支付机构、电信业务经营者、互联网服务提供者落实本法规定情况进行监督检查。有关监督检查活动应当依法规范开展。

【释义】　本条是关于反电信网络诈骗工作中有关部门依法规范开展监督检查活动的规定。

近年来,电信网络诈骗犯罪活动形势严峻,相关案件高发、多发,严重危害人民群众切身利益。诈骗分子利用电信网络技术手段,更多采用"钻空子""打短板"的方式实施诈骗。一些金融、电信、互联网企业等片面追求经济利益,不落实或未有效落实安全管理社会责任,致使各种账户、账号和网络技术等被违法犯罪分子大量利用。目前,国内通过APP软件、银行账户(卡)泄露个人信息问题较为突出,APP、账户等被收集的公民个人信息大量流入"黑灰产",为实施电信网络诈骗提供大量资源,使实施诈骗更有针对性、更具备欺骗性。手机卡、电话卡和网络账号"实名不实人"的问题,也是滋生电信网络诈骗违法犯罪的根源性问题。例如,在网站注册备案的同时,出现了一些散而小的非法 APP。目前,对此类 APP 的监管主要是抽样监测,监测系统很难全面覆盖,不易识别和监测。又如,域名注册、服务器租用、短信通道等也存在层层转包、登记备案信息不全和"实名不实人"问题。金融机构、电信运营商、互联网企业等监管存在责任落实不到位的情况主要有:(1)金融机构方面,对公账户审核不严格;客户身份识别有效性不足、对电信网络诈骗交易的预警不足及其后续风险控制措施较为滞缓等问题。此外,面对新型支付平台等新形式,相关监管措施滞后。部分商业银行、支付机构片面追求规模扩张,个别支付机构和银行员工为不法分子提供便利。(2)电信运营商方面,为了企业利益,层层下达考核指标,根据开卡数量、业务规模给予代理商代理资格或者优惠政策,对手机卡在使用环节"实名制"缺少有效监管。(3)互联网企业方面,部分互联网企业片面追求经济利益,履行社会责任不力。少数企业不但不切实履行防范违法犯罪的企业责任,反而利用自身技术和系统掌握、获取信息数据资源,将有关涉案线索信息打包转卖,获取不当利益。

习近平总书记指出,打击治理电信网络诈骗必须"全面落实打防管控各项措施和金融、通信、互联网等行业监管主体责任"。工作中,"打"的方面做得比较多,"防"的方面还不够,实践表明,仅靠"打"是不行的,要打防管控、多管齐下。为使银行业金融机构、非银行支付机构、电信业务经营者、互联网服务提供者落实好本法的相关规定,解决金融、电信、网信部门监管薄弱问题,必须有效适应网络犯罪系统治理的需要,强化金融、电信、网信部门的监督检查责任。加强有关部门的监督检查职责,也是建立完善反电信网络诈骗工作责任体系的重要组成部分。

本条包含以下三个方面的内容：

一是关于反电信网络诈骗工作中实施监督检查的主体。本条明确，金融、电信、网信部门是反电信网络诈骗工作中实施监督检查的主体，负责对银行业金融机构、非银行支付机构、电信业务经营者、互联网服务提供者落实本法规定情况实施监督检查。与传统的诈骗相比，电信网络诈骗利用技术手段钻管理上的漏洞，呈现组织化、链条化、精准化等特征，实现跨部门、跨行业、跨地域协作犯罪。实践中也存在一些银行、电信公司、互联网公司等出现行业"内鬼"，将掌握的信息数据提供给电信网络诈骗分子，牟取非法利益。网络运营者作为以营利为目的的市场主体，如不加强监管、规范，容易导致互联网企业与网络犯罪形成"依附共生"关系。有的运营商一味追求业绩利益，通过机房的简单操作，实现擅自改变物联网卡功能和用途的目的，导致大量卡号流入"黑灰产"，破坏了实名制的落实，为公安机关及时、准确打击此类犯罪活动带来困难。有的工作人员法律意识淡薄，为了满足考核要求、拓展业务、追求业绩、获得提成等，盗用他人身份证信息激活手机卡、违规办理手机卡或者直接出租、出借手机卡等。此外，金融、电信、网信行业内部管理不规范，存在管理漏洞，也可能为实施电信网络诈骗提供可乘之机，或者被电信网络诈骗分子利用。因此，非常有必要督促行业主管部门实施监督检查工作，压实主体责任。

二是关于监督检查的内容。本条中监督检查的内容是银行业金融机构、非银行支付机构、电信业务经营者、互联网服务提供者落实本法规定的执行情况。在本法有关电信、金融、互联网治理和综合措施章节中，具体规定了有关部门的监督管理职责和各项防范治理责任等。第一，在总则中规定，电信企业、银行、非银行支付机构、互联网企业在反电信网络诈骗工作中要承担风险防控责任，建立内部控制机制和安全责任制度。这是总的要求。第二，对电话卡、物联卡、银行卡、支付账户、网络账号等从源头加强管理，防范电信网络和金融业务资源被用来实施电信网络诈骗活动。落实各领域实名制要求，对办理电话卡、金融账户的数量进行限制，识别异常办卡、开户情形，有针对性地完善物联网卡销售、使用监测制度。第三，采取措施有效监测防范涉诈信息、活动，要求企业对改号电话、虚假主叫、非法设备、软件、网络"黑灰产"等进行识别拦截，对涉诈异常电话卡、银行卡、互联网账号进行监测识别，根据风险情况采取相应处置措施，包括暂停、限制有关功能、业务，采取二次实人核验等。第四，对 APP、域名解析、域名跳转等网络资源规范管理，强化各行业涉诈违法犯罪线索、风险信息、"黑样本"数据信息共享。为保障这些规定得到有效实施，有关主管部门应当依照职责对企业落实情况进行监督检查。

三是有关监督检查活动应当依法规范开展。本条对金融、电信、网信部门的监督检查行为作出了规范，相应监督检查活动应依法检查、定期检查，不得具有随意性。同时，监督检查活动应统筹好发展与安全。金融、电信、网信部门依照其相应职责，依法实施监督检查工作，本法有规定的，要依法履行职责，不能越权，也不能缺位。《电信条例》第 4 条第 2 款规定："电信业务经营者应当依法经营，遵守商业道德，接受依法实施的监督检查。"第 42 条规定："国务院信息产业主管部门或者省、自治区、直辖市电信管理机构应当依据职权对电信业务经营者的电信服务质量和经营活动进行监督检查，并向社会公布监督抽查结果。"《网络安全法》第 49 条第 2 款规定："网络运营者对网信部门和有关部门依法实施的监督检查，应当予以配合。"加强对金融、电信、互联网行业治理，是防范电信网络诈骗活动的关键和重点，日常监督检查可采用的上门检查、群众举报、线上检查等方式应依法依规开展。监督检查中可以推行“双随机一公开”方式，根据公开的随机抽查事项清单等进行监督检查工作。金融、电信、网信部门可以探索实行联合检查、上下级协同检查，加强与地方有关部门的沟通协调，争取一并开展检查，防范多头反复检查。同时，实践中对于随机检查事项要按规定编制计划、按计划开展检查。对通过网络监测、信息化监管、数据共享等方式能够实现检查效果的，可以采用线上检查方式。开展监督检查工作，不应干扰银行业金融机构、非银行支付机构、电信业务经营者、互联网服务提供者的正常生产经营活动，应严格依法规范开展检查。实施监督检查的人员现场检查的，要出示相应证件、规范个人言行。因实施监督检查工作任务行使的是法律授予的职权，代表着国家和政府的形象，具有一定的严肃性和威慑力，工作人员出示证件能够更好开展监督管理工作，也能够约束其依法履行监督管理职责，接受社会监督。

在该条的理解适用中，应注意加强监督检查与提升服务之间的平衡问题。国家推进“放管服”改革和商事制度改革，这就要求妥善处理好适应“放管服”改革和预防治理犯罪之间的关系。本法作为一部专项急需立法必须立足实践需要，一方面，明确赋予有关部门监督检查职责和企业责任；立法的目的是强化相关主管部门的监管责任，加强日常管理，堵住制度上的漏洞，及时发现问题、纠正问题，从根本上、制度上遏制此类犯罪的发生。另一方面，相关主管部门的检查监督也必须坚持精准防治，防止“一刀切”措施，防止不必要的以及成本过大、收效很小的措施，防止对企业、公民正常生产经营活动产生不利影响，依法保护公民和组织的合法权益。

需要说明的是，有关监督检查活动应当依法依规，坚持以事实为依据，以法律为准绳；要尊重保障公民和组织的合法权益，对在工作过程中知悉的国家秘密、商业秘密、个人隐私和个人信息要予以保密;监督检查须严格程序和内容,银行业金融机构、非银行支付机构、电信业务经营者、互联网服务提供者应当为相关监督检查活动提供必要的条件。

第二十九条　个人信息处理者应当依照《中华人民共和国个人信息保护法》等法律规定,规范个人信息处理,加强个人信息保护,建立个人信息被用于电信网络诈骗的防范机制。

履行个人信息保护职责的部门、单位对可能被电信网络诈骗利用的物流信息、交易信息、贷款信息、医疗信息、婚介信息等实施重点保护。公安机关办理电信网络诈骗案件,应当同时查证犯罪所利用的个人信息来源,依法追究相关人员和单位责任。

【释义】　本条是关于反电信网络诈骗工作中个人信息保护的规定。

加强个人信息保护工作是反电信网络诈骗的一个重要环节。电信网络诈骗的背后是互联网时代个人信息泄露问题日益突出,很多电信网络诈骗案件之所以难以防范,其中一个重要原因是实施诈骗的人有精准目标,能够精准施骗。实践中,电信网络诈骗分子事先就掌握了被害人大量个人信息,通过多种手段进行分析,为被害人"精准画像",结合被害人的心理、社交特点、婚姻状况、财产情况等进行个性化分析,建构特定的诈骗场景,以此骗取被害人的信任。常见的诈骗事由,如代办子女入学、冒充公检法工作人员、网络投资理财、消除个人征信问题等,均是通过精准画像,获取信任后展开的诈骗活动。通过精准画像,犯罪分子取得受害者的高度信任,然后实施环环相扣的精准诈骗。2016 年,山东考生徐某某被电信网络诈骗 9900 元学费,因郁结于心,年仅 18

岁的生命停止。导致这一悲剧的源头,就是犯罪分子通过非法获取的考生个人信息以发放助学金为名实施诈骗。

因此,治理电信网络诈骗,需要建立科学完善的个人信息保护制度和机制。在信息化时代,个人信息保护已成为广大人民群众最关心、最直接、最现实的利益问题之一。随着信息化与经济社会持续深度融合,网络已成为生产生活的新空间、经济发展的新引擎、交流合作的新纽带。据统计,截至 2020 年年底,我国互联网用户已达 9.89 亿,互联网网站和应用程序数量分别超过 440 万个、340 万个,个人信息的收集、使用更为广泛。近年来,我国在立法、执法、司法方面不断加大对个人信息的保护力度。但现实生活中,一些企业、机构和个人,为了经济利益,随意收集、违法获取、过度使用、非法买卖个人信息。从近年来最高人民法院、最高人民检察院、公安部、中国人民银行、国家市场监督管理总局等司法、执法机关发布的典型案例和数据来看,侵犯公民个人信息的行为虽受到一定遏制,但总体上仍呈现量大面广的特征,个人信息保护的形势依然严峻。

在数字经济发展和法治建设进程中,我国的个人信息保护法律制度逐步建立并不断发展完善。全国人大及其常委会高度重视个人信息保护相关立法工作。2012 年通过《全国人民代表大会常务委员会关于加强网络信息保护的决定》确立了个人信息保护的基本原则;2016 年通过《网络安全法》建立了个人信息保护的主要制度规则;2020 年通过《民法典》将个人信息规定为一项重要的民事权利。此外,在修改《消费者权益保护法》《广告法》《刑法》以及制定《电子商务法》时,也对个人信息保护的有关问题作了规定。2021 年 8 月 20 日,第十三届全国人大常委会第三十次会议表决通过了《个人信息保护法》,已于 2021 年 11 月 1 日起施行。

在反电信网络诈骗预防和治理过程中,对于涉及个人信息保护方面的工作,应适用《个人信息保护法》等相关法律的规定。同时,根据反电信网络诈骗的需要,结合其特点,本法在本条中作出指引性规定。

本条共分两款。

第1款是关于适用《个人信息保护法》等法律严格个人信息保护、建立防范制度的规定。根据本款规定,个人信息处理者应当依照《个人信息保护法》等法律规定,规范个人信息处理,加强个人信息保护,建立个人信息被用于电信网络诈骗的防范机制。

本款包含以下几个方面的内容:一是个人信息处理者应当依照法律规定规范个人信息处理、加强个人信息保护。《个人信息保护法》坚持保护人民群众个人信息权益的立法定位,聚焦个人信息保护领域的突出问题和人民群众的重大关切,在有关法律的基础上,进一步细化、完善个人信息保护应遵循的原则和个人信息处理规则,明确个人信息处理活动中的权利义务边界,健全个人信息保护工作体制机制。从具体内容上看,《个人信息保护法》以严密的制度、严格的标准、严厉的责任构建了权责明确、保护有效、利用规范的个人信息处理和保护制度规则;确立了个人信息保护原则,强调处理个人信息应当遵循合法、正当、必要和诚信原则,具有明确、合理的目的,并与处理目的直接相关,采取对个人权益影响最小的方式,限于实现处理目的的最小范围,公开处理规则,保证信息质量,采取安全保护措施等;构建以"告知—同意"为核心的个人信息处理规则,要求处理个人信息应当在事先充分告知的前提下取得个人同意。

个人信息处理者是个人信息保护的第一责任人。《个人信息保护法》第73条规定,"个人信息处理者,是指在个人信息处理活动中自主决定处理目的、处理方式的组织、个人"。个人信息处理者有义务采取必要的措施,确保其个人信息处理活动符合有关法律法规的规定,并保障个人信息安全,切实保护个人信息权益。这里的"处理",不仅仅指对个人信息的加工,而是包括从个人信息的收集到最终删除的全生命周期中的各个环节。《个人信息保护法》通过专章规定了个人信息处理者的义务,强调个人信息处理者应当对其个人信息处理活动负责,并采取必要措施保障所处理的个人信息的安全;明确了个人信息处理者的合规管理和保障个人信息安全等义务,要求个人信息处理者按照规定制定内部管理制度和操作规程,采取相应的安全技术措施,指定负责人对其个人信息处理活动进行监督,定期对其个人信息活动进行合规审计,对处理敏感个人信息、利用个人信息进行自动化决策、对外提供或公开个人信息等高风险处理活动进行事前影响评估,履行个人信息泄露补救和通知义务;赋予了大型网络平台个人信息保护特别义务,提高大型互联网平台经营业务的透明度,完善平台治理,强化外部监督,形成全社会共同参与的个人信息保护机制。根据本法和《个人信息保护法》的规定,个人信息处理者应当严格按照法律规定,不断提升个人信息保护法治意识。

除《个人信息保护法》外,《网络安全法》《民法典》《消费者权益保护法》《广告法》《刑法》《电子商务法》等也对个人信息保护的有关问题作了规定。另外,有关机关也出台了一系列配套法规、规章、标准和司法解释。个人信息处理者在执行中应当依照上述规定开展个人信息处理活动。

二是建立个人信息被用于电信网络诈骗的防范机制。为了更加有效地保护公民的个人信息权益,个人信息处理者应当在建立健全个人信息保护制度的基础上,采取措施监测、预警个人信息保护面临的突出问题和风险,建立个人信息被用于电信网络诈骗的防范机制;有针对性地改进个人信息保护工作举措,有效预防侵犯个人信息权益行为的发生。

当前,电信网络诈骗方式和手法不断翻新,诈骗活动呈现从电话诈骗向互联网诈骗、从全国分布向重点边境地区集聚、从“短平快”诈骗向长线套路诈骗转变等趋势特点,技术对抗性日益加大,需要针对不同类型的电信网络诈骗犯罪的特点,规范个人信息处理活动,加强个人信息保护,充分运用大数据推进构建长效机制,为行业防范治理工作提供更加有力的数据支撑和能力支撑。对此,个人信息处理者要围绕技术平台、监管能力、工作机制,明确具体工作任务,持续提升大数据技术管控水平,强化行业源头治理,健全创新事前防范、责任落实、成效评价、信用管理等制度,持续优化跨政企、跨行业、跨部门的联防联控工作机制,充分释放大数据在防范治理电信网络诈骗方面的强大效能,以形成责任明确、快速响应、密切配合、齐抓共管的工作格局,切实减少电信诈骗犯罪案件的发生。

第 2 款是关于履行个人信息保护职责的部门、单位对可能被电信网络诈骗利用的个人信息等实施重点保护,以及公安机关办理电信网络诈骗案件,应当同时查证个人信息来源,依法追究相关人员和单位责任的规定。

本款包括两层含义,一是履行个人信息保护职责的部门、单位对可能被电信网络诈骗利用的物流信息、交易信息、贷款信息、医疗信息、婚介信息等实施重点保护。“物流信息、交易信息、贷款信息、医疗信息、婚介信息等”涉及公民个人的住址、财产、健康、婚姻等情况,这些信息一旦被电信网络诈骗分子获取,容易被利用实施“精准诈骗”,且被害人往往难以防范。之所以规定这几类信息,是因为当前电信网络诈骗违法犯罪的主要类型有购物退款诈骗、兼职刷单诈骗、网络贷款诈骗、“杀猪盘”诈骗、网络交友诈骗等,在各类电信网络诈骗犯罪类型中,个人信息的泄露都是电信网络诈骗行为实施的关键环节，因此有必要对这些信息重点保护；履行个人信息保护职责的部门、单位，应当加强对此类信息的保护，防止泄露。“履行个人信息保护职责的部门”，是指根据本法和其他相关法律规定依法负有个人信息保护职责的部门。《个人信息保护法》第6章专章对履行个人信息保护职责的部门的职责、义务等作了规定。该法第60条规定：“国家网信部门负责统筹协调个人信息保护工作和相关监督管理工作，国务院有关部门依照本法和有关法律、行政法规的规定，在各自职责范围内负责个人信息保护和监督管理工作。县级以上地方人民政府有关部门的个人信息保护和监督管理职责，按照国家有关规定确定。前两款规定的部门统称为履行个人信息保护职责的部门。”第61条规定：“履行个人信息保护职责的部门履行下列个人信息保护职责：（一）开展个人信息保护宣传教育，指导、监督个人信息处理者开展个人信息保护工作；（二）接受、处理与个人信息保护有关的投诉、举报；（三）组织对应用程序等个人信息保护情况进行测评，并公布测评结果；（四）调查、处理违法个人信息处理活动；（五）法律、行政法规规定的其他职责。”《反电信网络诈骗法》第29条第2款中“履行个人信息保护职责的……单位”，是指对上述信息负有保护职责的单位，如物流企业、电商企业、婚介企业等。

二是明确公安机关在办理电信网络诈骗案件中应当倒查个人信息来源，依法处理相关单位、人员泄露、提供个人信息责任。基本上所有的电信网络诈骗案件背后，都存在个人信息泄露问题。因此，公安机关应当在办理电信网络诈骗案件的同时，查证个人信息来源，追查个人信息泄露源头，对于其中涉及窃取、贩卖公民个人信息的违法犯罪行为，应当依法追究相关人员和单位责任。这样一方面可以铲除电信网络诈骗赖以实施的土壤，从源头上预防新的电信网络诈骗行为发生;另一方面也可以有力震慑潜在的个人信息泄露者。

实践中需要注意的是,由于个人信息处理的主体、处理的个人信息种类以及处理活动存在较大差异,根据个人信息保护的实践需要,我国相关法律、行政法规等对有关部门的个人信息保护职责作了规定,主要有:国家网信部门根据《网络安全法》等法律和有关规定,负责承担互联网信息服务等领域的个人信息保护职责;市场监管部门根据《消费者权益保护法》等法律的规定,承担消费者个人信息保护的相关职责;金融监管部门根据《商业银行法》《证券法》《保险法》等法律的规定,承担金融消费者、投资者个人信息保护的相关职责;公安部门根据《刑法》《网络安全法》等法律的规定,承担打击侵害个人信息的违法犯罪的职责;工业和信息化部、教育、医疗等有关主管部门按照相关法律和有关规定,承担指导、监督本行业、本领域个人信息保护的职责。

对于本条规定的对物流信息、交易信息、贷款信息、医疗信息、婚介信息等实施重点保护的规定,上述部门以及相关单位,应当依照各自的职责分工,做好对相关个人信息的保护工作,防止相关个人信息被用于实施电信网络诈骗活动。

第三十条　电信业务经营者、银行业金融机构、非银行支付机构、互联网服务提供者应当对从业人员和用户开展反电信网络诈骗宣传,在有关业务活动中对防范电信网络诈骗作出提示,对本领域新出现的电信网络诈骗手段及时向用户作出提醒,对非法买卖、出租、出借本人有关卡、账户、账号等被用于电信网络诈骗的法律责任作出警示。

新闻、广播、电视、文化、互联网信息服务等单位，应当面向社会有针对性地开展反电信网络诈骗宣传教育。

任何单位和个人有权举报电信网络诈骗活动，有关部门应当依法及时处理，对提供有效信息的举报人依照规定给予奖励和保护。

【释义】 本条是关于有关企业和单位的宣传教育义务的规定。

加强反电信网络诈骗宣传教育，普及反电信网络诈骗知识，增强全社会反电信网络诈骗意识，是反电信网络诈骗工作的基础。宣传教育的目的是增强公民的反电信网络诈骗意识和能力，增强各行业反电信网络诈骗的意识，凝聚最广泛的社会力量共同投身于反电信网络诈骗工作，从根源上防范反电信网络诈骗的发生。防范电信网络诈骗宣传教育是一个长期系统工程，需要政府、企业、相关社会组织和公众共同参与，发挥全社会的作用。具体到企业、单位而言，企业、单位要依法履行反电信网络诈骗义务、遵守商业道德、承担社会责任、接受政府和社会监督。社会公众通过行使监督、投诉、举报等权利，可以促进反电信网络诈骗工作的开展。国家应当采取措施支持社会各方面参与反电信网络诈骗宣传教育工作，营造全社会共同参与的有利环境和良好氛围。从实践来看，宣传教育是目前最有效的防范电信网络诈骗违法犯罪的手段之一。

因此，本法对有关企业、单位的反电信网络诈骗宣传教育义务，对社会公众举报电信诈骗的权利作了规定，推动形成全链条反诈、全行业阻诈、全社会防诈的“打防管控”格局，为打击遏制电信网络诈骗活动提供有力法制支撑。

一是关于规定电信业务经营者、银行业金融机构、非银行支付机构、互联网服务提供者的反电信网络诈骗宣传、提示义务。反电信网络诈骗的重点在于治理电信、金融、互联网等关键节点，这也是本法规定的重点内容。因此，从预防的角度看，电信、金融、互联网是反电信网络诈骗宣传的重点。据此，本法对电信业务经营者、银行业金融机构、非银行支付机构、互联网服务提供者的反电信网络诈骗宣传、提示、提醒、警示等义务作了明确规定。

二是关于规定新闻、广播、电视、文化、互联网信息服务等单位的宣传教育责任。新闻、广播、电视、文化、互联网信息服务等单位是当前社会宣传的重点阵地，具有受众广泛、传播速度快、影响力强的特点，充分运用这些阵地开展反电信网络诈骗宣传教育十分必要。加强反电信网络诈骗宣传教育，包括宣传反电信网络诈骗的重要性、各方主体在反电信网络诈骗方面的权利和义务、反电信网络诈骗的具体知识以及反电信网络诈骗法律法规等，有利于增强各方面的反电信网络诈骗意识，提高个人自我保护能力，在全社会营造重视反电信网络诈骗的良好氛围，促进反电信网络诈骗法律制度的有效实施。

三是关于规定公民举报电信网络诈骗的权利，对举报电信网络诈骗者给予奖励。反电信网络诈骗工作要始终坚持以人民为中心，坚持人民主体地位，紧紧依靠群众。本法第 4 条规定，反电信网络诈骗工作应当坚持齐抓共管、群防群治。其中，“群防群治”，主要是指依靠群众发现、举报电信网络诈骗行为，实现工作人民参与、成效人民评价、成果人民共享。因此，为动员人民群众积极参与反电信网络诈骗工作，发动群众举报电信网络诈骗，法律明确鼓励单位和个人举报电信网络诈骗，同时规定了奖励制度。另外，法律也鼓励电信诈骗集团内部人员举报，对于查证属实，对侦破电信网络诈骗犯罪发挥重要作用的，可以依法予以从宽处理。

本条共分三款。

第1款是关于电信业务经营者、银行业金融机构、非银行支付机构、互联网服务提供者等行业的宣传义务的规定。主要包括以下几层意思：

一是电信业务经营者、银行业金融机构、非银行支付机构、互联网服务提供者应当对从业人员和用户开展反电信网络诈骗宣传。电信行业、金融行业和互联网行业是电信网络诈骗分子惯常利用的渠道、领域，因此，这些行业有义务也有责任承担更多的反诈宣传工作。电信业务经营者、银行业金融机构、非银行支付机构、互联网服务提供者等，应当对从业人员和用户开展反电信网络诈骗宣传，帮助从业人员识别、分析、防范电信网络诈骗，促使广大群众提高警惕。

二是在有关业务活动中对防范电信网络诈骗作出提示。电信业务经营者、银行业金融机构、非银行支付机构、互联网服务提供者应当将防范电信网络诈骗融入日常业务办理工作中，对于多发、易发的电信网络诈骗行为，通过日常业务监测及时对用户作出提示。如提示用户保护好个人信息，尤其是对个人账户信息等做好防护；不通过电话、短信、微信等方式泄露银行卡账户、密码，不透露银行卡余额及贷款额度；在使用互联网时，审慎操作，不下载来源不明的程序软件，不随意提供账户授权；在办理金融业务时，针对大额不明转账、陌生人转账交易等行为进行有效提示，不断增强群众的风险防范意识。同时，电信业务经营者、银行业金融机构、非银行支付机构、互联网服务提供者也应当提示用户不得将本人银行卡或银行卡账号出租、出借给他人，或者帮助他人进行实名核验。

三是对本领域新出现的电信网络诈骗手段及时向用户作出

提醒。当前利用电信网络和互联网手段实施诈骗呈高发态势，犯罪涉案链条长，团伙组织严密，诈骗手法逐步升级更趋隐蔽，受害群体已覆盖各行各业、各个年龄阶段，给人民群众造成了巨大的财产损失，已经成为严重侵害人民群众切身利益的社会公害。电信网络诈骗犯罪之所以能够不断得逞，一个重要原因是诈骗手段不断翻新；随着互联网新技术、新应用迭代升级，电信网络诈骗的方式不断升级，利用网络贷款、刷单、购物、交友等方式实施诈骗，欺骗性、迷惑性不断升级。因此，电信业务经营者、银行业金融机构、非银行支付机构、互联网服务提供者，应当及时对本领域新出现的电信网络诈骗手段向用户作出提醒。

四是对非法买卖、出租、出借本人有关卡、账户、账号等被用于电信网络诈骗的法律责任作出警示。实践中，一些群众法律意识淡薄，非法买卖、出租、出借本人有关卡、账户、账号等行为众多，一方面为电信网络诈骗等违法犯罪行为提供滋生土壤，为不法分子提供作案工具，协助其转移资金，严重危害人民群众财产安全和合法权益；另一方面也给非法买卖、出租、出借者本人带来巨大的信用风险、法律风险。因此，有必要对有关主体对客户的警示义务作出规定。

电信业务经营者、银行业金融机构、非银行支付机构、互联网服务提供者在为用户提供服务、办理业务的过程中，要告知用户非法买卖、出租、出借本人有关卡、账户、账号等被用于电信网络诈骗的法律责任，防止个人账户等被用于电信网络诈骗。关于非法买卖、出租、出借本人有关卡、账户、账号的法律责任，本法第31条规定："任何单位和个人不得非法买卖、出租、出借电话卡、物联网卡、电信线路、短信端口、银行账户、支付账户、互联网账号等，不得提供实名核验帮助；不得假冒他人身份或者虚构代理关系开立上述卡、账户、账号等。对经设区的市级以上公安机关认定的实施前款行为的单位、个人和相关组织者，以及因从事电信网络诈骗活动或者关联犯罪受过刑事处罚的人员，可以按照国家有关规定记入信用记录，采取限制其有关卡、账户、账号等功能和停止非柜面业务、暂停新业务、限制入网等措施。对上述认定和措施有异议的，可以提出申诉，有关部门应当建立健全申诉渠道、信用修复和救济制度。具体办法由国务院公安部门会同有关主管部门规定。”本法第 44 条规定：“违反本法第三十一条第一款规定的，没收违法所得，由公安机关处违法所得一倍以上十倍以下罚款，没有违法所得或者违法所得不足二万元的，处二十万元以下罚款；情节严重的，并处十五日以下拘留。”此外，如果行为人明知他人实施电信网络诈骗犯罪，仍非法买卖、出租、出借本人有关卡、账户、账号为其提供帮助的，有可能构成帮助信息网络犯罪活动罪，应当依照《刑法》第 287 条之二的规定，处 3 年以下有期徒刑或者拘役，并处或者单处罚金。

第 2 款是关于新闻、广播、电视、文化、互联网信息服务等单位，应当面向社会有针对性地开展反电信网络诈骗宣传教育的规定。

本款规定的宣传教育主体是新闻、广播、电视、文化、互联网信息服务等单位。根据本款规定，新闻、广播、电视、文化、互联网信息服务等单位有义务面向社会开展反电信网络诈骗宣传教育活动，而且应当结合国内国际反电信网络诈骗的形势，把握时机，开展形式多样的宣传教育工作。如宣传、普及电信网络诈骗的成因、表现形式、危害后果，及时报道有关信息；在电信网络诈骗案件多发易发地区、领域、行业经常性播放预防电信网络诈骗的音像制品、网络视频，出版和发行有关反电信网络诈骗的书刊；报道举报电信网络诈骗的渠道、方式等。实践中，为了提高宣传的有效性，相关宣传义务主体要有针对性地开展反电信网络诈骗宣传,提升宣传效率。如针对老年人、大学生、未成年人等诈骗作案目标群体,通过线上线下相结合的方式,加大警示教育和宣传引导力度;针对电信网络诈骗高发地区被骗风险高的企业,要积极组织企业员工了解电信诈骗惯用的伎俩,加强防骗意识,不断完善企业的财务管理制度,杜绝给电信网络诈骗分子留下可乘之机。

第 3 款是关于任何单位和个人有权举报电信网络诈骗活动,有关部门应当依法及时处理,对提供有效信息的举报人依照规定给予奖励和保护的规定。

"举报",是指当事人以外的其他知情人向公安机关、人民检察院、人民法院等机关检举、揭发电信网络诈骗犯罪嫌疑人的犯罪事实或者犯罪嫌疑人线索的行为。"举报电信网络诈骗",是指举报与电信网络诈骗相关的行为,举报的对象包括实施电信网络诈骗的组织和个人。举报的形式是多样的,有关单位和个人,既可以到有关部门举报,也可以通过信件、邮件、电话、网络平台举报;既可以口头提出,也可以书面提出;既可以实名举报,也可以匿名举报。

接收电信网络诈骗举报的机关是不特定的,有关单位和个人可以向公安机关举报,也可以向人民法院、人民检察院以及有关主管部门举报。任何机关接到对电信网络诈骗的举报的,都应当依法处理或者移送有关主管部门依法处理。我国《刑事诉讼法》第 57 条、第 110~112 条对公安机关、人民检察院、人民法院对举报应当如何处理作了详细规定,这些规定对反电信网络诈骗的举报的处理同样适用。我国《刑事诉讼法》第 110 条第 1 款规定:"任何单位和个人发现有犯罪事实或者犯罪嫌疑人,有权利也有义务向公安机关、人民检察院或者人民法院报案或者举报。"《反电信网络诈骗法》第 30 条第 3 款的规定与《刑事诉讼法》规定的精神是一致的。同时,对提供有效信息的举报人依照规定给予奖励,这可以鼓励其他单位和个人更加积极地提供有效信息,弘扬正气,进而有效地调动整个社会、有关单位和个人协助、配合有关部门做好反电信网络诈骗工作的积极性。

履行反电信网络诈骗职责的部门应当公开接受投诉、举报的方式,完善投诉、举报处理程序,建立方便、快捷的投诉举报处理机制。对属于本部门职责的,收到投诉、举报后,应当根据投诉、举报的内容、性质等依法、及时作出处理。对不属于本部门职责的,收到举报的部门应当及时移送有权处理的部门,接收移送的部门也应当在规定的时限内依法及时处理,不能相互推诿、拖延塞责。

关于对提供有效信息的举报人依照规定给予奖励的规定,这里的"有效信息",是指对反电信网络诈骗工作起到重要的促进作用,对反电信网络诈骗工作进展有重大帮助,如提供了重要线索,对发现、破获严重电信网络诈骗行为有重大帮助等情形。关于"有效信息"的认定标准,本法未作规定,各有关部门和地方还要根据实际情况具体予以把握。这里的"奖励"既包括精神奖励,也包括物质奖励。实践中,单位和个人向公安机关和有关主管部门举报电信网络诈骗,可能会面临电信网络诈骗犯罪组织、犯罪分子的打击报复,甚至有的单位和个人明知自己的财产可能被损害,人身安全可能面临威胁,仍然举报电信网络诈骗活动,积极配合和协助有关部门,使有关部门能够及时防范、制止即将发生或者正在发生的电信网络诈骗案件,侦破电信网络诈骗案件。这些单位和个人在反电信网络诈骗工作中作出了自己的贡献,应当予以表彰和奖励。

实践中需要注意的是,为了使宣传教育工作取得实际成效,各有关宣传义务主体应当注重宣传手段和形式的多样化,增强宣传的影响效果。移动互联网时代用于宣传的渠道和形式种类较多,因此宣传义务主体应当广泛利用现代信息手段,发挥宣传手段多样化的优势,广泛利用电视广播、社区电子屏幕、微博、微信、短信等媒介,向广大群众开展形式多样的电信网络诈骗防范宣传,还可以通过制作防电信网络诈骗指南等宣传手册、宣传单,通过发送或播放宣传音频、视频,悬挂宣传横幅,现场咨询解答反电信网络诈骗相关问题等形式,向群众普及防范电信网络诈骗的常识,进一步扩大宣传覆盖面,增强宣传效果。

同时,反电信网络诈骗宣传活动也要适度,提高宣传的针对性,避免过度宣传扰民。

第三十一条 任何单位和个人不得非法买卖、出租、出借电话卡、物联网卡、电信线路、短信端口、银行账户、支付账户、互联网账号等,不得提供实名核验帮助;不得假冒他人身份或者虚构代理关系开立上述卡、账户、账号等。

对经设区的市级以上公安机关认定的实施前款行为的单位、个人和相关组织者,以及因从事电信网络诈骗活动或者关联犯罪受过刑事处罚的人员,可以按照国家有关规定记入信用记录,采取限制其有关卡、账户、账号等功能和停止非柜面业务、暂停新业务、限制入网等措施。对上述认定和措施有异议的,可以提出申诉,有关部门应当建立健全申诉渠道、信用修复和救济制度。具体办法由国务院公安部门会同有关主管部门规定。

【释义】 本条是关于禁止非法转让有关卡、账户、账号及采取限制措施和申诉救济的规定。

目前,反电信网络诈骗工作的关键环节是各类卡和账号等注册开卡人与实际使用人一致性的有效落实。随着近些年电话卡、银行卡等“实名制”管理不断加强,“实名制”的落实总体上是好的。然而,从所查出的电信网络诈骗违法犯罪案件情况看,“人卡分离”“人号分离”问题日趋严重。实践中,被用来实施电信网络诈骗的电话卡、物联网卡、银行卡、账户、网络账号等多数是通过买卖而来,对上述各种卡和账号的非法转让作出规制是电信网络诈骗源头治理的重要方面。犯罪分子通过大量非法收购他人手机卡来实施电信网络诈骗,绕过实名制监管要求,成为网络“黑灰产”的重要一环,在校学生成为参与电信网络诈骗收卡贩卡的重要渠道。一些地区的农民、学生等群体法律意识相对薄弱,为了获取收益注册多个电话卡、银行卡等予以出售,有的出售人还为买方在使用过程中提供帮助实名核验的“售后服务”,增加了监管工作的难度。

此外,一些新情况不断出现,部分诈骗分子转用境外运营服务商的服务,批量使用缅甸、泰国、英国等国家和我国香港特别行政区、澳门特别行政区电话卡或卫星电话,采集涉诈域名网址,技术反制难度加大。在物联网卡管理方面,随着物联网卡越来越广泛地应用于各行业领域,一些监管漏洞也随之出现:有的个人用户转卖物联网卡;有的企业用户将设备和物联网卡分拆而直接倒卖裸卡;有的企业用户多报、虚报实际使用数量,将存量转售,通过极为简单的技术操作对物联网卡更改使用场景和用途,用于实施电信网络诈骗,这都加大了监测识别难度。此外,在金融领域,金融系统与第三方支付平台深度融合,网银、支付宝、微信支付、虚拟商品交易等方式广泛应用,但普通公民还未认识到便捷应用潜在的高风险。近些年,有关部门依据出台的规范性文件等方式开展各类“断卡”“断号”等专项行动。本法作为专门立法,明确规定禁止对各类卡、账号等非法转让,一方面可以为管控实践提供法律依据，提高“打防管控”的针对性；另一方面可以更明显地起到教育警示作用。对于上述非法买卖、出租、出借各类卡、账号、账户等行为，本条也规定了相应惩戒措施；对于被误伤者或者被采取措施有异议的，规定提出申诉的救济方式，有关部门应当根据实践情况探索建立和完善申诉渠道、信用修复和救济制度。

本条共分两款。第 1 款是关于不得非法转让有关卡、账户、账号及提供实名核验帮助的规定。根据本款规定，任何单位和个人不得非法买卖、出租、出借电话卡、物联网卡、电信线路、短信端口、银行账户、支付账户、互联网账号等，不得提供实名核验帮助；不得假冒他人身份或者虚构代理关系开立上述卡、账户、账号等。

本款包含以下几个方面的内容：

一是任何单位和个人不得非法买卖、出租、出借、假冒他人身份或者虚构代理关系开立各种卡、账户、账号等。非法买卖、出租、出借、假冒他人身份或者虚构代理关系开立各种卡、账户、账号等是违反金融、电信、互联网实名制规定的行为。本法对金融、电信、互联网领域的实名制作出规定，如金融领域规定，要建立客户尽职调查制度，依法识别收益所有人；电信业务经营者要全面落实电话用户真实身份信息登记，严格登记物联网卡用户身份信息等；电信业务经营者、互联网服务提供者在与用户签订协议或者确认提供服务时，应当依法要求用户提供真实身份信息。各类卡、账户、账号的买卖、出租、出借及冒用身份开立卡、账户、账号的行为是对实名制管理的破坏。诈骗分子通过多种方式大量购买、租用、借用电话卡等，或者低价购买物联网卡后通过技术手段将物联网卡作为电话卡使用，利用这些电话卡拨打诈骗电话、群发诈骗短信或者用电话号注册互联网账号等实现寻求、锁定和培养“猎物”的前端引流目的。受骗人将钱转给诈骗分子后，短期内银行账户的钱将被快速分散转移到多个账户，诈骗分子再通过与合法贸易资金混同、多账户多笔转账、虚拟币交易等方式洗钱。

这里的非法转让各种卡、账户、账号等的主体，不仅包括个人，也包括单位。如实践中个别电信企业为了销售业绩等，将物联网卡未按有关规定登记核验即出售。“买卖、出租”是支付对价，转移所有权，可以是单纯的买或卖或者由他人长期持有、使用；“出借”通常是不支付对价由他人占有的状态。“假冒他人身份”是指冒充使用他人有效的身份证件。“虚构代理关系”是指谎称自己与他人具有亲属、朋友等关系，通常通过伪造代理书等方式虚构代理身份。需要注意的是，对于实际具有亲朋好友身份，在他人不知情的情况下，伪造代理书实施开立卡、账户、账号等的行为也属于虚构代理关系的范畴。

二是为非法买卖、出租、出借、假冒他人身份或者虚构代理关系开立的卡、账户、账号等“提供实名核验帮助”的，这里的“帮助”并非泛指的所有帮助行为，而是限定于实名核验环节。根据本法规定，对监测识别的涉诈异常电话卡、涉诈异常账户、涉诈异常账号和存在可疑交易以及异常使用情形的物联网卡等应当重新核验，并采取相应的核验和处置措施。本条的这一规定主要是针对实践中如非法买卖、出租的卡经监测模型识别被认定为可疑卡、账户、账号后，在被采取限制措施要求重新核验时，有的出售人、出租人会帮助通过二次核验，通过这种方式这些可疑的各类卡和账号仍继续被使用，严重影响对可疑的各类卡、账号和账户的监测排查。提供实名核验帮助的方式，包括但不限于指纹、短信、证件比对等。

第 2 款是关于对有关人员记入信用记录或者采取限制措施以及申诉救济制度的规定。根据本款规定，对经设区的市级以上公安机关认定的实施前款行为的单位、个人和相关组织者，以及因从事电信网络诈骗活动或者关联犯罪受过刑事处罚的人员，可以按照国家有关规定记入信用记录，采取限制其有关卡、账户、账号等功能和停止非柜面业务、暂停新业务、限制入网等措施。对上述认定和措施有异议的，可以提出申诉，有关部门应当建立健全申诉渠道、信用修复和救济制度。具体办法由国务院公安部门会同有关主管部门规定。

关于第2款的有关问题，目前实践中主要依据2019年中国人民银行发布的《关于进一步加强支付结算管理防范电信网络新型违法犯罪有关事项的通知》进行处理。该通知根据实践中银行卡、电话卡、账号买卖突出的问题，进一步加大了买卖、出租、出借银行账户和支付账户、冒名开户惩戒力度，规定"银行和支付机构对经设区的市级以上公安机关认定的出租、出借、出售、购买银行账户（含银行卡）或者支付账户的单位和个人及相关组织者，假冒他人身份或者虚构代理关系开立银行账户或者支付账户的单位和个人，5年内暂停其银行账户非柜面业务，支付账户所有业务，并不得为其新开立账户。惩戒期满后，受惩戒的单位和个人办理新开立账户业务的，银行和支付机构应加大审核力度。人民银行将上述单位和个人信息移送金融信用信息基础数据库并向社会公布。"

对于该款的理解，主要包括以下内容：一是由经设区的市级以上公安机关进行认定。这主要考虑，一方面可以缓解基层公安机关日常繁杂的工作量，经设区的市级以上公安机关可更好地做好辖区内统筹，减少误伤；另一方面也是结合上述规定和目前实践做法作出的规定。二是本款中被纳入信用记录和采取措施的对象主要是，公安机关认定的实施非法转让有关卡、账户、账号及提供实名核验帮助行为的单位、个人和相关组织者，以及因从事电信网络诈骗活动或者关联犯罪受过刑事处罚的人员。前者是对尚未被追究刑事责任的单位、个人和相关组织者采取的措施，这里的“相关组织者”,主要是指为实施电信网络诈骗组织批量买卖、租借各类卡、账户、账号等,如通常所说的卡头、卡贩,还包括组织人员编造剧本话术,建群引流等。公安机关对实施本条第1款行为的认定主要是一种行政确认。后者是对构成相关犯罪的前科人员的惩罚和教育。从事电信网络诈骗活动,主要是指组织、策划、实施和参与电信网络诈骗活动,包括买卖、出租、出借、假冒身份开立各类卡、账户、账号,利用剧本、话术实施诈骗,将诈骗钱款转移“洗钱”,以及为实施电信网络诈骗活动提供互联网接入、服务器托管等技术支持或者提供广告推广、信息发布、支付结算等服务。关联犯罪,主要是指侵犯公民个人信息罪,掩饰、隐瞒犯罪所得、犯罪所得收益罪,拒不履行信息网络安全管理义务罪等。三是对于上述人员,并非一定都要记入信用记录和采取限制措施,“可以”结合实际情况确定。关于信用记录的内容在《反不正当竞争法》《商标法》《固体废物污染环境防治法》等法律法规中有所规定,实践中可以根据已有的经验做法结合反电信网络诈骗工作的特点进一步完善。实践中,银行将出租、出借、出售、购买银行账户(含银行卡)或者支付账户的单位和个人及相关组织者,假冒他人身份或者虚构代理关系开立银行账户或者支付账户的单位和个人信息,移送金融信用信息基础数据库并向社会公布。四是在权利救济方面,要赋予申诉救济渠道。对于被采取限制措施有异议的,可以向采取措施的银行业金融机构、非银行支付机构、电信业务经营者、互联网服务提供者提出申诉,这些部门要根据实践经验,在内部建立健全申诉渠道、信用修复和救济制度。关于申诉救济的具体办法,公安部会同有关主管部门规定。

实践中需要注意的是:

一是第1款中“非法买卖、出租、出借、假冒他人身份或者虚构代理关系”,要将合法过户买卖、亲友间日常出借等情形与被用于实施电信网络诈骗的情况相区分;办案部门也要对电信网络诈骗分子以向亲友借用、租用等理由逃避法律责任的情况作出判断识别。

二是第2款中的信用惩戒和限制措施的范围不得扩大。“信用记录”不能被理解为广义的信用惩戒措施,不能以此限制相关人员就业、上学等基本权利,对正常生活造成干预,也不能将“信用记录”的适用或者影响扩大至相关人员的子女、配偶等。采取限制措施的内容也不能被扩大,主要包括对有关卡、账户、账号等功能采取限制措施和停止非柜面业务、暂停新业务、限制入网。本款中已经根据实践需要和已有做法作了较为详尽、明确的列举,若采取条款中列举措施之外的其他措施,这些措施在手段、影响程度等方面也要与条款中列举的措施相当。

三是第2款中经设区的市级以上公安机关对于实施本条第1款中非法买卖、出租、出借电话卡、物联网卡等行为的认定,属于行政确认;对于认定有异议的,可以向作出认定的公安机关提起申诉,也可以根据《行政复议法》《行政诉讼法》的规定,提起行政复议和行政诉讼。

第三十二条　国家支持电信业务经营者、银行业金融机构、非银行支付机构、互联网服务提供者研究开发有关电信网络诈骗反制技术,用于监测识别、动态封堵和处置涉诈异常信息、活动。

国务院公安部门、金融管理部门、电信主管部门和国家网信部门等应当统筹负责本行业领域反制技术措施建设,推进涉电信网络诈骗样本信息数据共享,加强涉诈用户信息交叉核验,建立有关涉诈异常信息、活动的监测识别、动态封堵和处置机制。

依据本法第十一条、第十二条、第十八条、第二十二条和前款规定，对涉诈异常情形采取限制、暂停服务等处置措施的，应当告知处置原因、救济渠道及需要提交的资料等事项，被处置对象可以向作出决定或者采取措施的部门、单位提出申诉。作出决定的部门、单位应当建立完善申诉渠道，及时受理申诉并核查，核查通过的，应当即时解除有关措施。

【释义】 本条是关于反电信网络诈骗工作各方采取技术反制措施和申诉救济的规定。

本条共分三款。

第 1 款是关于国家支持研究开发电信网络诈骗反制技术的规定。根据本款规定，国家支持电信业务经营者、银行业金融机构、非银行支付机构、互联网服务提供者研究开发有关电信网络诈骗反制技术，用于监测识别、动态封堵和处置涉诈异常信息、活动。

互联网信息技术飞速发展，同时也催生电信网络诈骗手段迭代更新，对于诈骗手段的识别、监测和追踪难度越来越大，诈骗技术的对抗性不断增强，对诈骗分子的打击成为“魔高一尺，道高一丈”“道高一尺，魔高一丈”的运动战。诈骗分子利用人工智能、智能群呼设备等新技术、新设备，躲避拦截封堵。猫池（一种多用户拨号连接设备）、GOIP（一种虚拟拨号设备）等技术工具被犯罪分子大量运用，利用呼叫转移等新手法逃避系统监测的对抗持续不断。其他新型违法犯罪工具和作案平台也层出不穷，如多卡宝、跑分平台、VPN 跳转服务、虚拟货币等被大量应用。电信网络诈骗与传统诈骗有重要区别，因此，要根据此类案件的特点，充分利用大数据做好反诈工作。电信网络诈骗分子利用各部门监管中的漏洞以及沟通不及时等问题,给实施电信网络诈骗提供可乘之机。相关部门要不断加强和完善监管,同时需要提升各自的反诈能力,充分发挥协同联动作用,从行业监管上筑牢“反制网”。

一是关于反制技术的研发主体。反电信网络诈骗工作中主要涉及金融、电信、互联网等有关行业领域,反制技术的研究开发主体为上述行业领域涉及的主要企业,即电信业务经营者、银行业金融机构、非银行支付机构、互联网服务提供者。电信网络诈骗日益呈现集团化、产业化、链条化运作趋势,各行业主体可以结合行业领域的特点,发挥自身优势,研究开发有关电信网络诈骗的反制技术。

二是反制技术内容涵盖广,行业领域不局限,包括建立监测模型、大数据应用、可疑交易识别、网页网址巡查、改进优化算法等。反制技术要应用于涉诈异常信息和活动的发现、封堵和采取处置措施,既可以是直接用于监测识别、动态封堵和处置涉诈异常信息、活动的方式和手段,也可以是为实现上述目的而提供的依据。这里的动态封堵、处置主要是对涉电信网络诈骗或者具有涉电信网络诈骗高风险的异常电话卡、物联网卡、银行卡、银行账户、支付账户、互联网账号等采取的措施,具体包括延迟支付结算、紧急止付、快速冻结,限制功能、停止非柜面业务、暂停新业务、限制入网、暂停功能、关闭账号、禁止重新注册等。实践中,一些互联网企业通过扫描关键词等技术手段发现涉诈违规内容立即停止服务,并通知客户整改;针对不同业务场景采取相应拦截处置措施,对网页内容和生态有专门风控团队利用技术手段对涉诈信息进行识别,及时删帖或者封号;巡查广告页面,发现涉诈信息,对主体账号进行处罚,封禁账号;通过浏览服务对“钓鱼”网站及时进行拦截等。

反制技术是预防和治理电信网络诈骗的重要武器,提高技术反制能力对治理电信网络诈骗具有十分重要的意义。因此,国家要支持研究开发有关电信网络诈骗的反制技术,公安和金融、电信、网信等监管部门应统筹做好本行业领域反制技术建设。通过技术手段可以实现对电信网络诈骗的监测识别,从而采取相应的处置措施。目前,实践中基于管理需要,不同部门已经采用相应的处置措施,但这些处置措施在法律依据上,多为部门规章、其他规范性文件等,效力层级较低。例如,电信网络行业进行失信管理或者实施失信惩戒效力较弱,电信部门配合公安机关打击"电信网络诈骗"活动,采取关停、拦截、二次核验、资金止付冻结等处置措施,虽然实践中按照此类方式在做,依靠政策协调国有企业执行,但尚没有明确的法律依据。又如,修改后的《行政处罚法》规定,暂停、限制有关市场主体业务等措施属于行政处罚的种类,必须由法律、行政法规明确规定,有关规章、其他规范性文件无权设定,因此,对于实践中采取相关措施的做法,需要进一步上升为法律规定。此外,在明确可以采取暂停、限制措施的同时,也要考虑实践中因为监测模型不够精准,以及其他复杂情况等原因造成误伤误判,因此有必要赋予被采取措施的人以申诉救济的权利,作出决定的部门和单位要建立完善申诉机制。

实践中,各地结合自身情况不断提高预警监测系统。有的地方建成全省诈骗电话监测系统,推进技术管控能力向互联网延伸覆盖,建设互联网反诈监测系统。企业和监管部门充分发挥资源、技术等优势,有的互联网企业利用大数据实现对电信网络诈骗的研判、精准预警和反制。从国家反诈中心引入涉诈 APK 安装程序样本数据,用户下载安装包时,可以同时提供安全监测,及时拦阻用户安装涉诈 APK 安装程序。中央网信办针对境外人工拨打诈骗电话,启动"安全大脑"智能反诈技术研究,逐步具备预警监测能力。做好反诈平台建设,建设线上国家反诈大数据平台,建设运行国家反诈中心 APP。有的企业开发了专门用于电信诈骗预警的信息系统,覆盖冒充公检法、虚假贷款、虚假刷单、冒充客服、虚假投资理财、“杀猪盘”等主要诈骗类型。技术创新,运用大数据、智能模型识别、处置电信网络诈骗信息、活动,形成实时预警劝阻能力。工业和信息化部启用“12381”涉诈预警劝阻短信系统以来,联合公安机关劝阻用户 30 万名左右,有效劝阻率超过 60%。目前正在抓紧建设跨三大运营商的监测系统,对电话卡、物联网卡统一监测预警,提升涉诈短信、电话号码、域名网址、互联网账号等统一处置能力。中国联通依托自行研发的全球运营商最大的 IT 集中系统,实现全网全量全景实时反诈智能防护,不断技术迭代,提升“全链条”打击质效和技术反制能力。

第 2 款是关于有关部门推进涉电信网络诈骗样本信息数据共享,加强涉诈用户信息交叉核验的规定。根据本款规定,国务院公安部门、金融管理部门、电信主管部门和国家网信部门等应当统筹负责本行业领域反制技术建设,推进涉电信网络诈骗样本信息数据共享,加强涉诈用户信息交叉核验,建立有关涉诈异常信息、活动的监测识别、动态封堵和处置机制。本款主要包括以下几个方面的内容:

一是本款主要针对公安、金融、电信、网信部门在反制技术建设职责方面作出规定。电信网络诈骗的防治工作是一项系统工程,需要由电信业务经营者、银行业金融机构、非银行支付机构、互联网服务提供者做好前端监测和防范,更需要由有关部门统筹做好行业领域内的反制技术建设工作,并建立完善有关涉诈异常信息、活动的监测识别、动态封堵和处置机制。反电信网络诈骗工作开展以来,各部门也在积极创新和采取各种反制措施。2021 年 2 月,国家反诈中心 APP 正式上线,作为一款官方手机防骗保护软件,可以实现预警提示、举报、涉诈风险验证和宣传等目的。

同时，具有预警劝阻、防骗咨询、涉诈举报功能的公安机关“96110”预警劝阻专线是反电信网络诈骗的专用号码；2021 年 7 月，工业和信息化部联合公安部正式推出“12381”涉诈预警劝阻短信系统。2022 年 6 月，为防止预警电话被误认为是诈骗或者骚扰电话而被拒接，更好地提高预警效果，工业和信息化部联合“国家反诈中心”，组织中国电信、中国移动、中国联通推出“反诈名片”，对各级公安机关的反诈预警劝阻电话号码进行标记和来电提醒。针对部分群众身份信息被诈骗分子冒用办理电话卡等情况及银行卡查询的诉求，工业和信息化部推出全国移动电话卡“一证通查”服务，可通过线上线下多种渠道查询本人名下持有的移动电话卡数量；中国人民银行指导中国银联股份有限公司联合商业银行基于银行业统一 APP 云闪付试点“一键查卡”功能。

二是公安、金融、电信、网信部门统筹，将本行业领域在日常反电信网络诈骗工作监测识别中发现的涉诈数据、“黑样本”进行共享，积极推进电信网络诈骗样本信息数据共享。涉电信网络诈骗样本信息数据包括已被公安确认为涉电信网络诈骗的人员名单及其名下的各类卡和账号、新出现的作案方式和手段、经监测识别的具有电信网络诈骗高风险的卡或账号信息。在共享平台建设方面，中国人民银行会同工业和信息化部、国家税务总局、国家市场监督管理总局建设运行企业信息联网核查系统，为有效防范账户风险提供保障。

三是涉诈用户信息通过交叉核验的方式，对于涉诈用户关联的银行卡、电话卡和各种账户及时进行动态封堵和处置。实践中，电话卡、银行卡和各类账户、账号信息通常相互绑定，如一张电话卡可以使用电话号码注册微信等社交账号，电话号码发送短信也可以成为银行卡等核验的方式。对于涉诈的号码或者账号如果不及时进行交叉核验，可能会导致电话卡停用后，关联的微信号等依然可以被电信网络诈骗分子使用,或者出现银行卡、手机号注册人和实际使用人不一致等情况。通过交叉核验可以减少问题发生,遏制买卖、租借电话卡、银行卡、互联网账号等“黑灰产”,阻断电信网络诈骗犯罪信息流、资金流。同时,对公民正常的资金往来、信息联络等尽可能减少影响。

第 3 款是关于申诉和救济的规定。根据本款规定,依据本法第 11 条、第 12 条、第 18 条、第 22 条和本条第 2 款规定,对涉诈异常情形采取限制、暂停服务等处置措施的,应当告知处置原因、救济渠道及需要提交的资料等事项,被处置对象可以向作出决定或者采取措施的部门、单位提出申诉。作出决定的部门、单位应当建立完善申诉渠道,及时受理申诉并核查,核查通过的,应当即时解除有关措施。本款主要有以下内容:

一是关于告知义务主体和申诉部门。第 3 款是对本法第 11 条、第 12 条、第 18 条、第 22 条和本条第 2 款规定的涉诈异常情形采取处置措施的告知及申诉规定。上述采取处置措施的目的主要是识别可疑交易、涉诈高风险行为。本法第 11 条是电信业务经营者对涉诈异常电话卡用户未核验或者核验未通过采取限制、关停电话卡功能等措施;第 12 条是电信业务经营者对异常使用情形的物联网卡采取暂停服务等处置措施;第 18 条是银行业金融机构、非银行支付机构对监测识别的异常账户和可疑交易,采取延迟支付结算、限制或者中止有关业务等措施。在对公民采取限制、暂停服务等措施的同时,也要赋予相应申诉救济渠道,告知处置原因、救济渠道及需要提交的资料等事项。原则上,采取措施时要对采取措施的依据、申诉救济方式等进行告知。被处置对象可以向作出决定或者采取措施的公安机关、行业主管部门以及企业提起申诉。对于企业依据公安机关或者主管部门的决定采取措施的,被处置人如果向企业申诉,企业不得以非自行决定为由拒绝受理申诉,可以受理后转交作出决定的公安机关处理,或者告知拨打公安机关“96110”电话进行申诉处理。

二是建立完善申诉渠道,及时受理申诉并核查。根据本款规定,作出决定的部门、单位应当建立完善申诉渠道,及时受理申诉并核查。“作出决定的部门和单位”主要包括公安机关和金融、电信、互联网企业以及行业主管部门。实践中,关于采取的处置措施,有的是相关部门和单位根据企业的监测模型等技术手段自行监测识别作出的,有的是企业依据公安机关的决定而采取的,还有的是金融、电信、互联网主管部门决定,通知企业采取的。作出决定的部门、单位既要履行对涉电信网络诈骗异常情形的前端监测识别职责,也要对采取限制、暂停服务等处置措施的决定负责。受理申诉的部门和单位,要完善申诉渠道和做好申诉处理。有关部门、单位要建立完善申诉机制,畅通渠道,包括申诉的流程、处理部门、核查程序、结果处置、备案存档等。在部门、单位内部设有申诉处置部门或者由专人负责申诉处理。对申诉所涉人员及有关卡、账号等快速核查,对于通过核查的要即时解除措施,恢复被处置人的有关权限。

实践中需要注意以下几点:一是统筹技术反制与个人信息保护。在加强技术反制,提高监测识别能力过程中,要不断进行探索和创新,但不能以牺牲个人信息为代价,特别是对于人脸、个人行踪轨迹、交易账户信息等敏感信息的使用要严格遵守《个人信息保护法》的有关规定。二是本条第2款中的交叉核验仅限于涉诈用户信息,不能一般性地用于核验以外的金融、电信、互联网领域。这里的“信息”应是与核验涉诈用户相关的信息;与此无关的信息、数据和其他用户的信息,不得用于交叉核验。

第三十三条　国家推进网络身份认证公共服务建设，支持个人、企业自愿使用，电信业务经营者、银行业金融机构、非银行支付机构、互联网服务提供者对存在涉诈异常的电话卡、银行账户、支付账户、互联网账号，可以通过国家网络身份认证公共服务对用户身份重新进行核验。

【释义】　本条是关于国家推进网络身份认证公共服务建设，通过该服务对涉诈异常情形的用户身份重新进行核验的规定。

诈骗分子逃避实名制的落实义务是电信网络诈骗犯罪高发的重要原因之一。当前，电信网络诈骗犯罪高发多发，人民群众对其深恶痛绝。公安机关在打击涉诈违法犯罪的实践中发现，绝大部分犯罪分子在进行电信网络诈骗犯罪活动时，均使用非实名的卡号、账号，并以此来逃避公安机关的监管和侦查打击。此类卡号、账号的泛滥无形中助推了电信网络诈骗犯罪的高发频发态势。虽然《网络安全法》规定了网络运营者为用户办理网络接入、域名注册、电话入网或者提供信息发布、即时通信等服务，应当要求用户提供真实身份信息，但客观情况是，网络运营者核验电信网络诈骗分子真实身份的能力建设上存在短板。目前，网络运营者对用户真实身份的核验，大多是通过用户提供身份证信息或者“手机号+验证码”的方式。应当说，这对绝大多数用户来说是足够的，但也客观上为大量“实名非实人”的“黑卡”“黑号”衍生、存在提供了可乘之机。突出表现为：一是注册环节“非实名”卡号大量存在。在注册环节，不法分子故意冒用、盗用他人身份信息开卡，从而产生大量“非实名”卡号，变相成为电信网络诈骗犯罪的基础物料，增加了犯罪风险、提升了预防成本。二是使用环节，部分用户受利益驱使向他人出租、出售本人实名卡号，导致“实名非实人”卡号应运而生，“黑卡”“黑号”大量存在。大量“黑卡”“黑号”流入市场，不仅严重破坏“网络实名制”的落实，客观上还为电信网络诈骗犯罪分子提供了“犯罪工具”。三是“黑卡”“黑号”生产、流通已形成了庞大的产业链条。犯罪分子对“黑卡”“黑号”的需求，催生了代办注册、贩卖黑卡以及为干扰、破坏用户真实身份核验制度提供服务的“养号平台”“卡商平台”“打码平台”等庞大的“黑灰产”。因违法成本低、市场需求大、利润空间高，此类网络“黑灰产”滋生蔓延、愈演愈烈，已成为电信网络诈骗居高不下的顽疾。本法规定了电信业务经营者、银行业金融机构、非银行支付机构以及互联网服务提供者对监测识别存在涉诈异常的电话卡、银行账户、支付账户、互联网账号，应当重新进行实名核验，强化了上述服务提供者的实名制义务。本条为落实二次实名核验义务提供了一种可供使用的解决路径，即上述服务提供者可以通过国家网络身份认证公共服务对存在涉诈异常的用户依法进行二次实名核验。进行二次核验加大了对非实名注册的“黑卡”“黑号”等网络“黑灰产”滋生蔓延的防治力度，有利于进一步预防电信网络诈骗犯罪的高发频发。

本条共一款，可以从以下几个方面理解。一是关于国家网络身份认证公共服务的建设和作用。《个人信息保护法》第 62 条规定，支持研究开发和推广应用安全、方便的电子身份认证技术，推进网络身份认证公共服务建设。《网络安全法》第 24 条规定，支持研究开发安全、方便的电子身份认证技术，推动不同电子身份认证之间的互认。《个人信息保护法》对“网络身份认证公共服务建设”作了原则性规定，在试点基础上总结经验。国家实施网络可信身份战略，推进网络身份认证公共服务建设，统一建设网络身份认证公共服务平台。为加强电信诈骗违法犯罪源头防治和风险防范，本法重申了《个人信息保护法》的精神，个人、企业可自愿使用国家网络身份认证公共服务，在网络应用服务中进行真实身份核验。同时，本法规定电信业务经营者、银行业金融机构、非银行支付机构、互联网服务提供者，对存在涉诈异常的电话卡、银行账户、支付账户、互联网账号，可以通过国家网络身份认证公共服务对用户身份重新进行核验，进一步降低涉诈异常账号的风险，为防治电信网络诈骗提供有力支撑。为贯彻落实法律规定，目前国家正组织开展网络身份认证公共服务基础设施建设。国家网络身份认证公共服务平台由国家统一建设并由国家认可的专门机构负责运营，能够为社会公众提供以法定身份证件信息为基础的网络身份认证公共服务。公民可以通过由国家开发并运维的网络身份认证 APP，自愿申请获取网络可信身份，并使用网络可信身份进行匿名化登记公民身份信息、核验公民真实身份，一方面通过国家公共服务确保真实身份核验的真实有效；另一方面最大限度减少互联网企业采集、留存个人信息所造成的安全风险。根据本条规定，国家推进网络身份认证公共服务建设，是对《个人信息保护法》上述规定精神的重申。

二是关于使用国家网络身份认证公共服务的原则，本条规定支持个人、企业自愿使用国家网络身份认证公共服务。根据本法规定，任何个人、企业使用国家网络身份认证公共服务，进行身份核验；以及电信业务经营者、银行业金融机构、非银行支付机构、互联网服务提供者使用国家网络身份认证公共服务，对存在涉诈异常的卡号、账号重新进行用户真实身份核验，均坚持“自愿”原则。条文中“自愿使用”“可以通过”等表述，充分表明了相关主体使用国家网络身份认证公共服务的自愿性。国家网络身份认证公共服务具有公共属性和服务属性，面向社会公众统一提供服务，支持个人、企业自愿使用。同时，授权电信业务经营者、银行业金融机构、非银行支付机构、互联网服务提供者，对存在涉诈异常的电话卡、银行账户、支付账户、互联网账号,可以通过国家网络身份认证公共服务,重新核验用户身份,为落实本法规定的二次身份核验义务提供了便利途径。

三是关于可以使用国家网络身份认证公共服务重新核验身份的范围。本条将通过国家网络身份认证公共服务重新核验真实身份的范围限定为存在涉诈异常的卡号、账号。第一,实践表明,大量非实名卡号、账号的存在,导致现有通过用户身份证信息或者"手机号+验证码"的实名制核验方式存在被冒用、盗用的风险,大大减损了实名制的落实效果。第二,本条对使用国家网络身份认证公共服务二次核验用户身份的范围,严格限定为存在涉诈异常的电话卡、银行账户、支付账户、互联网账号,既突出重点,确保了犯罪预防的精准性,又降低了犯罪预防的社会成本。

实践中需要注意的是,在该条的理解适用中,需要注意以下几个方面的问题:

一是实名制和实名制的核验是两个不同的概念。法律对实名制作了规定,但对实名制的核验方式并未作硬性要求,可以由相关单位根据风险等级采取有区别的、相应的核验措施。为解决人与身份证件的同一认定问题,《居民身份证法》作了修改,增加了指纹作为登记项目。这是一种法定身份确认方式,可以通过指纹验证身份。此外也要注意,身份证、电子身份证和身份证的核验方式属于不同的范畴。

二是对于国家网络身份认证公共服务,要全面把握使用国家网络身份认证的自愿性、主动性。个人和企业必须遵循自愿使用原则,不得以推广、试点等理由变相强制,更不得以是否使用国家网络身份认证公共服务作为部门、企业考核的因素或者捆绑服务等。对于公民个人,国家网络身份认证公共服务使用的自愿性不能成为公民衣食住行等基本生活的影响因素。实践中,要考虑身份核验的必要性。如通过大数据比对等方式确认非本人交易的，可以依法采取处置措施，不能作为一项强制性义务要求客户普遍采取此类措施落实实名制。

三是严格限定国家网络身份认证公共服务的使用范围，不得扩大使用。电信业务经营者、银行业金融机构、非银行支付机构、互联网服务提供者通过国家网络身份认证公共服务对用户身份重新进行核验的情形严格限定为存在涉诈异常的电话卡、银行账户、支付账户、互联网账号。对于存在上述情形的，“可以”通过国家网络身份认证公共服务核验，也可以通过其他方式进行重新核验。

第三十四条　公安机关应当会同金融、电信、网信部门组织银行业金融机构、非银行支付机构、电信业务经营者、互联网服务提供者等建立预警劝阻系统，对预警发现的潜在被害人，根据情况及时采取相应劝阻措施。对电信网络诈骗案件应当加强追赃挽损，完善涉案资金处置制度，及时返还被害人的合法财产。对遭受重大生活困难的被害人，符合国家有关救助条件的，有关方面依照规定给予救助。

【释义】　本条是关于反电信网络诈骗工作中建立预警劝阻系统和被害人救助的规定。

电信诈骗犯罪高发多发，严重影响社会治安。2020 年全国电信网络诈骗案件已经超过 92.7 万件，造成损失达到 350 多亿元。近几年，国家有关部门采取了有力措施，在反电信网络诈骗方面取得了明显成效。但是，仅靠严厉打击难以从根本上遏制电信网络诈骗的高发多发情况。近几年电信网络诈骗案件呈现“四多”

的特点：境外诈骗多、花样手段多、违法人员多、涉及领域多，很多人因诈骗破产、自杀，还有因骗致贫和返贫的，严重影响了人民群众的生命财产安全、社会和谐稳定和国家经济安全，也影响了我们国家边境安全、国家形象和"一带一路"倡议的实施。电信网络诈骗受害人往往是老年人、青少年等社会弱势群体，他们自助、自救能力都很有限，抗风险能力较差，一旦陷入电信网络诈骗，对其生活带来的不利影响往往是颠覆性的，甚至可能带来生理、心理上不可逆转的伤害。

目前，打击治理电信网络诈骗犯罪存在的主要困难、问题有：一是电信网络诈骗防范工作基础薄弱。在技术和机制建设方面，多数地方没有建立精准有效的社区防范体系，部分地区尚未升级改造网络端拦截系统，有的地方没有建立预警劝阻工作机制。二是在电信、网络、金融等领域的风险防控方面还存在薄弱环节。三是跨部门协作、快速联动等方面还需要进一步强化，各方面打击治理工作尚未形成有效、强大的合力。

此外，市场机构主动阻断可疑交易缺少明确或直接的法律依据。人民银行规范性文件要求商业银行、支付机构对可疑交易采取暂停非柜面业务、延迟结算等阻断措施，但相关措施源于行政监管要求，市场机构在执行过程中面临投诉风险。实践中，由于被害人被诈骗分子"洗脑"操控，有时会躲避公安机关的寻找、联系，导致预警劝阻工作无法开展。因而，需要进一步建立健全预警劝阻机制。另外，实践中电信网络诈骗犯罪的挽损率与被害人报案时间关系密切。电信网络诈骗犯罪的专业洗钱速度以分钟来计算，被害人汇款汇出时间在半个小时之内报案的，挽损拦截率可以达到85%以上；超过24小时报案的，止付挽损率相对较低，平均不足20%。这需要有关方面进一步加强追赃挽损工作，依法救助被害人。

本条包含以下三个方面的内容：

(1)关于反电信网络诈骗工作中建立预警劝阻系统的规定。根据本条规定，公安机关应当会同金融、电信、网信部门组织银行业金融机构、非银行支付机构、电信业务经营者、互联网服务提供者等建立预警劝阻系统，对预警发现的潜在被害人，根据情况及时采取相应劝阻措施。当前，比较高发的电信网络诈骗案件种类主要有刷单、贷款、"杀猪盘"、冒充客服等，它们都有一定的案发周期，当被害人发现自己上当受骗时，其资金早已不知所踪，所以要加强预警劝阻工作。有关部门需要强化精准预警劝阻，积极开发精准预警、电信诈骗风险人员数据库等应用，对下发的预警数据开展研判、流转、预警、电话或劝阻。目前，工业和信息化部启用"12381"涉诈预警劝阻短信系统，联合公安机关劝阻用户近30万名。实践中，有的地方加大技术反制投入，反电信网络诈骗预警监测建模准确率在96%以上。有的公安机关网安部门充分利用技术手段和数据资源，每日对涉诈网站和移动应用软件进行网络特征回溯，组织人员研究预警反制战术战法，将相关预警信息向刑侦部门推送。同时，针对涉案金额大、人数多的"杀猪盘"、校园贷等征信信息注销、冒充公检法等案件类型，有关部门专门组织精干力量剖析，研究预警反制战术战法，起到很好的预警效果。

(2)关于加强追赃挽损的规定。根据本条规定，对电信网络诈骗案件应当加强追赃挽损，完善涉案资金处置制度，及时返还被害人的合法财产。追赃挽损是处理涉众犯罪的难点和薄弱环节，一方面电信网络诈骗案件的被害人常因电信网络诈骗分子难以抓获而无法追回损失，另一方面涉诈资金溯源难，因被害人不明而长期被冻结的涉诈资金处置问题，已经成为追赃挽损的突出问题。诈骗团伙通过多种方式混合洗钱并做多层物理隔断后，所冻结资金很难清晰划分资金归属。《刑法》第64条规定："犯罪分子违法所得的一切财物,应当予以追缴或者责令退赔;对被害人的合法财产,应当及时返还;违禁品和供犯罪所用的本人财物,应当予以没收。没收的财物和罚金,一律上缴国库,不得挪用和自行处理。”对于电信网络诈骗犯罪中追缴和退赔的违法所得,如果是被害人的合法财产,应当及时返还。实践中,对于属于被害人合法财产的,有的被司法机关作为犯罪分子的违法所得予以追缴,有的被司法机关长期占用不及时返还给被害人,使被害人的财产受到损失,合法权益得不到保护。基于这种情况,为了加强对被害人合法财产的保护,防止克扣、拖延返还被害人的财物,本条作此规定。本条中的“被害人”,是指遭受犯罪行为侵害的个人和单位。“合法财产”,是指依照法律规定属于被害人所有的动产和不动产,如被害人的财物、金钱、房屋等。根据本条规定,对于被害人的合法财产,应当及时返还。

(3)关于救助的规定。本条规定,对遭受重大生活困难的被害人,符合国家有关救助条件的,有关方面依照规定给予救助。这里的“有关方面”,指本法中相关主管部门,其根据规定对符合国家救助条件的被害人给予救助。救助包括社会救助和司法救助。《社会救助暂行办法》第 9 条规定:“国家对共同生活的家庭成员人均收入低于当地最低生活保障标准,且符合当地最低生活保障家庭财产状况规定的家庭,给予最低生活保障。”第 10 条规定:“最低生活保障标准,由省、自治区、直辖市或者设区的市级人民政府按照当地居民生活必需的费用确定、公布,并根据当地经济社会发展水平和物价变动情况适时调整。最低生活保障家庭收入状况、财产状况的认定办法,由省、自治区、直辖市或者设区的市级人民政府按照国家有关规定制定。”

此外,根据中共中央办公厅、国务院办公厅印发的《关于改革完善社会救助制度的意见》、国务院发布的《社会救助暂行办法》

等规范性文件的规定,社会救助对象主要包括下列家庭或者人员:(1)最低生活保障家庭。(2)特困供养人员。(3)受灾人员。(4)临时遇困家庭或者人员。(5)支出型贫困家庭。(6)生活无着的流浪乞讨人员。(7)需要急救,但身份不明或者无力支付费用的人员。(8)低收入家庭。(9)省、自治区、直辖市人民政府确定的其他特殊困难家庭或者人员。根据中共中央政法委员会、财政部、最高人民法院、最高人民检察院、公安部、司法部印发的《关于建立完善国家司法救助制度的意见(试行)》的规定,国家司法救助的对象包括:(1)刑事案件被害人受到犯罪侵害,致使重伤或严重残疾,因案件无法侦破造成生活困难的;或者因加害人死亡或没有赔偿能力,无法经过诉讼获得赔偿,造成生活困难的。(2)刑事案件被害人受到犯罪侵害危及生命,急需救治,无力承担医疗救治费用的。(3)刑事案件被害人受到犯罪侵害而死亡,因案件无法侦破造成依靠其收入为主要生活来源的近亲属生活困难的;或者因加害人死亡或没有赔偿能力,依靠被害人收入为主要生活来源的近亲属无法经过诉讼获得赔偿,造成生活困难的。(4)刑事案件被害人受到犯罪侵害,致使财产遭受重大损失,因案件无法侦破造成生活困难的;或者因加害人死亡或没有赔偿能力,无法经过诉讼获得赔偿,造成生活困难的。(5)举报人、证人、鉴定人因举报、作证、鉴定受到打击报复,致使人身受到伤害或财产受到重大损失,无法经过诉讼获得赔偿,造成生活困难的。(6)追索赡养费、扶养费、抚育费等,因被执行人没有履行能力,造成申请执行人生活困难的。(7)对于道路交通事故等民事侵权行为造成人身伤害,无法经过诉讼获得赔偿,造成生活困难的。(8)党委政法委和政法各单位根据实际情况,认为需要救助的其他人员。涉法涉诉信访人,其诉求具有一定合理性,但通过法律途径难以解决,且生活困难,愿意接受国家司法救助后息诉息访的,可参照执行。

实践中需要注意的是,在本条的理解适用中,根据《关于建立完善国家司法救助制度的意见(试行)》,申请国家司法救助人员,具有以下情形之一的,一般不予救助:对案件发生有重大过错的;无正当理由,拒绝配合查明犯罪事实的;故意作虚伪陈述或者伪造证据,妨害刑事诉讼的;在诉讼中主动放弃民事赔偿请求或拒绝加害责任人及其近亲属赔偿的;生活困难非案件原因所导致的;通过社会救助措施,已经得到合理补偿、救助的。对社会组织、法人,不予救助。国家司法救助以支付救助金为主要方式;同时,与思想疏导、宣传教育相结合,与法律援助、诉讼救济相配套,与其他社会救助相衔接。

第三十五条　经国务院反电信网络诈骗工作机制决定或者批准,公安、金融、电信等部门对电信网络诈骗活动严重的特定地区,可以依照国家有关规定采取必要的临时风险防范措施。

【释义】　本条是关于反电信网络诈骗工作特定风险防范措施的规定。

随着社会信息化进程加快,网上违法犯罪发展蔓延势态加剧,网络诈骗、网络赌博、“套路贷”等非接触性网络违法犯罪急剧上升。当前电信网络诈骗违法犯罪还处于高发、多发阶段,特别是在常态化疫情防控条件下,电信网络诈骗犯罪明显上升。据人民网报道,2015 年以来,国务院打击治理电信网络新型违法犯罪工作部际联席会议 23 个成员单位由公安部牵头,深入推进打击治理电信诈骗专项行动,取得显著成效。在中央曾点名挂牌整治的 18 个电信诈骗重点地区,河北省丰宁县、江西省余干县等已摘牌。实践中,因信息技术的发展,诈骗手段也在不断迭代更新。2020年发现的新型诈骗手法有300余种,其隐蔽性、迷惑性强。新的诈骗手法随着新技术、新应用、新业态的出现而产生,并不断演变升级。60%以上的诈骗都是通过不法分子制作的手机应用软件(APP)实施。新的诈骗手法如网络交友投资诈骗、网络贷款诈骗、网络刷单诈骗、网络购物诈骗成为最主要的诈骗类型,发案量合计占70%以上。互联网诈骗形势严峻,发案量持续上升。电话诈骗向网络诈骗转移,从传统的拨打电话、发送短信向网络发展,网络诈骗占比迅速提升,目前已达85%以上。其中,85%以上是通过QQ、微信实施,30%以上通过支付宝转移赃款。诈骗分子利用人工智能、智能群呼设备等新技术新设备,躲避拦截封堵。猫池(一种多用户拨号连接设备)、GOIP(一种虚拟拨号设备)等技术工具被犯罪分子大量运用,利用呼叫转移等新手法逃避系统监测的对抗持续不断。其他新型违法犯罪工具和作案平台也层出不穷,如多卡宝、跑分平台、VPN跳转服务、虚拟货币等被大量应用。诈骗黑灰产业链更加专业。各类"黑灰产"日益泛滥,形成上下游连接紧密的多层级产业链。"黑市"上存在各类黑灰产业,涉及非法获取个人信息,批量开办贩卖手机卡、银行卡和网络账号,制造销售智能群呼设备和"伪基站",开发诈骗APP;新型洗钱通道不断涌现等,专业化和产业化特征明显,犯罪分子可以根据需求进行采购、组装,金主和实际控制人隐藏在幕后甚至境外,很难同时实施全链条一体化打击。此外,电信网络诈骗犯罪有一定的地域特征,对电信网络诈骗犯罪活动严重的地区,可以针对上述电信网络诈骗犯罪相关的技术、资金等环节采取必要的临时风险防范措施。

本条包含以下三个方面的内容:

(1)采取特定风险防范措施,要经国务院反电信网络诈骗工作机制决定或者批准。实践中，反电信网络诈骗工作需要实行跨部门、跨地区的信息收集、分析和研判等工作，建立科学、高效的工作体制和机制。通过设立国务院反电信网络诈骗工作机制，依照有关申请或者根据实际情况决定对电信网络诈骗活动严重的特定地区，采取必要的临时风险防范措施，对于打击电信网络诈骗活动是必要的。但特定的风险防范措施多涉及公民的通信自由等基本权利，不能由地方自己决定，这有利于保证采取此类措施的标准、尺度的统一。

（2）特定的风险防范措施针对的是电信网络诈骗活动严重的特定地区。特定地区是指电信网络诈骗活动高发、多发地区，其犯罪活动呈现地域性、家族性等特征。实践中，缅北窝点作案占全国发案的1/3以上，高峰时期超过50%。网络贷款、刷单、冒充客服、"杀猪盘"4类高发案件诈骗窝点的70%集中在缅北。目前，全国电信网络诈骗案件日均损失过亿元，50%流入缅北诈骗集团。有关部门在做好防范境外疫情工作的前提下，需要继续加强对西双版纳、普洱、德宏、临沧4个边境接壤州（市）的治理，筑牢国家西南安全稳定屏障。此外，国内电信网络诈骗案件多发于浙江、江苏、广东、河南、四川、湖南等省份的个别地区。有关省份和地区要不断总结涉诈信息、活动的规律特点，不断加强治理能力，做到精准反制。

（3）采取特定的风险防范措施要依照国家有关规定。拟采取风险防范措施的具体方式，因涉及地域、对象、审批程序等，要有相应的国家相关规定的依据，即要"依照国家有关规定"采取此类措施方式。国家有关规定，是指国家法律、行政法规、部门规章等关于此类措施的相应规定。实践中，可以在一定时期内采取降G、关闭基站、断网等通信、互联网管控，限制自动取款机具、现金出入境等金融风险管控,以及边境管控等特定风险防范措施。目前,有的地区加强资金流管控,在重点边境地区增加限制取款次数、ATM 取款人脸识别、暂停跨行取款服务、暂停重点边境州市 ATM 取款功能。此处的风险防范措施是临时性措施,这里的“临时”风险防范措施体现的是此类措施的时效性,不能成为或者变相成为长期采用的防范措施。本条的“必要的”,主要是指所采取的风险防范措施要与相应的电信网络诈骗风险程度相适应,注意防范措施的精准性。“必要的临时”风险防范措施即体现了对特定地区打击、惩治电信网络诈骗要有相应的技术措施,尤其体现这种措施要限制在适当的范围内,有关反电信网络诈骗工作应当依法进行,尊重和保障人权。

实践中需要注意的是,各部门和地区应当坚持法治思维,统筹发展和安全。对电信网络诈骗活动严重的特定地区采取必要的临时风险防范措施应当依法进行,维护公民和组织的合法权益。从执法角度来说,有关部门应当严格依照本法和其他法律法规的规定,依法开展各种反电信网络诈骗工作。严格按照过罚相当原则,根据地区实际情况开展工作。我们依法打击治理电信网络诈骗犯罪,要始终高度重视精准性问题,依法保护公民和组织的合法权益,防止由于采取“一刀切”等方式对市场服务、公民生活可能带来的不利影响。既要充分赋予有关部门执法和管理手段、落实企业社会责任,也要防止不必要的,或者成本过大、收益很小的措施,切实维护人民群众人身、财产安全。在反电信网络诈骗工作中,有关部门既要依法采取必要的临时风险防范措施,有效防范和制止电信网络诈骗活动,也要树立尊重和保障人权的意识,防止发生损害公民和组织合法权益的情况。

第三十六条　对前往电信网络诈骗活动严重地区的人员，出境活动存在重大涉电信网络诈骗活动嫌疑的，移民管理机构可以决定不准其出境。

因从事电信网络诈骗活动受过刑事处罚的人员，设区的市级以上公安机关可以根据犯罪情况和预防再犯罪的需要，决定自处罚完毕之日起六个月至三年以内不准其出境，并通知移民管理机构执行。

【释义】　本条是关于反电信网络诈骗工作限制出境措施的规定。

电信网络诈骗犯罪黑灰产业链条复杂，犯罪活动系统化、集成化，犯罪分子充分利用信息网络技术的特点，钻营有关行业管理的弱点，与各类上下游黑灰产业及人员形成了分工合作，实现了跨部门、跨行业、跨地域协作犯罪。2020年，电信网络诈骗的警情占全部刑事警情的46%，其中，境外占比高。目前境外窝点作案占全部案件的67.5%。在跨境作案中，缅北地区诈骗窝点占全部境外作案窝点的68%。目前，有关对重点人员和地区出入境的限制等存在薄弱环节，这其中包括对人员流的治理。总之，只有对电信网络诈骗犯罪相关的技术链、人员链等环节采取必要的措施，才能从根本上遏制电信网络诈骗犯罪。

本条共分两款。

第1款是关于对前往电信网络诈骗活动严重地区的人员，出境活动存在重大涉电信网络诈骗活动嫌疑的人员限制出境的规定。本款可从以下两个方面加以理解：（1）本款主要针对涉嫌出境从事电信网络诈骗犯罪人员等及时采取出入境管控措施，配合反电信网络诈骗工作的其他技术措施等，阻断境内境外勾连的

"人员链",多渠道联动防范危害结果的发生。通过对疑似涉诈人员询问情况、查验劳务派遣合同真伪、与相关劳务派遣公司核实等手段查控拦截,能够有效实现严防出境作案。电信网络诈骗活动严重地区,是指诈骗高发、多发的高危地区,一定程度上呈现地域性的特征。"存在重大涉电信网络诈骗活动嫌疑",是指有关人员的行为具有涉电信网络诈骗活动的规律特点,应根据实践综合研判。(2)关于决定程序。根据本款规定,决定不准出境的主体是移民管理机构。

第2款是对从事电信网络诈骗活动受过刑事处罚的人员限制出境的规定。本款可从以下三个方面加以理解:(1)本款针对因从事电信网络诈骗活动受过刑事处罚的人员。对涉电信网络诈骗前科人员,根据犯罪情况和预防再犯罪的需要,调查清楚其目前工作生活情况、现实表现,依据其涉案金额等犯罪情节综合研判,作出对其限制出境的决定。(2)关于决定程序。根据本款规定,决定不准出境的主体为设区的市级以上公安机关。此处通过适当提高不准出境决定主体层级,加大对公民出境权利的保障。公安机关决定后,通知移民管理机构。(3)对不予签发出境证件的时限,本条规定了最低年限和最高年限,即最短6个月、最长3年的限制。《出境入境管理法》第75条规定:"中国公民出境后非法前往其他国家或者地区被遣返的,出入境边防检查机关应当收缴其出境入境证件,出境入境证件签发机关自其被遣返之日起六个月至三年以内不予签发出境入境证件。"如某人因从事电信网络诈骗活动受到刑事处罚,在6个月之内是可以不允许给其签发出境证件的;在6个月之后,设区的市级以上公安机关可以根据情况,决定是否准予其出境,由出境入境管理机关给其签发出境证件;3年以后,出境签发机关就不能再以该事由拒绝为其签发出境证件。

此外,要准确理解“出境”,先要理解好本条名称中“境”的含义和范围。本条名称中的“境”,指的是“国境”和“边境”。实践中,我国内地(大陆)居民往返于港、澳、台地区,以及香港特别行政区同胞、澳门特别行政区同胞往返于内地和台湾地区同胞往返于大陆之间,都是按照出入境进行管理。由此,出境是指由我国前往其他国家,由我国内地前往香港特别行政区、澳门特别行政区,由我国大陆前往我国台湾地区。

有关出境的规定,《出境入境管理法》第 12 条规定:“中国公民有下列情形之一的,不准出境:(一)未持有效出境入境证件或者拒绝、逃避接受边防检查的;(二)被判处刑罚尚未执行完毕或者属于刑事案件被告人、犯罪嫌疑人的;(三)有未了结的民事案件,人民法院决定不准出境的;(四)因妨害国(边)境管理受到刑事处罚或者因非法出境、非法居留、非法就业被其他国家或者地区遣返,未满不准出境规定年限的;(五)可能危害国家安全和利益,国务院有关主管部门决定不准出境的;(六)法律、行政法规规定不准出境的其他情形。”出境是公民的一项权利,《世界人权宣言》与《公民权利和政治权利国际公约》将出境自由作为公民的一项基本权利,但同时也规定,此项权利可以在出于维护国家安全、公共秩序、公共卫生或风俗教化以及他人权利与自由的需要时,由法律进行限制。世界上许多国家和地区都制定了相关制度,在特定情况下限制本国或本地区人员出境。公民不准出境制度的核心问题是,处理好出入境管理中国家或地区利益和公民权利的管辖。不准本国公民出境制度,主要是出于维护国家安全、公共秩序、公共卫生或他人权利的需要,限制具有法定情形的公民出境。1985 年发布的《公民出境入境管理法》第 8 条规定了 5 种不准出境的情形,第9条规定了3种有权阻止出境并依法处理的情形。1995年发布的《出境入境边防检查条例》第8条又规定了8种边防检查站有权阻止出境、入境的情形。《中国公民因私事往来香港地区或者澳门地区的暂行管理办法》《中国公民往来台湾地区管理办法》中也规定了一些不予批准出境申请的情形。由于“不准出境”与“阻止出境”是公民出境管理中具有衔接关系的两个环节并且紧密相连,因此,本法所指的“不准出境”包含了“阻止出境”的含义,我们不再对两个概念加以区分。当公民具有本法不准出境的情形时,有关主管机关有权阻止其出境,或对其证件予以扣留或收回。

实践中需要注意的是:(1)对涉诈重点人员限制出境工作应贯彻尊重和保障人权的要求,对前往电信网络诈骗活动严重地区的人员或出境活动存在重大涉电信网络诈骗活动嫌疑的进行严格审查,避免影响居民的正常工作生活的出入境需求。对该类人员,应核清其基本信息、前科案情、可能出境从事涉电信网络诈骗活动具体嫌疑、目前工作生活情况、现实表现等情况,根据其犯罪情况和预防再犯罪的需要综合研判。(2)本法第48条规定,对此行政强制措施可以提起行政复议、行政诉讼的救济措施。这就要求,行政处罚和行政强制措施在具体执行中,既要符合本法的具体规定,也要符合《行政处罚法》和《行政强制法》的相应规定。如《行政处罚法》规定的行政处罚遵循公正、公开原则,行政处罚由具有行政处罚权的行政机关在法定职权范围内实施等。《行政强制法》规定的行政强制的实施应当适当;采用非强制手段可以达到行政管理目的的,不得实施行政强制;应当坚持教育与强制相结合等。上述法律中还规定,公民、法人或者其他组织对行政机关所给予的行政处罚、实施的行政强制,享有陈述权、申辩权。本法第 48 条中“依法申请行政复议或者提起行政诉讼”，是指有关单位和个人可以按照《行政复议法》《行政诉讼法》规定的条件和程序申请行政复议、提起行政诉讼。行政复议，是指公民、法人或者其他组织不服行政机关的处罚决定、认为侵犯其合法权益的，在一定期限内，依法向行政复议机关提出行政复议申请，接受申请的行政复议机关根据提出的申请，按照法律、法规的规定对原具体行政行为的合法性和适当性进行复查，在规定的时限内作出维持、变更或者撤销原具体行政行为的决定。《行政复议法》第 9 条规定：“公民、法人或者其他组织认为具体行政行为侵犯其合法权益的，可以自知道该具体行政行为之日起六十日内提出行政复议申请；但是法律规定的申请期限超过六十日的除外。因不可抗力或者其他正当理由耽误法定申请期限的，申请期限自障碍消除之日起继续计算。”

当事人可以依法申请行政复议或者提起行政诉讼，但复议和诉讼期间，除《行政复议法》《行政诉讼法》规定的例外情况外，处罚等决定一般不停止执行。这样做的原因如下：一方面，当事人有权申请复议和提起诉讼，便于当事人行使自己的权利，如果有关部门认定事实不清或者适用法律不当，使当事人受到不应有的处罚或者行政强制，可以得到及时的纠正和补救，有效地保护当事人的合法权益不受侵犯，同时对公安机关等相关部门也是一种监督和制约；另一方面，又体现了有关部门处罚决定和行政强制决定的严肃性和权威性，保证有关部门依法履行职责，及时追究违法者的法律责任。

第三十七条 国务院公安部门等会同外交部门加强国际执法司法合作，与有关国家、地区、国际组织建立有效合作机制，通过开展国际警务合作等方式，提升在信息交流、调查取证、侦查抓捕、追赃挽损等方面的合作水平，有效打击遏制跨境电信网络诈骗活动。

【释义】 本条是关于反电信网络诈骗工作开展国际合作的规定。

随着我国国际地位日益提高，对外交往日益频繁，我国缔结和参加了许多有惩治犯罪行为规定的国际条约。加强国际执法司法合作，有利于加强国际合作打击跨国犯罪，形成强大的工作合力。因网络犯罪的特点是跨行业、跨国境，传统的“分业管理、属地管辖”的监管模式难以有效应对。境内外犯罪分子越来越多使用新技术、新应用实施犯罪，具有较高的反侦查能力。当前，许多电信网络诈骗犯罪呈现国际化的特点，借助信息网络，其组织、策划、实施往往在不同国家进行；参与电信网络诈骗活动的组织和人员，有相当一部分受到境外电信网络诈骗组织的影响，甚至在境外接受电信网络诈骗的训练和任务。如缅北地区的违法犯罪从“犯罪团伙”向“犯罪集团”转型；在其整个诈骗链条中，内部有专人负责招募实施电信网络诈骗的团伙成员，有专人负责日常管理和对外联系，并设有培训、管理、保障、护卫等岗位，管理层级清晰。加强国际执法司法合作，是防范和打击电信网络诈骗活动，维护我国国家安全、公共安全和人民群众生命财产安全的必要措施。本条对反电信网络诈骗工作开展国际合作作了规定。我国《刑事诉讼法》《民事诉讼法》《引渡法》《反洗钱法》等有关我国与外国开展司法协助、执法安全合作的法律,也都有类似的规定。

党的十八届四中全会强调,要“加强涉外法律工作。深化司法领域国际合作,完善我国司法协助体制,扩大国际司法协助覆盖面”。共同打击跨国电信网络诈骗犯罪,已经成为我国与有关国家开展交流合作的重要领域。有效惩治电信网络诈骗跨国犯罪离不开国家间的紧密合作,通过法律手段加强国际合作,有利于打击电信网络诈骗跨国犯罪,有利于反电信网络诈骗犯罪国际合作的开展。

本条规定了以下两点内容。

(1)本条是我国开展反电信网络诈骗工作国际合作的原则性规定,明确了我国可以与其他国家、地区、国际组织开展反电信网络诈骗合作。合作的对象是其他国家、地区、国际组织,一般是国家或者地区相应级别的政府及其主管部门。合作的内容包括信息交流、执法司法合作、刑事司法协助、引渡等。开展反电信网络诈骗工作国际合作的主体是国务院公安部门、外交部门、中国人民银行等有关部门。实践中,由什么部门实施,应当根据合作的具体内容来确定。规定国务院公安部门等会同外交部门加强国际执法司法合作,与有关国家和地区建立有效合作机制,对于防范和打击国内外涉电信网络诈骗犯罪团伙相互勾结实施犯罪活动具有重要意义,也是我国履行国际责任和义务的重要方面。开展国际执法司法合作的方式具有多样性和全面性,可以根据双边或者多边条约进行合作,也可以按照平等互惠原则开展合作。

(2)关于开展跨境反电信网络诈骗犯罪警务合作的规定。由于存在跨国、跨境犯罪,犯罪嫌疑人、被告人外逃,在境外犯罪或者犯罪地涉及外国或地区,证据在外国或地区等各种因素,以及司法主权方面的原因,实践中无法到外国或地区开展诉讼,追究跨国、跨境犯罪嫌疑人、被告人的责任。目前，世界上许多国家签订双边国际司法协助条约，有的还为专项目的而签订条约，如“移管被判刑人条约”等。从各国司法实践情况来看，国际执法司法合作已经成为有效惩治犯罪、保护个人和组织的合法权益，维护国家利益和社会秩序的一种重要手段，使犯罪分子的犯罪行为不因国家在地域管辖上的限制而逃脱法网，对维护国际社会的共同利益具有很重要的作用。我国国务院公安部门等会同外交部门加强跨境反电信网络诈骗犯罪警务合作，推动与有关国家、地区、国际组织建立机制。加强警务合作，有利于提高打击跨境反电信网络诈骗犯罪工作的灵活性和主动性，提升在信息交流、调查取证、侦查抓捕、追赃挽损等方面的合作水平，及时防范打击电信网络诈骗活动，是针对电信网络诈骗活动特点等进行国际反电信网络诈骗合作的有效方式。

开展反电信网络诈骗工作国际合作，不仅我国司法执法有与外国开展合作的实际需求，外国也有与我国开展反电信网络诈骗工作国际合作的实际需求。打击跨境电信网络诈骗工作还需要考虑我国的外交策略，综合考虑外交因素。本条有利于保障开展反电信网络诈骗工作国际合作的正常进行。开展反电信网络诈骗工作国际合作，从广义上来说，可以通过引渡将犯罪嫌疑人、被告人引渡回国进行追诉，从本法意义上来说，可以通过外国执法司法合作开展诉讼，有效惩治犯罪。在国际执法司法合作过程中，要保护个人和组织的合法权益，维护国家利益和社会秩序。国际执法司法合作涉及的范围很广，在提出、接受、办理国际执法司法合作时，往往不仅涉及案件的处理，也涉及当事人各方面的权利，对外联系机关和主管机关在办理过程中，需要注意保护国际执法司法合作事项涉及的人员的合法权益。同时，国际执法司法合作可能影响国际关系，有的合作事项涉及涉案财产处置等问题,有的合作事项可能在社会上造成很大影响。因此,在国际执法司法合作中,需要注意处理好各方面的关系,既要有利于惩治电信网络诈骗犯罪,也要注意依法保护个人和组织的合法权益,维护国家利益和社会秩序。

第六章　法律责任

第三十八条　组织、策划、实施、参与电信网络诈骗活动或者为电信网络诈骗活动提供帮助，构成犯罪的，依法追究刑事责任。

前款行为尚不构成犯罪的，由公安机关处十日以上十五日以下拘留；没收违法所得，处违法所得一倍以上十倍以下罚款，没有违法所得或者违法所得不足一万元的，处十万元以下罚款。

【释义】　本条是关于组织、策划、实施、参与电信网络诈骗活动以及为其提供帮助，构成犯罪的，依法追究刑事责任；尚不构成犯罪的，给予治安管理处罚的规定。

近年来，电信网络诈骗犯罪活动形势严峻，在刑事犯罪案件中占据很大的比重，严重危害人民群众利益和社会和谐稳定。犯罪分子利用新型电信网络技术手段，钻管理上的漏洞，利用非法获取个人信息、网络黑灰产业交易等实施精准诈骗，组织化、链条化运作，跨境跨地域实施电信网络诈骗，严重危害人民群众获得感、幸福感、安全感。电信网络诈骗犯罪已经成为当前发案最高、损失最大、群众反响最强烈的突出犯罪，对于组织、策划、实施、参与电信网络诈骗活动，以及为电信网络诈骗活动提供帮助的，应当依法追究法律责任，对构成犯罪的，依法追究刑事责任。本条有关规定与《刑法》衔接，对于组织、策划、实施、参与电信网络诈骗活动及为其提供帮助的，明确规定追究刑事责任，是贯彻落实党中央决策部署的重要举措，是坚持依法治国的重要内容，体现了国家坚决打击遏制电信网络诈骗犯罪的决心。

作为一种快速发展的新型网络犯罪，电信网络诈骗已经呈现团伙化、产业化的态势。电信网络诈骗犯罪链条复杂隐蔽，从电信网络诈骗的策划准备、信息攫取、平台搭建、实施活动到资金转移等一系列环节，并非所有参与人员及帮助行为都能构成犯罪，对于部分情节显著轻微、尚不构成犯罪的，不追究刑事责任。但是，考虑到上述行为的社会危险性，如果完全放任不管，不利于打击电信网络诈骗违法犯罪；没有及时、必要的教育和惩戒，也不利于行为人认识并改正错误，这些人也可能走上实施严重犯罪的道路。为此，本条第2款规定，对组织、策划、实施、参与电信网络诈骗以及提供帮助，尚不构成犯罪的，应当依法给予治安管理处罚。

本条共分两款。第1款是关于组织、策划、实施、参与电信网络诈骗活动以及为其提供帮助，构成犯罪的，依法追究刑事责任的规定。

根据本法第2条的规定，电信网络诈骗，是指以非法占有为目的，利用电信网络技术手段，通过远程、非接触等方式，诈骗公私财物的行为。所谓"组织"，是指电信网络诈骗活动的组织者、领导者、首要分子所进行的纠集行为。行为人在组织过程中采取的手段具有多样性，包括招募、雇用、强迫、威胁、勾引、收买等多种手段，既包括将本来就有意愿从事电信网络诈骗的人员纠合起来，也包括采用威逼利诱等手段聚集人员实施电信网络诈骗活动的行为。所谓"策划"，是指对如何实施电信网络诈骗活动进行谋划的行为，如制定实施电信网络诈骗犯罪行动计划、方案，确定电信网络诈骗集团的内部分工和具体诈骗流程等。所谓"实施"，就是实际着手实施电信网络诈骗，主要是通过信息网络以虚构事实或者隐瞒真相的手段实施的诈骗行为。所谓“参与”,主要是指参与实施电信网络诈骗活动的行为。所谓“提供帮助”,是指为实施某一电信网络诈骗活动提供的一般帮助行为,通常情况下作为共同犯罪中的帮助犯,在交通、住处、费用结算、招募人员等方面提供支持。

组织、策划、实施、参与电信网络诈骗活动的,可能触犯多个刑法罪名,其中,涉及的最主要的罪名就是诈骗罪。根据《刑法》第266条的规定,诈骗公私财物,数额较大的,处3年以下有期徒刑、拘役或者管制,并处或者单处罚金;数额巨大或者有其他严重情节的,处3年以上10年以下有期徒刑,并处罚金;数额特别巨大或者有其他特别严重情节的,处10年以上有期徒刑或者无期徒刑,并处罚金或者没收财产。根据《最高人民法院、最高人民检察院关于办理诈骗刑事案件具体应用法律若干问题的解释》(法释〔2011〕7号)第2条第1款的规定,诈骗公私财物达到规定的数额标准,具有利用互联网等发布虚假信息、对不特定多数人实施诈骗的情形的,可以依照《刑法》第266条的规定酌情从严惩处。根据《最高人民法院、最高人民检察院、公安部关于办理电信网络诈骗等刑事案件适用法律若干问题的意见》(法发〔2016〕32号)的规定,利用电信网络技术手段实施诈骗,诈骗公私财物价值3000元以上、3万元以上、50万元以上的,应当分别认定为《刑法》第266条规定的“数额较大”“数额巨大”“数额特别巨大”。

《刑法》第266条主要是针对广泛的诈骗活动作出的具有普适性的定罪量刑标准。而随着互联网和信息化的发展,电信网络诈骗犯罪作为一种高发的新型诈骗犯罪,其作案手段变化快、迷惑性强、防范难度大,有组织犯罪特征明显,社会危害严重,在司法裁量和刑事政策上需要作出相应调整。因此,《最高人民法院、最高人民检察院、公安部关于办理电信网络诈骗等刑事案件适用法律若干问题的意见》(法发〔2016〕32 号)规定,“实施电信网络诈骗犯罪,达到相应数额标准,具有下列情形之一的,酌情从重处罚:1. 造成被害人或其近亲属自杀、死亡或者精神失常等严重后果的;2. 冒充司法机关等国家机关工作人员实施诈骗的;3. 组织、指挥电信网络诈骗犯罪团伙的;4. 在境外实施电信网络诈骗的;5. 曾因电信网络诈骗犯罪受过刑事处罚或者二年内曾因电信网络诈骗受过行政处罚的;6. 诈骗残疾人、老年人、未成年人、在校学生、丧失劳动能力人的财物,或者诈骗重病患者及其亲属财物的;7. 诈骗救灾、抢险、防汛、优抚、扶贫、移民、救济、医疗等款物的;8. 以赈灾、募捐等社会公益、慈善名义实施诈骗的;9. 利用电话追呼系统等技术手段严重干扰公安机关等部门工作的;10. 利用‘钓鱼网站’链接、‘木马’程序链接、网络渗透等隐蔽技术手段实施诈骗的”。实施电信网络诈骗犯罪,诈骗数额接近“数额巨大”“数额特别巨大”的标准,具有前述 10 种从重情形之一的,应当分别认定为《刑法》第 266 条规定的“其他严重情节”“其他特别严重情节”。

在刑罚适用和执行过程中,《最高人民法院、最高人民检察院、公安部关于办理电信网络诈骗等刑事案件适用法律若干问题的意见》规定,对实施电信网络诈骗犯罪的被告人裁量刑罚,在确定量刑起点、基准刑时,一般应就高选择。确定宣告刑时,应当综合全案事实情节,准确把握从重、从轻量刑情节的调节幅度,保证罪责刑相适应。对实施电信网络诈骗犯罪的被告人,应当严格控制适用缓刑的范围,严格掌握适用缓刑的条件,并注重依法适用财产刑,加大经济上的惩罚力度,最大限度剥夺被告人再犯的能力。

除此之外,从事电信网络诈骗活动还可能涉及大量的关联犯罪。《最高人民法院、最高人民检察院、公安部关于办理电信网络诈骗等刑事案件适用法律若干问题的意见》规定:(1)在实施电信网络诈骗活动中,非法使用“伪基站”“黑广播”,干扰无线电通讯秩序,符合《刑法》第 288 条规定的,以扰乱无线电通讯管理秩序罪追究刑事责任。同时构成诈骗罪的,依照处罚较重的规定定罪处罚。(2)违反国家有关规定,向他人出售或者提供公民个人信息,窃取或者以其他方法非法获取公民个人信息,符合《刑法》第 253 条之一规定的,以侵犯公民个人信息罪追究刑事责任。使用非法获取的公民个人信息,实施电信网络诈骗犯罪行为,构成数罪的,应当依法予以并罚。(3)冒充国家机关工作人员实施电信网络诈骗犯罪,同时构成诈骗罪和招摇撞骗罪的,依照处罚较重的规定定罪处罚。(4)非法持有他人信用卡,没有证据证明从事电信网络诈骗犯罪活动,符合《刑法》第 177 条之一第 1 款第 2 项规定的,以妨害信用卡管理罪追究刑事责任。(5)明知是电信网络诈骗犯罪所得及其产生的收益,以各种方式予以转账、套现、取现的,依照《刑法》第 312 条第 1 款的规定,以掩饰、隐瞒犯罪所得、犯罪所得收益罪追究刑事责任。但有证据证明确实不知道的除外;实施上述行为,事前通谋的,以共同犯罪论处;实施上述行为,电信网络诈骗犯罪嫌疑人尚未到案或案件尚未依法裁判,但现有证据足以证明该犯罪行为确实存在的,不影响掩饰、隐瞒犯罪所得、犯罪所得收益罪的认定;实施上述行为,同时构成其他犯罪的,依照处罚较重的规定定罪处罚。法律和司法解释另有规定的除外。(6)实施《刑法》第 287 条之一、第 287 条之二规定之行为,构成非法利用信息网络罪、帮助信息网络犯罪活动罪,同时构成诈骗罪的,依照处罚较重的规定定罪处罚。

第 2 款是关于对组织、策划、实施、参与实施电信网络诈骗活动及为其提供帮助,但尚不构成犯罪的,依法给予治安管理处罚的规定。“尚不构成犯罪的”在实践中一般作如下掌握:(1)根据

《刑法》的规定，犯罪情节显著轻微，尚不构成犯罪的。如教唆、诱骗他人从事电信网络诈骗活动的，诈骗时间短、违法所得较少的，或者提供信息、物资、劳务、场所等支持帮助情节较轻的。(2)根据刑事政策，认定情节显著轻微，不作为犯罪论处的。实践中，对于电信网络诈骗犯罪集团、犯罪团伙中的一般参加者、从犯等，特别是其中参与时间相对较短、诈骗数额相对较低或者从事辅助性工作并领取少量报酬，以及初犯、偶犯、未成年人、在校学生等，应当综合考虑其在共同犯罪中的地位作用、社会危害程度、主观恶性、人身危险性、认罪悔罪表现等情节，依法从轻、减轻处罚。犯罪情节轻微的，可以依法不起诉或者免予刑事处罚；情节显著轻微危害不大的，不以犯罪论处。

对本条第 1 款行为尚不构成犯罪的，依照第 2 款规定，由公安机关处 10 日以上 15 日以下拘留；没收违法所得，处违法所得 1 倍以上 10 倍以下罚款，没有违法所得或者违法所得不足 1 万元的，处 10 万元以下罚款。需要说明的是，本款特别作出“违法所得不足一万元”的，直接适用“处十万元以下罚款”的规定。这样规定，就避免了轻微违法所得所受财产处罚比没有违法所得还要轻的“倒挂”情形，如仅有 5000 元违法所得，如果按照本款中“一倍以上十倍以下罚款”的规定，最高只能处 5 万元罚款，而没有违法所得的，最高可以处 10 万元罚款。因此，本款将“违法所得不足一万元”的，与“没有违法所得”一同适用“处十万元以下罚款”的处罚标准。

在该条的理解适用中，应当注意打击治理新形势下电信网络诈骗犯罪的现实需要。当前，电信网络诈骗犯罪呈现明显的团伙化、链条化的特征。电信网络诈骗团伙往往涉案人员较多，各层级人员皆有，地位作用各不相同。围绕电信网络诈骗犯罪，已经形成一条上、中、下游紧密分工、密切关联的黑灰产业链。对于不同层级、不同环节的涉案人员，应当在整个犯罪团伙、犯罪链条中全面甄别和评估其层级地位及作用大小，结合犯罪嫌疑人的认罪态度、悔罪表现、退赃退赔等情况，准确认定刑事责任，做到罪责刑相适应。

同时，应注意贯彻落实宽严相济刑事政策。对电信网络诈骗犯罪集团、犯罪团伙的组织者、策划者、指挥者和骨干分子，以及利用未成年人、在校学生、老年人、残疾人实施电信网络诈骗的，依法从严惩处；对司法实践中反映比较突出的“三低”（低龄、低学历、低收入）涉案人员，尤其是未成年人、在校学生等特殊群体，需要综合主客观各方面因素，充分适用认罪认罚从宽制度，依法审慎作出司法决定。

第三十九条　电信业务经营者违反本法规定，有下列情形之一的，由有关主管部门责令改正，情节较轻的，给予警告、通报批评，或者处五万元以上五十万元以下罚款；情节严重的，处五十万元以上五百万元以下罚款，并可以由有关主管部门责令暂停相关业务、停业整顿、吊销相关业务许可证或者吊销营业执照，对其直接负责的主管人员和其他直接责任人员，处一万元以上二十万元以下罚款：

（一）未落实国家有关规定确定的反电信网络诈骗内部控制机制的；

（二）未履行电话卡、物联网卡实名制登记职责的；

（三）未履行对电话卡、物联网卡的监测识别、监测预警和相关处置职责的；

(四)未对物联网卡用户进行风险评估,或者未限定物联网卡的开通功能、使用场景和适用设备的;

(五)未采取措施对改号电话、虚假主叫或者具有相应功能的非法设备进行监测处置的。

【释义】 本条是关于电信业务经营者具有相关情形,违反本法对其设置的相关义务和要求,由有关主管部门予以处罚的规定。

在反电信网络诈骗工作中,电信业务经营者应当承担本法规定的相关义务和要求。对于未履行法律规定的相关义务和要求的,需要承担法律责任。本条通过明确规定电信业务经营者的法律责任,推动电信业务经营者主动履职,勤勉尽责,在电信环节有效阻断电信网络诈骗,同时赋予监管部门执法监督的法律依据。

本条规定了电信业务经营者违反本法规定的相关情形应当承担相应的法律责任。根据本条规定,法律责任主要分为两个档次。

一是电信业务经营者出现本条列举的情形,一般性违反本法规定,由有关主管部门责令改正,情节较轻的,给予警告、通报批评或者罚款。这里的"有关主管部门",主要是电信业务经营者的行业主管部门,如工业和信息化部门等。

这里的"情节较轻",是指电信业务经营者违反反电信网络诈骗法律法规相关行为的违法性程度尚属轻微,并不严重,如未履行相关义务的时间不长、造成的危害和影响尚可限可控、积极主动采取措施整改较大程度弥补了漏洞等。是否属于"情节较轻",可以由有关主管部门根据事实情况综合判断。

在该档次法律责任中,有关主管部门首先要对电信业务经营者的具体违法行为“责令改正”，电信业务经营者应根据主管部门的要求和时限，对照《反电信网络诈骗法》等相关规定进行整改。此外，有关主管部门还可以给予“警告、通报批评，或者处五万元以上五十万元以下罚款”。

这里的“警告、通报批评”属于名誉罚，由有关主管行政机关向违法的电信业务经营者发出警诫，申明其有违法行为，通过名誉、信誉、荣誉等施加市场和社会影响，促使其不再违法。具体而言，这里的“警告”，是指有关主管部门对有违反本法规定的电信业务经营者提出告诫，使其认识自身存在违法行为并进行改正的一种处罚。警告属于行政处罚中最轻的一种处罚，适合较为轻微的违法行为，是可以当场作出的。

“通报批评”，是指有关主管部门对有违反本法规定的电信业务经营者在一定范围内通过书面批评加以谴责和告诫，指出其违法行为，避免其再犯。通报批评是面向一定范围作出的，既可以在电信行业范围内作出，使其违法行为在行业内部受到谴责，给同行经营业者以警示，也可以面向社会公开谴责，这将具有更大的社会影响。“通报批评”相比“警告”，对电信业务经营者具有更大的社会压力和警示力度。

对于本条规定的情节较轻违法行为的处罚，有关主管部门还可以处以“五万元以上五十万元以下罚款”。需要注意的是，本条规定的警告、通报批评、行政罚款既可以单独适用，也可以按照“警告和行政罚款”“通报批评和行政罚款”的方式组合适用。具体如何适用，可以由有关主管部门根据电信业务经营者违法情节的情况作出判断。

二是当电信业务经营者出现本条列举的情形，违反本法规定，情节严重的，由有关主管部门处以罚款，并由有关主管部门责令暂停相关业务、停业整顿、吊销相关业务许可证或者吊销营业执照,同时对其单位的责任人员处以罚款。

需要注意的是,在该档次法律责任中,有关主管部门也要对电信业务经营者的具体违法行为"责令改正",电信业务经营者应根据主管部门的要求和时限,对照本法等相关规定进行整改。此外,有关主管部门还可以给予"情节严重"档次的处罚。

这里的"情节严重",是指电信业务经营者违反反电信网络诈骗法律法规相关行为的违法性程度严重,行为恶劣,如蓄意长期不履行相关义务、故意实施相关行为规避监管、造成巨大风险和危害、给人民群众造成巨大损失、产生的风险和危害无法弥补等。是否属于"情节严重",由有关主管部门根据事实情况综合判断。

对于电信业务经营者的严重违法行为,本条规定了双罚制,有关主管部门对电信业务经营者处以罚款,即"五十万元以上五百万元以下罚款";在行政罚款的基础上,还可以并处"责令暂停相关业务、停业整顿、吊销相关业务许可证或者吊销营业执照"。

这里的"责令暂停相关业务",是指限制开展生产经营活动的一种行政处罚。有关主管部门可以责令电信业务经营者在一定期限、一定业务范围、一定地域暂停部分电信业务,也包括暂停扩大和发展与该业务相关的新领域电信业务,如暂停参加政府采购、暂停参与招标活动等。暂停相关业务可以体现行政管理的精细化趋势,将电信业务经营者存在的违法行为、风险领域与其合法、合规领域区分开来,准确惩治,体现过罚相当原则。"停业整顿",是指要求电信业务经营者在一定期限内停止全部或者部分生产经营活动的行政处罚。停业整顿属于十分严厉的行政处罚,被处罚主体需要根据相关要求进行整顿,同时禁止生产、经营任何活动。"吊销相关业务许可证或者吊销营业执照",是指有关行政机关依法对违反反电信网络诈骗法律法规的电信业务经营者取消其取得的行政许可证件、营业资质,剥夺电信业务经营者从事某项生产经营活动、执业权利直至彻底剥夺其营业资质的行政处罚。

此外，有关主管部门还要对电信业务经营者的相关责任人员进行处罚。这里的“相关责任人员”是指电信业务经营者“直接负责的主管人员和其他直接责任人员”。根据本条规定，应对其处“一万元以上二十万元以下罚款”。

需要注意的是，对于一些处罚较重的行政处罚，根据《行政处罚法》第63条的规定，行政机关拟作出行政处罚决定，应当告知当事人有要求听证的权利，当事人要求听证的，行政机关应当组织听证。

本条规定了电信业务经营者违法应接受处罚的五种情形：

(1)未落实国家有关规定确定的反电信网络诈骗内部控制机制的。

本项涉及电信业务经营者未落实国家规定确定的内控机制的法律责任。该项包含两层意思：一是国家有关规定确定的是反电信网络诈骗内部控制机制。根据本法第6条的规定，电信业务经营者应承担风险防控责任，建立反电信网络诈骗内部控制机制和安全责任制度，加强新业务涉诈风险安全评估。本项要求的是国家规定确定的反电信网络诈骗内部控制机制，包括根据本法、《个人信息保护法》、《电信条例》等法律、行政法规、其他规范性文件等确立的内部控制机制。电信业务经营者在国家规定确定的内控机制以外设立的其他涉及反电信网络诈骗的自行规范或者内部要求，不属于本项规定的“国家有关规定确定的反电信网络诈骗内部控制机制”的范围。二是未落实国家有关规定确定的反电信网络诈骗内部控制机制的，要承担行政处罚。国家规定确定的反电信网络诈骗内部控制机制，如果仅停留在制度层面，尚未具体贯彻实施；或者相关机制在贯彻中“打折扣”，实际生产经营过程中基本不按照反电信网络诈骗内部控制机制进行的，会产生电信网络诈骗巨大风险,应承担行政处罚的法律责任。

(2)未履行电话卡、物联网卡实名制登记职责的。

本项涉及电信业务经营者未履行对电话卡、物联网卡的实名制登记的法律责任。本法第9条规定:“电信业务经营者应当依法全面落实电话用户真实身份信息登记制度。基础电信企业和移动通信转售企业应当承担对代理商落实电话用户实名制管理责任,在协议中明确代理商实名制登记的责任和有关违约处置措施。”第12条规定,电信业务经营者要严格登记物联网卡用户身份信息,采取有效技术措施限定物联网卡开通功能、使用场景和适用设备;单位用户从电信业务经营者购买物联网卡再将载有物联网卡的设备销售给其他用户的,应当核验和登记用户身份信息,并将销量、存量及用户实名信息传送给号码归属的电信业务经营者。根据本法上述规定,电信业务经营者未能落实电话用户真实身份信息登记、物联网卡实名制登记的,根据本项规定对其予以处罚。

(3)未履行对电话卡、物联网卡的监测识别、监测预警和相关处置职责的。

本项涉及电信业务经营者未履行对电话卡、物联网卡的监测识别、监测预警和处置的法律责任。本法第10条规定,办理电话卡不得超出国家有关规定限制的数量。对经识别存在异常办卡情形的,电信业务经营者有权加强核查或者拒绝办卡。第11条规定,电信业务经营者对监测识别的涉诈异常电话卡用户应当重新进行实名核验,根据风险等级采取有区别的、相应的核验措施。对未按规定核验或者核验未通过的,电信业务经营者可以限制、暂停有关电话卡功能。第12条第3款规定,电信业务经营者对物联网卡的使用建立监测预警机制。对存在异常使用情形的,应当采取暂停服务、重新核验身份和使用场景或者其他合同约定的处置措施。基于本法上述规定，电信业务经营者未就用户办理电话卡数量实施总数统计、上限限制；未对检测识别的涉诈异常电话卡进行重新实名核验、提高风险等级核验等进一步预警和处置措施；对异常使用的物联网卡未采取暂停服务、重新核验身份和使用场景或者其他处置措施的，根据本项规定对其予以处罚。

（4）未对物联网卡用户进行风险评估，或者未限定物联网卡的开通功能、使用场景和适用设备的。

本项涉及电信业务经营者未对物联网卡用户进行风险评估以及未对物联网卡进行反电信网络诈骗的技术管控的法律责任。本法第12条第1款规定，电信业务经营者建立物联网卡用户风险评估制度，评估未通过的，不得向其销售物联网卡；采取有效技术措施限定物联网卡开通功能、使用场景和适用设备。本项规定的法律责任有两层意思，一是针对实践中电信网络诈骗分子利用物联网卡进行诈骗的行为，需要电信业务经营者通过风险控制的方式，主动识别和评估物联网卡被用于电信网络诈骗的可能性；如果未经评估就销售物联网卡，或者评估未通过但无视风险继续销售物联网卡的，都属于物联网卡用户风险评估制度失效，电信业务经营者应当承担法律责任。二是电信业务经营者应在技术上限定物联网卡开通功能、使用场景和适用设备，一旦发现物联网卡的使用超出了限定的功能、场景和设备，应依法通过技术手段阻断物联网卡使用。电信业务经营者如果未依法在技术上有效限制物联网卡的使用功能、场景和范围的，应当承担法律责任。

（5）未采取措施对改号电话、虚假主叫或者具有相应功能的非法设备进行监测处置的。

本项涉及电信业务经营者未采取监测处置措施应对改号电

话、虚假主叫或者具有相应功能的非法设备的法律责任。本法第13条规定:“电信业务经营者应当规范真实主叫号码传送和电信线路出租,对改号电话进行封堵拦截和溯源核查。电信业务经营者应当严格规范国际通信业务出入口局主叫号码传送,真实、准确向用户提示来电号码所属国家或者地区,对网内和网间虚假主叫、不规范主叫进行识别、拦截。”第14条规定,电信业务经营者应当采取技术措施,及时识别、阻断具有改变主叫号码、虚拟拨号等功能的非法设备、软件接入网络。根据本项规定,电信业务经营者如果未采取相应技术措施,对改号电话、虚假主叫或者具有相应功能的非法设备进行识别、监测并进行封堵、拦截、阻断、溯源核查的,应当承担法律责任。

实践中需要注意的是,随着信息技术的发展,电信网络诈骗犯罪手段不断迭代更新。诈骗分子利用人工智能、智能群呼设备等新技术、新设备,躲避拦截封堵。猫池、GOIP等技术工具被犯罪分子大量运用,利用呼叫转移等新手法逃避系统监测的对抗持续不断。其他新型违法犯罪工具和作案平台也层出不穷。在此情况下,电信业务经营者的有些传统处置方式已经无法满足工作要求,以技术对抗技术将成为新常态。电信业务经营者一方面需要在防欺诈模型的自我研发上满足时效性的要求,另一方面也需要及时根据监管部门的指导和要求,积极回应电信网络诈骗的新动态,统筹各方面力量形成完整防护链,取得反电信网络诈骗犯罪综合治理的效果。

第四十条　银行业金融机构、非银行支付机构违反本法规定,有下列情形之一的,由有关主管部门责令改正,情节较轻的,

给予警告、通报批评,或者处五万元以上五十万元以下罚款;情节严重的,处五十万元以上五百万元以下罚款,并可以由有关主管部门责令停止新增业务、缩减业务类型或者业务范围、暂停相关业务、停业整顿、吊销相关业务许可证或者吊销营业执照,对其直接负责的主管人员和其他直接责任人员,处一万元以上二十万元以下罚款:

(一)未落实国家有关规定确定的反电信网络诈骗内部控制机制的;

(二)未履行尽职调查义务和有关风险管理措施的;

(三)未履行对异常账户、可疑交易的风险监测和相关处置义务的;

(四)未按照规定完整、准确传输有关交易信息的。

【释义】 本条是关于银行业金融机构、非银行支付机构具有相关情形,违反本法对其设置的相关义务和要求,由有关主管部门予以处罚的规定。

在反电信网络诈骗工作中,核心环节是控制涉诈资金的转移、支付。银行业金融机构、非银行支付机构应当承担本法规定的相关义务和要求。对于未履行法律规定的相关义务和要求的,需要承担法律责任。本条通过明确规定银行业金融机构、非银行支付机构的法律责任,推动银行业金融机构、非银行支付机构主动履职,勤勉尽责,在资金转移、支付环节有效阻断电信网络诈骗,同时赋予监管部门执法监督的法律依据。

本条规定银行业金融机构、非银行支付机构违反本法规定的相关情形应当承担相应的法律责任。根据本条规定,法律责任主要分为两个档次。

一是当银行业金融机构、非银行支付机构出现本条列举的情形,一般性违反本法规定,由有关主管部门责令改正,对于情节较轻的违法行为,由有关主管部门给予警告、通报批评或者罚款。这里规定的“有关主管部门”,主要是指银行业金融机构、非银行支付机构的行业主管部门,包括人民银行、中国银行保险监督管理委员会等。

这里的“情节较轻”,是指银行业金融机构、非银行支付机构违反反电信网络诈骗法律法规相关行为的违法性程度尚属轻微,并不严重,如未履行相关义务的时间不长、造成的危害和影响尚可限可控、积极主动采取措施整改较大程度上弥补了漏洞等。是否属于“情节较轻”,由有关主管部门根据事实情况综合判断。

在该档次法律责任中,有关主管部门首先要对银行业金融机构、非银行支付机构的具体违法行为“责令改正”,银行业金融机构、非银行支付机构应根据主管部门的要求和时限,对照本法和相关行政法规的规定进行整改。此外,有关主管部门还可以给予“警告、通报批评,或者处五万元以上五十万元以下罚款”。关于“警告、通报批评、罚款”的行政处罚方式,可详见本法第 39 条释义的内容。需要注意的是,本条规定的警告、通报批评、行政罚款既可以单独适用,也可以按照“警告和行政罚款”“通报批评和行政罚款”的方式组合适用。具体如何适用,由有关主管部门根据银行业金融机构、非银行支付机构违法情节的情况作出判断。

二是当银行业金融机构、非银行支付机构出现本条列举的情形,违反本法规定,情节严重的,由有关主管部门处以罚款,并由有关主管部门责令暂停相关业务、停业整顿、吊销相关业务许可证或者吊销营业执照,同时对其单位的责任人员处以罚款。

需要注意的是,在该档次法律责任中,有关主管部门也要对银行业金融机构、非银行支付机构的具体违法行为“责令改正”,

银行业金融机构、非银行支付机构应根据主管部门的要求和时限,对照《反电信网络诈骗法》等相关规定进行整改。此外,有关主管部门还可以给予“情节严重”档次的处罚。

这里的“情节严重”,是指银行业金融机构、非银行支付机构违反反电信网络诈骗法律法规相关行为的违法性程度严重,行为恶劣,如蓄意长期不履行相关义务、故意实施相关行为规避监管、造成巨大风险和危害、给人民群众造成巨大损失、产生的风险和危害无法弥补等。是否属于“情节严重”,由有关主管部门根据事实情况综合判断。

对于银行业金融机构、非银行支付机构的严重违法行为,本条规定了双罚制,有关主管部门对银行业金融机构、非银行支付机构处以罚款,即“五十万元以上五百万元以下罚款”;在行政罚款的基础上,还可以并处“责令停止新增业务、缩减业务类型或者业务范围、暂停相关业务、停业整顿、吊销相关业务许可证或者吊销营业执照”。

这里的“责令停止新增业务、缩减业务类型”,是限制开展生产经营活动的一种行政处罚。有关主管部门可以责令具体的银行业金融机构、非银行支付机构在一定期限、一定业务范围、一定地域暂停新增业务或者将原有业务缩减,包括暂停原业务牌照的可续展审批、暂停新用户申请、停止新业务审批申报、取消相关类型种类业务、暂停相关类型业务的办理、将业务类型办理权限提级管理、取消代理权限等。“暂停相关业务、停业整顿、吊销相关业务许可证或者吊销营业执照”的行政处罚方式,可详见本法第39条释义的内容。此外,有关主管部门还要对银行业金融机构、非银行支付机构的相关责任人员进行处罚。这里的“责任人员”,是指“银行业金融机构、非银行支付机构直接负责的主管人员和其他直接责任人员”。根据本条规定,应对其处“一万元以上二十万元以下罚款”。

需要注意的是，对于处罚较重的行政处罚，根据《行政处罚法》第63条的规定，行政机关拟作出行政处罚决定，应当告知当事人有要求听证的权利，当事人要求听证的，行政机关应当组织听证。

本条规定了银行业金融机构、非银行支付机构违法应接受处罚的四种情形：

(一)未落实国家有关规定确定的反电信网络诈骗内部控制机制的

本项涉及银行业金融机构、非银行支付机构未落实国家规定确定的内控机制的法律责任。该项包含两层意思：一是国家有关规定确定的是反电信网络诈骗内部控制机制。根据本法第6条第5款的规定，银行业金融机构、非银行支付机构应承担风险防控责任，建立反电信网络诈骗内部控制机制和安全责任制度，加强新业务涉诈风险安全评估。本项要求的是国家规定确定的反电信网络诈骗内部控制机制，包括根据本法、《中国人民银行法》、《商业银行法》、《银行业监督管理法》、《反洗钱法》、《个人信息保护法》等法律、行政法规、其他规范性文件等确立的内部控制机制。国家层面在现行金融监管机制的基础上增加了反电信网络诈骗的目标任务，是要求银行业金融机构、非银行支付机构内部统一建立国家规定确定的专门反电信网络诈骗的长效机制。如果是银行业金融机构、非银行支付机构在国家规定确定的内控机制以外设立的其他涉及反电信网络诈骗的自行规范或者内部要求，就不属于本项规定的“国家有关规定确定的反电信网络诈骗内部控制机制”的范围。二是未落实国家有关规定确定的反电信网络诈骗内部控制机制的，要承担行政处罚。国家规定确定的反电信网络诈骗内部控制机制，如果仅停留在制度层面，尚未具体贯彻实施；或者相关机制在贯彻中“打折扣”，实际生产经营过程中基本不按照反电信网络诈骗内部控制机制进行的，会产生电信网络诈骗巨大风险，应承担行政处罚的法律责任。

（二）未履行尽职调查义务和有关风险管理措施的

本项涉及银行业金融机构、非银行支付机构未履行本法规定的尽职调查义务和有关风险管理措施的法律责任。本法第15条规定，银行业金融机构、非银行支付机构为客户开立银行账户、支付账户及提供支付结算服务，和与客户业务关系存续期间，应当建立客户尽职调查制度，依法识别受益所有人，采取相应风险管理措施，防范银行账户、支付账户等被用于电信网络诈骗活动。此外，本法对银行业金融机构、非银行支付机构还规定了一些防范、制止、惩治电信网络诈骗行为的风险管理措施，如本法第20条规定，银行业金融机构、非银行支付机构应配合国务院公安部门会同有关部门建立涉案资金即时查询、紧急止付、快速冻结、及时解冻和资金返还相关制度等工作。第35条规定，经国务院反电信网络诈骗工作机制决定或者批准，公安、金融、电信等部门对电信网络诈骗活动严重的特定地区，可以采取必要的临时风险防范措施。基于此，银行业金融机构、非银行支付机构未履行尽职调查义务和有关风险管理措施的，应予以处罚。

（三）未履行对异常账户、可疑交易的风险监测和相关处置义务的

本项涉及银行业金融机构、非银行支付机构未履行本法规定的对异常账户、可疑交易的风险监测和相关处置义务的法律责任。本法第16条规定，开立银行账户、支付账户不得超出国家有关规定限制的数量；对经识别存在异常开户情形的，银行业金融机构、非银行支付机构有权加强核查或者拒绝开户；银行业金融机构、非银行支付机构应当按照国家有关规定提供开户情况和有

关风险信息。第 17 条第 1 款规定，银行业金融机构、非银行支付机构应当建立开立企业账户异常情形的风险防控机制。第 18 条第 1 款、第 3 款规定，银行业金融机构、非银行支付机构应当对银行账户、支付账户及支付结算服务加强监测，建立完善符合电信网络诈骗活动特征的异常账户和可疑交易监测机制；对监测识别的异常账户和可疑交易，银行业金融机构、非银行支付机构应当根据风险情况，采取核实交易情况、重新核验身份、延迟支付结算、限制或者中止有关业务等必要的防范措施。基于上述规定，银行业金融机构、非银行支付机构未履行对异常账户、可疑交易的风险监测和相关处置义务的，应根据本项规定，予以处罚。

（四）未按照规定完整、准确传输有关交易信息的

本项涉及银行业金融机构、非银行支付机构未完整、准确传输有关交易信息的法律责任。本法第 19 条规定，银行业金融机构、非银行支付机构应当按照国家有关规定，完整、准确传输直接提供商品或者服务的商户名称、收付款客户名称及账号等交易信息，保证交易信息的真实、完整和支付全流程中的一致性。违反上述规定，不利于银行业金融机构、非银行支付机构完整彻底地执行尽职调查，对相关信息进行回溯和追踪，准确识别可疑交易，并在金融交易阶段及时对有电信诈骗风险的行为采取相关措施，有效防范和惩治电信网络诈骗。此外，交易信息不完整，既不利于公安机关等有关部门侦查、取证、打击电信网络诈骗，也不利于对被害人的追赃挽损，使关于防范和惩治电信网络诈骗的相关举措无法发挥效果。因而，有处罚的必要性。对于银行业金融机构、非银行支付机构未按照规定完整、准确传输有关交易信息的，应根据本项规定予以处罚。

实践中需要注意的是，该条主要涉及银行业金融机构、非银行支付机构违反本法关于反电信网络诈骗相关义务的法律责任，

其中不少涉及既违反本法，又违反《反洗钱法》的相关规定，也应按照《反洗钱法》追究法律责任的问题。

对于该问题，有三个层面的解决方式。一是关于罚款。《行政处罚法》第 29 条规定："对当事人的同一个违法行为，不得给予两次以上罚款的行政处罚。同一个违法行为违反多个法律规范应当给予罚款处罚的，按照罚款数额高的规定处罚。"二是如果同一行为触犯不同立法目的的法律，涉及罚款以外的不同种行政处罚的，比如名誉罚、资格罚等，因设置的处罚立法目的不同，行政机关可以叠加适用。如行政机关对单位作出停业整顿的处罚，同时另一行政机关对其作出取消相关责任人员任职资格的处罚。三是如果同一性质的行为，涉及同一行政执法主体，对既违反特别法，又违反一般法的行为，要根据行政处罚规则具体判断。目前方式是，特别法优于一般法。如本法第 49 条规定："反电信网络诈骗工作涉及的有关管理和责任制度，本法没有规定的，适用《中华人民共和国网络安全法》、《中华人民共和国个人信息保护法》、《中华人民共和国反洗钱法》等相关法律规定。"考虑到《反洗钱法》尚未修改，如果相关违反反洗钱义务的行为在反电信网络诈骗活动中有明确的法律责任，应依照从新原则，按照本法的规定处罚。在一般的基础性法律修改后，涉及新修改的一般法和旧的特别法如何适用的问题。一般而言，应认为新修改的一般法已经统筹考虑到了旧的特别法的相关规定，在同一性质的行为既可以适用一般法也可以适用特别法进行处罚，而且法律责任存在差异的情况下，不能简单以特别法优于一般法的原则处理。

第四十一条　电信业务经营者、互联网服务提供者违反本法规定，有下列情形之一的，由有关主管部门责令改正，情节较轻的，给予警告、通报批评，或者处五万元以上五十万元以下罚款；情节严重的，处五十万元以上五百万元以下罚款，并可以由有关主管部门责令暂停相关业务、停业整顿、关闭网站或者应用程序、吊销相关业务许可证或者吊销营业执照，对其直接负责的主管人员和其他直接责任人员，处一万元以上二十万元以下罚款：

（一）未落实国家有关规定确定的反电信网络诈骗内部控制机制的；

（二）未履行网络服务实名制职责，或者未对涉案、涉诈电话卡关联注册互联网账号进行核验的；

（三）未按照国家有关规定，核验域名注册、解析信息和互联网协议地址的真实性、准确性，规范域名跳转，或者记录并留存所提供相应服务的日志信息的；

（四）未登记核验移动互联网应用程序开发运营者的真实身份信息或者未核验应用程序的功能、用途，为其提供应用程序封装、分发服务的；

（五）未履行对涉诈互联网账号和应用程序，以及其他电信网络诈骗信息、活动的监测识别和处置义务的；

（六）拒不依法为查处电信网络诈骗犯罪提供技术支持和协助，或者未按规定移送有关违法犯罪线索、风险信息的。

【释义】　本条是关于电信业务经营者、互联网服务提供者具有相关情形，违反本法对其设置的相关义务和要求，由有关主管部门予以处罚的规定。

在反电信网络诈骗工作中，电信业务经营者、互联网服务提供者承担本法规定的重要义务和要求。对于未履行法律规定的相关义务和要求的,需要承担法律责任。本条通过明确规定电信业务经营者、互联网服务提供者的法律责任,监督其主动履责,采取多种手段有效减少、阻断电信网络诈骗分子利用电信和互联网实施诈骗,同时赋予监管部门执法监督的法律依据。

本条规定电信业务经营者、互联网服务提供者违反本法规定的相关情形应当承担相应的法律责任。根据本条规定,法律责任主要分为两个档次。

一是电信业务经营者、互联网服务提供者出现本条列举的情形,一般性违反本法规定,由有关主管部门责令改正,对于情节较轻的违法行为,由有关主管部门给予警告、通报批评或者罚款。这里规定的“有关主管部门”,主要是电信业务经营者、互联网服务提供者的行业主管部门,涉及工业和信息化部门、网络安全和信息化委员会办公室等。

这里的“情节较轻”,是指电信业务经营者、互联网服务提供者违反反电信网络诈骗法律法规相关行为的违法性程度尚属轻微,并不严重,如未履行相关义务的时间不长、造成的危害和影响尚可限可控、积极主动采取措施整改较大程度上弥补了漏洞等。是否属于“情节较轻”,由有关主管部门根据事实情况综合判断。

在该档次法律责任中,有关主管部门首先要对电信业务经营者、互联网服务提供者的具体违法行为“责令改正”,电信业务经营者、互联网服务提供者应根据主管部门的要求和时限,对照《反电信网络诈骗法》和相关行政法规的规定进行整改。此外,有关主管部门还可以给予“警告、通报批评,或者处五万元以上五十万元以下罚款”。关于“警告、通报批评、罚款”的行政处罚方式,可详见本法第39条释义的内容。需要注意的是,本条规定的警告、通报批评、行政罚款既可以单独适用,也可以按照“警告和行政罚款”“通报批评和行政罚款”的方式组合适用。具体如何适用,由有关主管部门根据电信业务经营者、互联网服务提供者违法情节的情况作出判断。

二是电信业务经营者、互联网服务提供者出现本条列举的情形,违反本法规定,情节严重的,由有关主管部门处以罚款,并由有关主管部门责令暂停相关业务、停业整顿、关闭网站或者应用程序、吊销相关业务许可证或者吊销营业执照,同时对其单位的责任人员处以罚款。

需要注意的是,在该档次法律责任中,有关主管部门也要对电信业务经营者、互联网服务提供者的具体违法行为“责令改正”,电信业务经营者、互联网服务提供者应根据主管部门的要求和时限,对照《反电信网络诈骗法》等相关规定进行整改。此外,有关主管部门还可以给予“情节严重”档次的处罚。

这里的“情节严重”,是指电信业务经营者、互联网服务提供者违反反电信网络诈骗法律法规相关行为的违法性程度严重,行为恶劣,如蓄意长期不履行相关义务、故意实施相关行为规避监管、造成巨大风险和危害、给人民群众造成巨大损失、产生的风险和危害无法消除等。是否属于“情节严重”,由有关主管部门根据事实情况综合判断。

对于电信业务经营者、互联网服务提供者的严重违法行为,本条规定了双罚制,有关主管部门对电信业务经营者、互联网服务提供者处以罚款,即“五十万元以上五百万元以下罚款”;在行政罚款的基础上,还可以并处“责令暂停相关业务、停业整顿、关闭网站或者应用程序、吊销相关业务许可证或者吊销营业执照”。

这里的“关闭网站或者应用程序”,是关闭电信、互联网业务的一种特殊行政处罚。有关主管部门可以责令具体的电信业务经营者、互联网服务提供者停止网站、应用程序的全部活动,表现方式为注销、下架等。“暂停相关业务、停业整顿”“吊销相关业务许可证或者吊销营业执照”的行政处罚方式，可详见本法第 39 条释义的内容。此外，有关主管部门还要对电信业务经营者、互联网服务提供者的相关责任人员进行处罚。这里的“相关责任人员”，是指“电信业务经营者、互联网服务提供者直接负责的主管人员和其他直接责任人员”。根据本条规定，应对其处“一万元以上二十万元以下罚款”。

需要注意的是，对于处罚较重的行政处罚，根据《行政处罚法》第 63 条的规定，行政机关拟作出行政处罚决定，应当告知当事人有要求听证的权利，当事人要求听证的，行政机关应当组织听证。

本条规定了电信业务经营者、互联网服务提供者违法应接受处罚的 6 种情形：

（一）未落实国家有关规定确定的反电信网络诈骗内部控制机制的

本项涉及电信业务经营者、互联网服务提供者未落实国家规定确定的内控机制的法律责任。该项包含两层意思：一是国家有关规定确定的是反电信网络诈骗内部控制机制。根据本法第 6 条的规定，电信业务经营者、互联网服务提供者应承担风险防控责任，建立反电信网络诈骗内部控制机制和安全责任制度，加强新业务涉诈风险安全评估。本项要求的是国家规定确定的反电信网络诈骗内部控制机制，包括根据本法、《个人信息保护法》、《网络安全法》、《数据安全法》、《电信条例》等法律、行政法规、其他规范性文件等确立的内部控制机制。这里的内部控制机制与本法第 39 条第 1 项中规定的内部控制机制在领域上应有所区别，主要偏向以互联网为技术基础的网络、电信反电信网络诈骗的内部控制机制。电信业务经营者、互联网服务提供者在国家规定确定的内控机制以外设立的其他涉及反电信网络诈骗的自行规范或者内部要求,不属于本项规定的“国家有关规定确定的反电信网络诈骗内部控制机制”的范围。二是未落实国家有关规定确定的反电信网络诈骗内部控制机制的,要承担行政处罚。国家规定确定的反电信网络诈骗内部控制机制,如果仅停留在制度层面,尚未具体贯彻实施;或者相关机制在贯彻中“打折扣”,实际生产经营过程中基本不按照反电信网络诈骗内部控制机制进行的,会产生电信网络诈骗巨大风险,应承担行政处罚的法律责任。

(二)未履行网络服务实名制职责,或者未对涉案、涉诈电话卡关联注册互联网账号进行核验的

本项涉及电信业务经营者、互联网服务提供者未履行网络服务实名制职责,未对涉案、涉诈电话卡关联注册互联网账号进行核验的法律责任。本项包含两层意思:一是未履行网络服务实名制职责的法律责任。本法第21条规定:“电信业务经营者、互联网服务提供者为用户提供下列服务,在与用户签订协议或者确认提供服务时,应当依法要求用户提供真实身份信息,用户不提供真实身份信息的,不得提供服务:(一)提供互联网接入服务;(二)提供网络代理等网络地址转换服务;(三)提供互联网域名注册、服务器托管、空间租用、云服务、内容分发服务;(四)提供信息、软件发布服务,或者提供即时通讯、网络交易、网络游戏、网络直播发布、广告推广服务。”实名制未真正落实,造成电信网络诈骗风险的,电信业务经营者、互联网服务提供者应承担法律责任。二是未对涉案、涉诈电话卡关联注册互联网账号进行核验的法律责任。本法第22条规定:“互联网服务提供者对监测识别的涉诈异常账号应当重新核验,根据国家有关规定采取限制功能、暂停服务等处置措施。互联网服务提供者应当根据公安机关、电信主

管部门要求,对涉案电话卡、涉诈异常电话卡所关联注册的有关互联网账号进行核验,根据风险情况,采取限期改正、限制功能、暂停使用、关闭账号、禁止重新注册等处置措施。”重新核验制度既可以最大化排查电信网络诈骗风险,也可以为误认定涉案、涉诈的相关账号所有人提供救济渠道。如果电信业务经营者、互联网服务提供者未履行对关联注册互联网账号进行核验的,应承担法律责任。

(三)未按照国家有关规定,核验域名注册、解析信息和互联网协议地址的真实性、准确性,规范域名跳转,或者记录并留存所提供相应服务的日志信息的

本项涉及电信业务经营者、互联网服务提供者未按照国家有关规定核验域名注册、解析信息和互联网协议地址的真实性、准确性,规范域名跳转,或者记录并留存所提供相应服务的日志信息的法律责任。本法第 24 条规定:“提供域名解析、域名跳转、网址链接转换服务的,应当按照国家有关规定,核验域名注册、解析信息和互联网协议地址的真实性、准确性,规范域名跳转,记录并留存所提供相应服务的日志信息,支持实现对解析、跳转、转换记录的溯源。”电信业务经营者、互联网服务提供者未按照国家有关规定核验相关内容的真实性、准确性,未限制域名跳转次数及保留日志信息的,应承担法律责任。

(四)未登记核验移动互联网应用程序开发运营者的真实身份信息或者未核验应用程序的功能、用途,为其提供应用程序封装、分发服务的

本项涉及电信业务经营者、互联网服务提供者未登记核验移动互联网应用程序开发运营者的真实身份信息或者未核验应用程序的功能、用途,为其提供应用程序封装、分发服务的法律责任。本法第 23 条规定:“设立移动互联网应用程序应当按照国家

有关规定向电信主管部门办理许可或者备案手续。为应用程序提供封装、分发服务的,应当登记并核验应用程序开发运营者的真实身份信息,核验应用程序的功能、用途。公安、电信、网信等部门和电信业务经营者、互联网服务提供者应当加强对分发平台以外途径下载传播的涉诈应用程序重点监测、及时处置。”如果未登记核验移动互联网应用程序开发运营者的真实身份信息或者未核验应用程序的功能、用途,为其提供应用程序封装、分发服务,应承担法律责任。

(五)未履行对涉诈互联网账号和应用程序,以及其他电信网络诈骗信息、活动的监测识别和处置义务的

本项涉及电信业务经营者、互联网服务提供者未履行对涉及电信网络诈骗的互联网账号和应用程序,以及其他电信网络诈骗信息、活动的监测识别和处置义务的法律责任。本法第22条第1款规定,互联网服务提供者对监测识别的涉诈异常账号应当重新核验,根据国家有关规定采取限制功能、暂停服务等处置措施。第23条第2款规定,为应用程序提供封装、分发服务的,应当登记并核验应用程序开发运营者的真实身份信息,核验应用程序的功能、用途;第3款规定,电信业务经营者、互联网服务提供者应当加强对分发平台以外途径下载传播的涉诈应用程序重点监测、及时处置。第14条规定:“任何单位和个人不得非法制造、买卖、提供或者使用下列设备、软件:(一)电话卡批量插入设备;(二)具有改变主叫号码、虚拟拨号、互联网电话违规接入公用电信网络等功能的设备、软件;(三)批量账号、网络地址自动切换系统,批量接收提供短信验证、语音验证的平台;(四)其他用于实施电信网络诈骗等违法犯罪的设备、软件。电信业务经营者、互联网服务提供者应当采取技术措施,及时识别、阻断前款规定的非法设备、软件接入网络,并向公安机关和相关行业主管部门报告。”此

外，还包括处置机制的救济措施。第 32 条第 3 款规定，根据本法的相关规定，对涉诈异常情形采取限制、暂停服务等处置措施的，应当告知处置原因、救济渠道及需要提交的资料等事项，被处置对象可以向作出决定或者采取措施的部门、单位提出申诉。电信业务经营者、互联网服务提供者未履行对涉诈互联网账号和应用程序，以及其他电信网络诈骗信息、活动的监测识别和处置义务的，应承担法律责任。

（六）拒不依法为查处电信网络诈骗犯罪提供技术支持和协助，或者未按规定移送有关违法犯罪线索、风险信息的

本项涉及电信业务经营者、互联网服务提供者拒不依法为查处电信网络诈骗犯罪提供技术支持和协助，或者未按规定移送有关违法犯罪线索、风险信息的法律责任。本法第 14 条第 2 款规定，电信业务经营者、互联网服务提供者应当采取技术措施，及时识别、阻断第 14 条第 1 款规定的非法设备、软件接入网络，并向公安机关和相关行业主管部门报告。第 26 条规定："公安机关办理电信网络诈骗案件依法调取证据的，互联网服务提供者应当及时提供技术支持和协助。互联网服务提供者依照本法规定对有关涉诈信息、活动进行监测时，发现涉诈违法犯罪线索、风险信息的，应当依照国家有关规定，根据涉诈风险类型、程度情况移送公安、金融、电信、网信等部门。"如果相关主体拒不依法为查处电信网络诈骗犯罪提供技术支持和协助，或者未按规定移送有关犯罪线索、风险信息，应承担法律责任。

第四十二条　违反本法第十四条、第二十五条第一款规定的，没收违法所得，由公安机关或者有关主管部门处违法所得一

倍以上十倍以下罚款，没有违法所得或者违法所得不足五万元的，处五十万元以下罚款；情节严重的，由公安机关并处十五日以下拘留。

【释义】 本条是关于从事涉诈黑灰产业法律责任的规定。

电信网络诈骗犯罪是近年来持续高发多发的新型犯罪，涉及面广，欺骗性强，危害严重，围绕电信网络诈骗犯罪滋生了一系列黑灰产业链，形成上下游关联犯罪，很多群众的看病钱、养老钱、上学钱被席卷一空，因骗致贫、因骗返贫和受骗后破产、自杀等恶性事件时有发生。大量涉诈资金被转往境外，大批人员赴境外作案，严重影响人民群众财产安全、社会和谐稳定和国家经济安全，严重影响人民群众安全感、幸福感、获得感的电信网络诈骗犯罪成为当前一个比较突出的社会问题。目前，移动通信网络和线上金融业务不断发展，新的技术成果、通信网络工具和互联网业务不断被吸纳到电信网络诈骗犯罪中，电信网络诈骗犯罪已经经过了多轮次骗术升级改造，犯罪分工逐渐精细化，也催生了为诈骗犯罪提供帮助和支持的黑灰产业，这些产业群体或违反国家法律、法规及行业规定，从事非法活动；或利用制度漏洞，故意逃避法律追究，从信息传播、技术支撑、资金流转等方面为电信网络诈骗犯罪提供有形或无形的帮助，进而形成了分工明确、彼此依赖、利益共享的产业链条。遍布于电信网络诈骗犯罪的各个环节的产业化，加速了电信网络诈骗犯罪的蔓延泛滥，成为影响电信网络诈骗犯罪治理效果的重要因素之一。由于电信网络诈骗违法犯罪的滋生蔓延，部分设备、软件主要被用于违法犯罪活动，甚至有些设备、软件就是因电信网络诈骗而生。典型的如 GOIP，该设备能将传统电话信号转化为网络信号，供上百张手机卡同时运作,并通过卡池远程控制异地设备,实现人机分离、人卡分离、机卡分离等功能,其生产销售缺乏有效的规制,在市场上广泛流通使用。

在全社会各领域对通信网络领域展开深度综合治理的背景下,诈骗犯罪分子用来与被害群体建立通信连接的方式越发减少,为此,想方设法逃避监管部门的约束,建立相对隐蔽、稳定的通信线路连接便成了诈骗犯罪的核心环节。为诈骗分子提供通信线路、网络服务、桥接设备、应用程序等通信连接渠道的黑灰产业涌现出来。因此,隐蔽的窝点环境、稳定的网络传输、便捷的通信工具、乱真的应用程序,都已成为电信网络诈骗中游产业不可缺少的元素。在诈骗行为完成后,犯罪分子为了逃避侦查打击,及时获得赃款,通常需要通过非法渠道对涉案钱款进行转存、支付、结算、取现等处理,以"资金结算"为主要特点的黑灰产业便有了生存的土壤。

可以预见的是,随着该类犯罪的常态化发展,寄生在其周围的黑灰产业越发多样复杂,电信网络诈骗犯罪的产业化程度也会越来越深。国家网信办统计的数据显示,近年来,利用 APP 进行诈骗已成为电信网络诈骗案件的主要犯罪手段之一,约占整体案发量的六成。其中,网络兼职刷单、快速贷款等诈骗 APP 较多,特别是有一些仿冒各大银行和金融平台的 APP 具有较大迷惑性和欺骗性。2022 年 4 月,国家网信办曝光了一批电信网络诈骗案例,其中四起涉及网络黑灰产业诈骗:一是 2021 年 6 月,诈骗分子冒充浙江省某市派出所民警,联系郭某称其已涉嫌诈骗被立案,并要求郭某登录仿冒的某公安局官网查看立案信息,将资金转移到"安全账户"。郭某按照诈骗分子要求转账,合计被骗 50 余万元。二是 2021 年 8 月,江苏省某市方某某下载了"阿聊"APP 和"汇龙支付"APP,参加所谓的"高额"任务返现活动。平台以连单任务、信誉不足为由让方某某先充钱再重启任务，方某某累计被骗 11 万元。三是 2022 年 2 月，江西省某市受害人洪某某下载了一款名为“京东. J. R”的仿冒 APP，受到“额度高”“利息低”等表述诱导，注册账户并申请贷款。平台谎称其账号异常，需转账到所谓的“银保监会账户”进行验证，洪某某先后多次转账，合计被骗 5 万元。四是 2022 年 2 月，河北省某市受害人胡某看到炒股广告，下载“平安证券”仿冒 APP 进行相关投资操作，开始投入小金额盈利并提现成功，遂加大投资金额，最后提现失败，合计被骗 50 万元。

基于现实情况和需要，反电信网络诈骗法在立法起草阶段和修改完善过程中，针对这类设备，从源头开始就严格区分合法与非法用途范围界限，加强行业主管部门的监管力度，防止被滥用以及违法使用，除刑法帮助信息网络犯罪活动罪外，对尚不构成犯罪的行为，本条规定了相应的行政处罚。

本条是针对本法第 2 章“电信治理”部分的第 14 条涉诈非法设备、软件防治，以及第 4 章“互联网治理”部分的第 25 条第 1 款涉诈黑灰产业防治规定的法律责任。本法第 14 条规定：“任何单位和个人不得非法制造、买卖、提供或者使用下列设备、软件：(一)电话卡批量插入设备；(二)具有改变主叫号码、虚拟拨号、互联网电话违规接入公用电信网络等功能的设备、软件；(三)批量账号、网络地址自动切换系统，批量接收提供短信验证、语音验证的平台；(四)其他用于实施电信网络诈骗等违法犯罪的设备、软件。电信业务经营者、互联网服务提供者应当采取技术措施，及时识别、阻断前款规定的非法设备、软件接入网络，并向公安机关和相关行业主管部门报告。”本法第 25 条第 1 款规定：“任何单位和个人不得为他人实施电信网络诈骗活动提供下列支持或者帮助：(一)出售、提供个人信息；(二)帮助他人通过虚拟货币交易等方式洗钱;(三)其他为电信网络诈骗活动提供支持或者帮助的行为。”

针对上述行为,本条规定的法律责任分为三个层次:

一是如果实施了本法第 14 条、第 25 条第 1 款规定的非法制造、买卖、提供或者使用用于电信网络诈骗的设备、软件的行为,或者为他人实施电信网络诈骗活动提供了相关支持、帮助活动,则没收违法所得,同时,由公安机关或者有关主管部门处以违法所得 1 倍以上 10 倍以下罚款。需要注意的是,此处的违法所得需达到 5 万元以上。例如,制造了用于电信网络诈骗的 APP,违法获利 10 万元,则该 10 万元将被没收,同时面临由公安机关或者有关主管部门作出的 10 万元以上 100 万元以下罚款。

二是如果实施了本法第 14 条、第 25 条第 1 款规定的行为,但没有违法所得或者违法所得不足 5 万元,则将面临 50 万元以下罚款。

三是如果实施了本法第 14 条、第 25 条第 1 款规定的行为,情节严重,但尚不构成犯罪,在被没收全部违法所得、由公安机关或者有关主管部门处违法所得 1 倍以上 10 倍以下罚款的同时,还将面临公安机关作出的 15 日以下拘留的行政处罚。需要注意的是,情节严重与否,需要综合考虑行为的性质、造成的后果等多方面因素。

实践中需要注意:一是区分本条法律责任与《刑法》规定的帮助信息网络犯罪活动罪。本条的法律责任,针对的是行为尚不构成犯罪的情形,即任何单位和个人不得从事涉诈“黑灰产”;同时不得为他人实施电信网络诈骗活动提供支持或者帮助。如果明知他人实施电信网络诈骗活动而提供涉诈支持、帮助,则应当按照《刑法》第 287 条之二规定的帮助信息网络犯罪活动罪处罚,即明知他人利用信息网络实施犯罪,为其犯罪提供互联网接入、服务器托管、网络存储、通讯传输等技术支持,或者提供广告推广、支付结算等帮助,情节严重的,构成帮助信息网络犯罪活动罪。二是具体的处罚标准需要根据实践情况进一步细化。本条仅对法律责任作了基本规定,实践中如何确定具体的罚款标准和数额、如何认定"情节严重"等问题,均有待有关部门依据实际情况进一步明确和细化。

第四十三条　违反本法第二十五条第二款规定,由有关主管部门责令改正,情节较轻的,给予警告、通报批评,或者处五万元以上五十万元以下罚款;情节严重的,处五十万元以上五百万元以下罚款,并可以由有关主管部门责令暂停相关业务、停业整顿、关闭网站或者应用程序,对其直接负责的主管人员和其他直接责任人员,处一万元以上二十万元以下罚款。

【释义】　本条是关于电信业务经营者、互联网服务提供者未按照国家有关规定履行合理注意义务的法律责任的规定。

电信网络诈骗行为,往往都是通过平台给潜在被害人发送各类信息,从而建立与被害人的联系。电信业务经营者、互联网服务提供者在正常开展经营、提供服务的过程中,如果未能及时监测识别和处置涉嫌电信网络诈骗的活动或者支持、帮助电信网络诈骗的活动,会给人民群众财产安全造成重大隐患。因此,平台应当担负起应有的责任,建立有效的阻隔电信网络诈骗的"防火墙"。因此,在反电信网络诈骗立法和修改过程中,规定了电信业务经营者、互联网服务提供者的合理注意义务,即应当依照国家有关规定,对自身经营的业务被用于涉诈支持、帮助活动进行监测识别和处置。

本条是针对本法第4章"互联网治理"部分的第25条第2款规定的法律责任。本法第25条第2款规定:"电信业务经营者、互联网服务提供者应当依照国家有关规定,履行合理注意义务,对利用下列业务从事涉诈支持、帮助活动进行监测识别和处置:(一)提供互联网接入、服务器托管、网络存储、通讯传输、线路出租、域名解析等网络资源服务;(二)提供信息发布或者搜索、广告推广、引流推广等网络推广服务;(三)提供应用程序、网站等网络技术、产品的制作、维护服务;(四)提供支付结算服务。"针对上述行为,本条规定的法律责任分为两个层次:一是如果违反了本法第25条第2款的规定,情节较轻,则由有关主管部门责令改正,给予警告、通报批评;或者处5万元以上50万元以下罚款。二是如果情节严重,则由有关主管部门处50万元以上500万元以下罚款,还将可能面临有关主管部门责令其暂停相关业务、停业整顿、关闭网站或者应用程序的处罚,以及对其直接负责的主管人员和其他直接责任人员,处1万元以上20万元以下罚款的处罚。

我国现行法律法规对电信业务经营者、互联网服务提供者的合理注意义务等作了原则性规定,如《网络安全法》第47条规定,"网络运营者应当加强对其用户发布的信息的管理,发现法律、行政法规禁止发布或者传输的信息的,应当立即停止传输该信息,采取消除等处置措施,防止信息扩散,保存有关记录,并向有关主管部门报告"。《电子商务法》第38条规定:"电子商务平台经营者知道或者应当知道平台内经营者销售的商品或者提供的服务不符合保障人身、财产安全的要求,或者有其他侵害消费者合法权益行为,未采取必要措施的,依法与该平台内经营者承担连带责任。对关系消费者生命健康的商品或者服务,电子商务平台经营者对平台内经营者的资质资格未尽到审核义务,或者对消费者未尽到安全保障义务,造成消费者损害的,依法承担相应的责任。"《电信条例》第 61 条规定:"在公共信息服务中,电信业务经营者发现电信网络中传输的信息明显属于本条例第五十六条所列内容的,应当立即停止传输,保存有关记录,并向国家有关机关报告。"而《电信条例》在第 56 条明确规定:"任何组织或者个人不得利用电信网络制作、复制、发布、传播含有下列内容的信息:(一)反对宪法所确定的基本原则的;(二)危害国家安全,泄露国家秘密,颠覆国家政权,破坏国家统一的;(三)损害国家荣誉和利益的;(四)煽动民族仇恨、民族歧视,破坏民族团结的;(五)破坏国家宗教政策,宣扬邪教和封建迷信的;(六)散布谣言,扰乱社会秩序,破坏社会稳定的;(七)散布淫秽、色情、赌博、暴力、凶杀、恐怖或者教唆犯罪的;(八)侮辱或者诽谤他人,侵害他人合法权益的;(九)含有法律、行政法规禁止的其他内容的。"

一些司法解释、部门规章或行业准则还根据不同的平台和业务类型,对电信业务经营者、互联网服务提供者的合理注意义务提出了更具针对性的措施要求。如《最高人民法院、最高人民检察院、公安部等关于防范和打击电信网络诈骗犯罪的通告》第 7 条规定,电信企业、银行、支付机构和银联,要切实履行主体责任,对责任落实不到位导致被不法分子用于实施电信网络诈骗犯罪的,要依法追究责任。《工业和信息化部关于加强电信和互联网行业网络安全工作的指导意见》对维护公共互联网网络安全环境、推进安全可控关键软硬件应用、强化网络数据和用户个人信息保护、加强移动应用商店和应用程序安全管理、加强新技术新业务网络安全管理、强化网络安全技术能力和手段建设等方面均提出了具体要求。《网络信息内容生态治理规定》第 8~17 条要求网络平台建立网络信息内容生态治理机制。《互联网群组信息服务管理规定》第 11 条第 1 款规定："互联网群组信息服务提供者应当对违反法律法规和国家有关规定的互联网群组，依法依约采取警示整改、暂停发布、关闭群组等处置措施，保存有关记录，并向有关主管部门报告。"

实践中需要注意的是，本条的法律责任，针对的是电信业务经营者、互联网服务提供者没有按照国家有关规定，没有履行对利用相关业务从事涉诈支持、帮助活动进行监测识别和处置的合理注意义务，但尚不构成犯罪的行为。如果电信业务经营者、互联网服务提供者明知他人利用其相关业务从事涉诈支持、帮助活动，则按照《刑法》第 287 条之二的规定，以帮助信息网络犯罪活动罪处罚，即明知他人利用信息网络实施犯罪，为其犯罪提供互联网接入、服务器托管、网络存储、通讯传输等技术支持，或者提供广告推广、支付结算等帮助，情节严重的，构成帮助信息网络犯罪活动罪。如果涉及拒不履行信息网络安全管理义务，则按照《刑法》第 286 条之一的规定处罚，即"网络服务提供者不履行法律、行政法规规定的信息网络安全管理义务，经监管部门责令采取改正措施而拒不改正，有下列情形之一的，处三年以下有期徒刑、拘役或者管制，并处或者单处罚金：(一)致使违法信息大量传播的；(二)致使用户信息泄露，造成严重后果的；(三)致使刑事案件证据灭失，情节严重的；(四)有其他严重情节的。单位犯前款罪的，对单位判处罚金，并对其直接负责的主管人员和其他直接责任人员，依照前款的规定处罚。有前两款行为，同时构成其他犯罪的，依照处罚较重的规定定罪处罚。"

第四十四条　违反本法第三十一条第一款规定的，没收违法所得，由公安机关处违法所得一倍以上十倍以下罚款，没有违法所得或者违法所得不足二万元的，处二十万元以下罚款；情节严重的，并处十五日以下拘留。

【释义】　本条是关于非法转让电话卡、银行卡（“两卡”）的法律责任的规定。

近年来，非法买卖电话卡、银行卡用于电信网络诈骗违法犯罪问题日益突出。大量的电信网络诈骗犯罪涉及电话卡、银行卡的违法使用，且有组织犯罪猖獗，涉诈窝点从境内转移到境外，倒卖电话卡和网络账号、盗取贩卖个人信息、制作销售网络黑客工具等黑灰产业链不断升级，电信网络诈骗已经成为贯通上中下游各环节的有组织犯罪链条。例如，违法利用电话卡、银行卡，参与、帮助上游电信网络诈骗“跑分”洗钱、提供收发短信验证码“服务”、非法获取并提供批量社交媒体账号、“解封”封禁账号等。又如，贩卖银行卡。行为人贩卖的银行卡往往被用于向全国各地不特定的多名被害人实施诈骗，串并案件数量较多，涉案地区广、人数多，为案件侦破及挽回被害人经济损失带来较大困难。大量电话卡、银行卡“实名不实人”，被诈骗分子购买后作为通信联络、转移资金的工具，形成了黑灰产业链，很多被害人的“上学钱”“养老钱”“看病钱”被洗劫一空。

目前，虽然已经通过技术手段实现了“人证合一”及“活体认证”，很大程度上落实了实名制的管理要求，但是电话卡、银行卡属于人民群众的私有财产，监管手段毕竟有限，即便通过活体实名制认证，仍无法管控其具体用途、无法防止其被冒用，多数卡贩往往是在号卡经过实名认证后才收集号卡，导致“实人使用”难以实现。全方位、全链条打击电信网络诈骗犯罪,不仅要严厉打击电信网络诈骗犯罪,还要斩断其犯罪链条,铲除其周边犯罪黑灰产业链。可是,目前相关监测、核验制度尚不健全,特别是买卖、出租、出借电话卡为实施电信网络诈骗提供了滋生土壤。电话卡的转售、倒卖问题是电话卡"实名不实人"产生的源头,因为这类行为通常是非特定主体间私下交易,电信企业很难发现此类行为,也很难监控电话卡是否为本人使用,管理部门也缺乏足够的法律依据对其进行惩罚。

非法交易的"两卡",是电信网络诈骗犯罪赖以存在的"土壤"和"水源"。"两卡"非法交易泛滥,已经成为电信网络诈骗犯罪屡打不绝的重要因素。因此,打击"两卡"犯罪,是斩断电信网络诈骗犯罪帮助链条、遏制其高发态势、加强其源头治理的关键环节,是势在必行的,也是刻不容缓的。2021 年最高人民法院、最高人民检察院、公安部出台的《关于办理电信网络诈骗等刑事案件适用法律若干问题的意见(二)》,就在第 7~9 条全面规定"两卡"犯罪的法律适用标准,目的也是进一步明确打击"两卡"犯罪的法律依据,方便执法办案,确保准确、有力、有效地打击此类犯罪。

针对这一现实问题,在总结打击治理电信网络诈骗犯罪经验的基础上,反电信网络诈骗法在立法起草阶段和修改完善过程中,对非法转让"两卡"的行为规定了法律责任。

本条是针对本法第 5 章"综合措施"中第 31 条第 1 款关于不得非法转让"两卡"规定的法律责任。本法第 31 条第 1 款规定:"任何单位和个人不得非法买卖、出租、出借电话卡、物联网卡、电信线路、短信端口、银行账户、支付账户、互联网账号等,不得提供实名核验帮助;不得假冒他人身份或者虚构代理关系开立上述卡、账户、账号等。"

针对上述行为,本条规定的法律责任分为三个层次:一是如果从事了本法第 31 条第 1 款规定的非法买卖、出租、出借电话卡、物联网卡、电信线路、短信端口、银行账户、支付账户、互联网账号等行为，为非法买卖、出租、出借的上述卡、账户、账号等提供实名核验帮助的行为，或者假冒他人身份或者虚构代理关系开立上述卡、账户、账号等行为，则将被没收违法所得，同时，由公安机关处以违法所得 1 倍以上 10 倍以下罚款。需要注意的是，此处的违法所得需达到 2 万元以上。例如，假冒他人身份开立电话卡，违法获利 3 万元，则该 3 万元将被没收，同时面临由公安机关或者有关主管部门作出的 3 万元以上 30 万元以下罚款。二是如果从事了本法第 31 条第 1 款规定的行为，但没有违法所得或者违法所得不足 2 万元，则将面临 20 万元以下罚款。三是如果从事了本法第 31 条第 1 款规定的行为，情节严重，但尚不构成犯罪，在被没收全部违法所得、由公安机关处以违法所得 1 倍以上 10 倍以下罚款的同时，还将面临公安机关作出的 15 日以下拘留的行政处罚。

"断卡"行动是打击治理电信网络新型违法犯罪，依法清理整治涉诈电话卡、物联网卡以及关联互联网账号，以斩断犯罪分子的信息流和资金流的行动。自 2020 年 10 月，国务院召开打击治理电信网络新型违法犯罪工作部际联席会议决定在全国范围内开展"断卡"行动以来，集中清理了海量涉诈电话卡、银行卡，有力打击和遏制了电信网络诈骗犯罪。但是，在"断卡"行动和有关部门、单位、企业日常风险监测中，还有以下需要注意的问题：一是要注意保护公民通信自由。目前，在风险监测方面，三家运营商主要采用大数据监测分析手段识别疑似涉诈号码及风险用户，及时采取实时拦截和封堵措施，但对监测模型和系统更新升级的速度要求较高。一旦采取严格的监管模式，如对可疑用户的电话卡采取单停（只能接听不能拨打）、二次核验、双停（停止接听、拨打功能）等手段，必然会在一定程度上影响客户体验。二是要注意保护银行客户权益，保障商业银行的稳健运行，维护金融秩序，促进社会主义市场经济的发展。为了防范电信网络诈骗犯罪，银行等金融机构、非银行支付机构必然采取更加严格的监管措施，如限制转账金额、多次核验身份、反复确认交易目的等，给客户带来一定程度的不便。因此，如何平衡公民通信自由、正常金融交易需求和反电信网络诈骗工作需要，还要在实践中进一步探索完善。

第四十五条　反电信网络诈骗工作有关部门、单位的工作人员滥用职权、玩忽职守、徇私舞弊，或者有其他违反本法规定行为，构成犯罪的，依法追究刑事责任。

【释义】　本条是关于反电信网络诈骗部门、单位的工作人员失职渎职或者有其他违反本法规定的行为的刑事责任的规定。

在打击和治理电信网络诈骗犯罪过程中，有关部门、单位的工作人员一旦有滥用职权、玩忽职守、徇私舞弊的行为，不仅会对反电信网络诈骗工作造成重大困难，还可能会造成电信诈骗犯罪的进一步蔓延。例如，有些部门、单位能够有机会获取大量的信息，诸如电信网络诈骗被害人或者潜在被害人的公司账户信息、手机卡信息、银行卡信息、消费信息、行程信息等，信息种类多，其中不乏个人敏感信息。在利益驱使下，信息一旦被这些部门或者行业的“内鬼”泄露，再被犯罪分子扩散、利用，将变相、间接为网络黑灰产业提供帮助：有的犯罪分子把非法获取的公民个人信息用于注册手机卡、银行卡作为实施诈骗的基础工具，有的利用这些信息对被害人进行“画像”实施精准诈骗。在《反电信网络诈骗法》中增加相应规定，强调对反电信网络诈骗工作有关部门、单位的工作人员的行为约束，一方面能够增加人民群众的信任感、安全感，另一方面也是打击和治理电信网络诈骗犯罪的需要，避免犯罪活动的无限扩张和增加。

一、失职渎职或者其他违反本法规定的行为

本条是关于反电信网络诈骗部门、单位的工作人员失职渎职或者有其他违反本法规定的行为的刑事责任的规定。依据本条规定追究法律责任，需要符合以下两个方面的条件：

1. 滥用职权、玩忽职守、徇私舞弊。本条中的“滥用职权”，是指超越职权，违反法律规定的权限和程序决定、处理其无权决定、处理的事项，或者违反规定处理公务，致使公共财产、国家和人民利益遭受重大损失的行为；“玩忽职守”，是指严重不负责任，不履行法律所规定的职责或者不认真、不正确或者放弃履行职责，致使国家利益、公共利益遭受重大损失的行为；“徇私舞弊”，是指利用职务上的便利和权力，徇个人私利或者亲友私情的行为。

2. 其他违反本法规定的行为。本法对反电信网络诈骗工作总的原则、要求以及电信治理、金融治理、互联网治理的措施均作出了规定。例如，本法“总则”部分第 5 条第 2 款对有关部门、单位和个人的保密要求作了规定，即有关部门和单位、个人应当对在反电信网络诈骗工作过程中知悉的国家秘密、商业秘密和个人隐私、个人信息予以保密。又如，第 16 条第 2 款规定，中国人民银行、国务院银行业监督管理机构组织有关清算机构建立跨机构开户数量核验机制和风险信息共享机制，并为客户提供查询名下银行账户、支付账户的便捷渠道。银行业金融机构、非银行支付机构应当按照国家有关规定提供开户情况和有关风险信息。相关信息不得用于反电信网络诈骗以外的其他用途。第 26 条规

定,公安机关办理电信网络诈骗案件依法调取证据的,互联网服务提供者应当及时提供技术支持和协助。互联网服务提供者依照本法规定对有关涉诈信息、活动进行监测时,发现涉诈违法犯罪线索、风险信息的,应当依照国家有关规定,根据涉诈风险类型、程度情况移送公安、金融、电信、网信等部门。有关部门应当建立完善反馈机制,将相关情况及时告知移送单位。

二、构成犯罪的,依法追究刑事责任

按照本条的规定,反电信网络诈骗工作有关部门、单位的工作人员,构成犯罪的,要依法追究刑事责任。

1.《刑法》第 9 章对渎职罪作了规定,其中第 397 条第 1 款对滥用职权罪、玩忽职守罪作出了规定:除《刑法》另有规定外,国家机关工作人员滥用职权或者玩忽职守,致使公共财产、国家和人民利益遭受重大损失的,处 3 年以下有期徒刑或者拘役;情节特别严重的,处 3 年以上 7 年以下有期徒刑。该条第 2 款规定:国家机关工作人员徇私舞弊,犯前款罪的,处 5 年以下有期徒刑或者拘役;情节特别严重的,处 5 年以上 10 年以下有期徒刑。《最高人民法院、最高人民检察院关于办理渎职刑事案件适用法律若干问题的解释(一)》第 1 条规定:"国家机关工作人员滥用职权或者玩忽职守,具有下列情形之一的,应当认定为刑法第三百九十七条规定的'致使公共财产、国家和人民利益遭受重大损失':(一)造成死亡 1 人以上,或者重伤 3 人以上,或者轻伤 9 人以上,或者重伤 2 人、轻伤 3 人以上,或者重伤 1 人、轻伤 6 人以上的;(二)造成经济损失 30 万元以上的;(三)造成恶劣社会影响的;(四)其他致使公共财产、国家和人民利益遭受重大损失的情形。具有下列情形之一的,应当认定为刑法第三百九十七条规定的'情节特别严重':(一)造成伤亡达到前款第(一)项规定人数 3 倍以上的;

(二)造成经济损失150万元以上的;(三)造成前款规定的损失后果,不报、迟报、谎报或者授意、指使、强令他人不报、迟报、谎报事故情况,致使损失后果持续、扩大或者抢救工作延误的;(四)造成特别恶劣社会影响的;(五)其他特别严重的情节。"

2.《刑法》第398条对故意泄露国家秘密罪、过失泄露国家秘密罪作了规定:国家机关工作人员违反保守国家秘密法的规定,故意或者过失泄露国家秘密,情节严重的,处3年以下有期徒刑或者拘役;情节特别严重的,处3年以上7年以下有期徒刑。非国家机关工作人员犯前款罪的,依照前款的规定酌情处罚。此处的"国家秘密",根据《保守国家秘密法》第2条、第9条的规定,是指关系国家安全和利益,依照法定程序确定,在一定时间内只限一定范围的人员知悉的事项。主要包括:(1)国家事务重大决策中的秘密事项;(2)国防建设和武装力量活动中的秘密事项;(3)外交和外事活动中的秘密事项以及对外承担保密义务的秘密事项;(4)国民经济和社会发展中的秘密事项;(5)科学技术中的秘密事项;(6)维护国家安全活动和追查刑事犯罪中的秘密事项;(7)经国家保密行政管理部门确定的其他秘密事项。此外,政党的秘密事项中符合前款规定的,属于国家秘密。"泄露国家秘密"是指行为人把自己掌管的或者知悉的国家秘密让不应知悉者知悉的行为。泄露的方式不作限制,方式不同不影响泄露国家秘密罪的成立。非国家机关工作人员犯泄露国家秘密罪的,依照《刑法》第398条第1款的规定酌情处罚。

需要注意的是,故意和过失行为均可以构成犯罪。故意泄露国家秘密罪是指国家机关工作人员或者非国家机关工作人员违反《保守国家秘密法》,故意使国家秘密被不应知悉者知悉,或者故意使国家秘密超出了限定的接触范围,情节严重的行为。过失泄露国家秘密罪是指国家机关工作人员或者非国家机关工作人员违反《保守国家秘密法》,过失泄露国家秘密,或者遗失国家秘密载体,致使国家秘密被不应知悉者知悉或者超出了限定的接触范围,情节严重的行为。

3.《刑法》第 219 条对侵犯商业秘密罪作了规定:有下列侵犯商业秘密行为之一,情节严重的,处 3 年以下有期徒刑,并处或者单处罚金;情节特别严重的,处 3 年以上 10 年以下有期徒刑,并处罚金:(1)以盗窃、贿赂、欺诈、胁迫、电子侵入或者其他不正当手段获取权利人的商业秘密的;(2)披露、使用或者允许他人使用以前项手段获取的权利人的商业秘密的;(3)违反保密义务或者违反权利人有关保守商业秘密的要求,披露、使用或者允许他人使用其所掌握的商业秘密的。明知前款所列行为,获取、披露、使用或者允许他人使用该商业秘密的,以侵犯商业秘密论。本条所称权利人,是指商业秘密的所有人和经商业秘密所有人许可的商业秘密使用人。依据《反不正当竞争法》第 9 条的规定,"商业秘密"是指不为公众所知悉、具有商业价值并经权利人采取相应保密措施的技术信息、经营信息等商业信息。

三、实践中需要注意的问题

1. 按照《刑法》的规定,滥用职权和玩忽职守的行为只有"致使公共财产、国家和人民利益遭受重大损失的",才能构成犯罪。是否造成"重大损失",是区分罪与非罪的重要标准。未造成重大损失的,属于一般工作过失的渎职行为,可以由有关部门给予批评教育或者处分,例如,可以依据《监察法》和《公务员法》的有关规定给予行政处分。根据《监察法》第 45 条第 1 款第 2 项的规定,监察机关根据监督、调查结果对违法的公职人员依照法定程序作出警告、记过、记大过、降级、撤职、开除等政务处分决定。根据《公务员法》第 61 条、第 62 条、第 64 条的规定,公务员因违法违纪应当承担纪律责任的,依照公务员法给予处分,处分分为:警告、记过、记大过、降级、撤职、开除。受处分的期间为:警告,6个月;记过,12个月;记大过,18个月;降级、撤职,24个月。受撤职处分的,按照规定降低级别。有处分权的单位可根据违法的国家工作人员所犯违法事实的情节轻重分别给予不同的处分,以达到教育惩戒的目的。

2. 依照《刑法》的规定,泄露国家秘密必须"情节严重",才构成犯罪。根据《最高人民检察院关于渎职侵权犯罪案件立案标准的规定》,故意泄露国家秘密的立案标准是:(1)泄露绝密级国家秘密1项(件)以上的;(2)泄露机密级国家秘密2项(件)以上的;(3)泄露秘密级国家秘密3项(件)以上的;(4)向非境外机构、组织、人员泄露国家秘密,造成或者可能造成危害社会稳定、经济发展、国防安全或者其他严重危害后果的;(5)通过口头、书面或者网络等方式向公众散布、传播国家秘密的;(6)利用职权指使或者强迫他人违反国家保守秘密法的规定泄露国家秘密的;(7)以牟取私利为目的泄露国家秘密的;(8)其他情节严重的情形。过失泄露国家秘密的立案标准是:(1)泄露绝密级国家秘密1项(件)以上的;(2)泄露机密级国家秘密3项(件)以上的;(3)泄露秘密级国家秘密4项(件)以上的;(4)违反保密规定,将涉及国家秘密的计算机或者计算机信息系统与互联网相连接,泄露国家秘密的;(5)泄露国家秘密或者遗失国家秘密载体,隐瞒不报、不如实提供有关情况或者不采取补救措施的;(6)其他情节严重的情形。

根据《保守国家秘密法》第10条的规定,国家秘密的密级分为"绝密""机密""秘密"三级,其中,"绝密"是最重要的国家秘密,泄露会使国家安全和利益遭受特别严重的损害;"机密"是重要的国家秘密,泄露会使国家安全和利益遭受严重的损害;"秘密"是一般的国家秘密，泄露会使国家安全和利益遭受损害。

3. 依据《刑法》规定，侵犯商业秘密的行为需要达到"情节严重"，才能构成犯罪。根据《最高人民法院、最高人民检察院关于办理侵犯知识产权刑事案件具体应用法律若干问题的解释(三)》第4条的规定，实施《刑法》第219条规定的行为，具有下列情形之一的，应当认定为"给商业秘密的权利人造成重大损失"：(1)给商业秘密的权利人造成损失数额或者因侵犯商业秘密违法所得数额在30万元以上的；(2)直接导致商业秘密的权利人因重大经营困难而破产、倒闭的；(3)造成商业秘密的权利人其他重大损失的。给商业秘密的权利人造成损失数额或者因侵犯商业秘密违法所得数额在250万元以上的，应当认定为《刑法》第219条规定的"造成特别严重后果"。

第四十六条　组织、策划、实施、参与电信网络诈骗活动或者为电信网络诈骗活动提供相关帮助的违法犯罪人员，除依法承担刑事责任、行政责任以外，造成他人损害的，依照《中华人民共和国民法典》等法律的规定承担民事责任。

电信业务经营者、银行业金融机构、非银行支付机构、互联网服务提供者等违反本法规定，造成他人损害的，依照《中华人民共和国民法典》等法律的规定承担民事责任。

【释义】　本条是关于民事责任的衔接规定。

电信诈骗案件涉案资金重大，动辄几百万元、上千万元，诈骗金额触目惊心，严重侵害人民群众财产安全和合法权益。如何最大限度帮助被害人挽回和弥补损失，事关人民群众切身利益，是反电信网络诈骗法立法的重要内容。因此，在本法中增加了有关主体承担民事责任的衔接性条款。

本条共分为两款，第 1 款是关于组织、策划、实施、参与电信诈骗活动，或者为电信网络诈骗活动提供帮助的违法犯罪人员承担民事责任的规定。即上述人员除了依法承担刑事责任、行政责任外，造成他人损害的，还将依照《民法典》等法律的规定承担民事责任。

一、刑事责任

《刑法》第 266 条规定，诈骗公私财物，数额较大的，处 3 年以下有期徒刑、拘役或者管制，并处或者单处罚金；数额巨大或者有其他严重情节的，处 3 年以上 10 年以下有期徒刑，并处罚金；数额特别巨大或者有其他特别严重情节的，处 10 年以上有期徒刑或者无期徒刑，并处罚金或者没收财产。本法另有规定的，依照规定。根据《最高人民法院、最高人民检察院关于办理诈骗刑事案件具体应用法律若干问题的解释》第 1 条第 1 款规定，诈骗公私财物价值 3000 元至 1 万元以上、3 万元至 10 万元以上、50 万元以上的，应当分别认定为《刑法》第 266 条规定的“数额较大”“数额巨大”“数额特别巨大”。

《刑法》第 286 条之一规定，网络服务提供者不履行法律、行政法规规定的信息网络安全管理义务，经监管部门责令采取改正措施而拒不改正，有下列情形之一的，处 3 年以下有期徒刑、拘役或者管制，并处或者单处罚金：(1)致使违法信息大量传播的；(2)致使用户信息泄露，造成严重后果的；(3)致使刑事案件证据灭失，情节严重的；(4)有其他严重情节的。单位犯前款罪的，对单位判处罚金，并对其直接负责的主管人员和其他直接责任人员，依照前款的规定处罚。有前两款行为，同时构成其他犯罪的，依照处罚较重的规定定罪处罚。

《刑法》第 287 条之一规定，利用信息网络实施下列行为之一，情节严重的，处 3 年以下有期徒刑或者拘役，并处或者单处罚金：(1)设立用于实施诈骗、传授犯罪方法、制作或者销售违禁物品、管制物品等违法犯罪活动的网站、通讯群组的；(2)发布有关制作或者销售毒品、枪支、淫秽物品等违禁物品、管制物品或者其他违法犯罪信息的；(3)为实施诈骗等违法犯罪活动发布信息的。单位犯前款罪的，对单位判处罚金，并对其直接负责的主管人员和其他直接责任人员，依照第 1 款的规定处罚。有前两款行为，同时构成其他犯罪的，依照处罚较重的规定定罪处罚。第 287 条之二规定，明知他人利用信息网络实施犯罪，为其犯罪提供互联网接入、服务器托管、网络存储、通讯传输等技术支持，或者提供广告推广、支付结算等帮助，情节严重的，处 3 年以下有期徒刑或者拘役，并处或者单处罚金。单位犯前款罪的，对单位判处罚金，并对其直接负责的主管人员和其他直接责任人员，依照第 1 款的规定处罚。有前两款行为，同时构成其他犯罪的，依照处罚较重的规定定罪处罚。《最高人民法院、最高人民检察院关于办理非法利用信息网络、帮助信息网络犯罪活动等刑事案件适用法律若干问题的解释》对帮助信息网络犯罪活动罪的适用作了具体规定。例如，该解释第 12 条对《刑法》第 287 条之二第 1 款规定的“情节严重”作了规定。

二、行政责任

组织、策划、实施、参与电信诈骗活动，或者为电信网络诈骗活动提供帮助的人员，如不构成犯罪，则依照本法及有关法律的规定，承担行政责任。如根据本法第 42 条规定，违反本法第 14 条、第 25 条第 1 款规定，电信网络诈骗黑灰产业，为电信网络诈骗活动提供支持、帮助的，将面临的处罚是：没收违法所得，由公安机关或者有关主管部门处违法所得1倍以上10倍以下罚款，没有违法所得或者违法所得不足5万元的，处50万元以下罚款；情节严重的，由公安机关并处15日以下拘留。

三、民事责任

《民法典》第120条规定，民事权益受到侵害的，被侵权人有权请求侵权人承担侵权责任。此外，《民法典》第7编对侵权责任作了全面规定。第1165条第1款规定，行为人因过错侵害他人民事权益造成损害的，应当承担侵权责任。第1184条规定，侵害他人财产的，财产损失按照损失发生时的市场价格或者其他合理方式计算。被害人因电信网络诈骗造成财产损失，组织、策划、实施、参与电信诈骗活动，或者为电信网络诈骗活动提供帮助的违法犯罪人员应当承担相应的民事责任。

本条第2款是关于电信业务经营者、银行业金融机构、非银行支付机构、互联网服务提供者等主体承担民事责任的规定。即上述主体违反本法规定，造成他人损害的，依照《民法典》等法律的规定承担民事责任。

在审议修改过程中，有关部门，部分电信企业、银行、非银行支付机构、互联网企业等主体，以及部分专家学者都提出了意见。主要是：电信业务经营者、银行业金融机构、非银行支付机构、互联网服务提供者的主体，不是电信网络诈骗犯罪的行为人，不应当与电信网络诈骗行为人承担连带责任，甚至承担无过错责任，应当依据各自过错程度承担相应的责任。本条的规定是与《民法典》等法律相衔接的条款，没有创设新的民事责任。根据《民法典》第1197条规定，网络服务提供者知道或者应当知道网络用户利用其网络服务侵害他人民事权益，未采取必要措施的，与该网络用户承担连带责任。

第四十七条　人民检察院在履行反电信网络诈骗职责中，对于侵害国家利益和社会公共利益的行为，可以依法向人民法院提起公益诉讼。

【释义】　本条是关于人民检察院在履行反电信网络诈骗职责中可以提起公益诉讼的规定。

为切实加强反电信网络诈骗工作，维护国家利益和社会公共利益，落实相关责任主体的责任，帮助相关被害人维护自身权益，强化法律监督职责，在检察机关探索实践公益诉讼的基础上，通过法律进一步明确检察机关在履行反电信网络诈骗职责中，对于侵害国家利益和社会公共利益的行为，依法提起公益诉讼。

本条包含三层意思：一是人民检察院在反电信网络诈骗工作中负有相应职责。我国《宪法》第 134 条规定，中华人民共和国人民检察院是国家的法律监督机关。《人民检察院组织法》第 2 条规定，人民检察院是国家的法律监督机关。人民检察院通过行使检察权，追诉犯罪，维护国家安全和社会秩序，维护个人和组织的合法权益，维护国家利益和社会公共利益，保障法律正确实施，维护社会公平正义，维护国家法制统一、尊严和权威，保障中国特色社会主义建设的顺利进行。第 4 条规定，人民检察院依照法律规定独立行使检察权，不受行政机关、社会团体和个人的干涉。第 20 条关于人民检察院行使的职权第 4 项规定，人民检察院依照法律规定提起公益诉讼。据此，人民检察院在反电信网络诈骗工作中通过依法独立行使检察权，督促负有反电信网络诈骗职责的行政机关依法履行相应的管理职责，督促金融、电信、互联网领域相关企业依法履职，维护国家利益和社会公共利益，维护社会公平正义,维护宪法和法律权威,促进国家治理体系和治理能力现代化,切实使反电信网络诈骗工作取得实效。

二是人民检察院行使职权开展公益诉讼需要符合一定条件。本条规定,人民检察院在履行反电信网络诈骗职责中,发现“对于侵害国家利益和社会公共利益的行为”,可以依法开展公益诉讼。需要注意的是:电信网络诈骗犯罪一般属于刑事犯罪案件,人民检察院在刑事犯罪案件中依法对刑事案件进行审查,批准或者决定是否逮捕犯罪嫌疑人;决定是否提起公诉,对决定提起公诉的案件支持公诉等。实践中一般对生态环境、食品药品安全等领域开展公益诉讼,主要是考虑到这类违法行为可能存在没有利益主体提起诉讼的情况,不利于保护社会公共利益和国家利益。对于电信网络诈骗犯罪有明确的违法犯罪人员和被害人、因果关系与法律责任清晰的情况,主要依靠刑事依法惩治犯罪行为人并维护被害人的权益。对于人民检察院在反电信网络诈骗工作中发现行业主管部门、第三方相关企业等存在工作制度不完善、不作为等问题时,主要可依靠检察建议等方式,督促有关方面完善工作。当行业主管部门、第三方相关企业等存在严重失职渎职或者不作为的行为,严重侵害国家利益和社会公共利益时,人民检察院可以依法提起公益诉讼。

三是人民检察院可以依法向人民法院提起公益诉讼。这里的“依法”包括《反电信网络诈骗法》《人民检察院组织法》《民事诉讼法》《行政诉讼法》。《民事诉讼法》第 58 条规定,对污染环境、侵害众多消费者合法权益等损害社会公共利益的行为,法律规定的机关和有关组织可以向人民法院提起诉讼。人民检察院在履行职责中发现破坏生态环境和资源保护、食品药品安全领域侵害众多消费者合法权益等损害社会公共利益的行为,在没有前款规定的机关和组织或者前款规定的机关和组织不提起诉讼的情况下，可以向人民法院提起诉讼。前款规定的机关或者组织提起诉讼的，人民检察院可以支持起诉。《行政诉讼法》第 25 条第 4 款规定，人民检察院在履行职责中发现生态环境和资源保护、食品药品安全、国有财产保护、国有土地使用权出让等领域负有监督管理职责的行政机关违法行使职权或者不作为，致使国家利益或者社会公共利益受到侵害的，应当向行政机关提出检察建议，督促其依法履行职责。行政机关不依法履行职责的，人民检察院依法向人民法院提起诉讼。此外，2021 年 7 月《人民检察院公益诉讼办案规则》施行，公益诉讼的一般规定包括管辖、回避、立案、调查等程序，以及启动行政公益诉讼、民事公益诉讼的条件、要求等。人民检察院对反电信网络诈骗犯罪中发现的符合条件进行公益诉讼的案件，可以依法向人民法院提起诉讼。

第四十八条　有关单位和个人对依照本法作出的行政处罚和行政强制措施决定不服的，可以依法申请行政复议或者提起行政诉讼。

【释义】　本条是关于对行政处罚和行政强制措施决定不服可以申请行政复议、提起行政诉讼的规定。

根据反电信网络诈骗工作的需要，本法对电信业务经营者、互联网服务提供者、银行业金融机构、非银行支付机构，非法制造、销售、提供或者使用专门或者主要用于电信网络诈骗的设备、软件的，从事相关涉诈支持、帮助活动的，以及非法买卖、出租、出借电话卡、物联网卡、银行账户、支付账户、互联网账号等的单位和个人，在法律责任章节规定了违反本法规定的行政处罚；对重大涉诈嫌疑人员和因从事电信网络诈骗活动受到刑事处罚的人员,在其他章节规定了不准出境的行政强制措施。这些处罚和措施,对规范有关主体建立反电信网络诈骗防范机制、履行本法规定的职责、打击电信网络诈骗黑灰产业、加强反电信网络诈骗工作的实施效果等方面,具有重要意义。

同时,本法第 5 条第 1 款规定,反电信网络诈骗工作应当依法进行,维护公民和组织的合法权益。对公民、法人或者其他组织来说,行政处罚是依法以减损权益或者增加义务的方式对其予以惩戒,行政强制措施则是直接对其财产权、人身权的限制和剥夺。从权利保护的角度看,应当明确当事人遭受行政处罚和行政强制措施的权利救济途径。作为一种事后救济手段,根据《行政处罚法》和《行政强制法》有关规定,当事人对行政处罚或者行政强制措施决定不服的,可以依法向复议机关申请行政复议或者向人民法院提起行政诉讼。这也是行政法领域程序正当原则的体现,目的是使公民、法人或者其他组织遭受行政行为侵害所受到的损失,通过行政和司法救济的途径,及时地予以恢复和补偿。本条依法对此作出了衔接性规定。

需要说明的是,本法对电信业务经营者、互联网服务提供者、银行业金融机构、非银行支付机构等单位主体在建立健全以及落实反电信网络诈骗内部控制机制上作出了要求,并规定了相应的行政处罚措施,通过这些处罚措施,赋予了有关主管机关广泛的行政职权。党的十八大以来,我国对行政权力监督和制约提出了要求,广泛的行政执法权应当对应严格的执法程序和监督机制。在监督机制中,作为行政对象的当事人,因直接参与行政执法程序,并与行政决定有直接利害关系,而扮演着十分重要的角色。法律救济,就是法律赋予当事人对行政执法行为进行事后监督的重要方式,包括行政复议、行政诉讼和国家赔偿诉讼等。考虑到当事人监督中个人与行政机关的力量差距悬殊,需要在法律中明确监督渠道和权利。这是作出本条规定的另外一个考虑。

本条是关于有关单位和个人对依照本法作出的行政处罚和行政强制措施决定不服,可以依法申请行政复议或者提起行政诉讼的规定。

第一,本条的适用对象是对依照本法作出的有关行政处罚和行政强制措施不服的行政相对人,包括单位和个人。本法根据反电信网络诈骗工作的实践需要,设定了一些具体的行政处罚和行政强制措施。

行政处罚是特定的行政主体对违反行政管理秩序但尚未构成犯罪的有关单位、个人予以制裁的行政行为,包括警告、罚款、行政拘留、没收违法所得、没收非法财物、责令停产停业、暂扣或者吊销许可证、限制开展生产经营活动、限制从业等。本法"法律责任"一章对电信业务经营者、银行业金融机构、非银行支付机构、互联网服务提供者、从事电信网络诈骗黑灰产业以及其他实施涉诈非法行为的单位和个人,设定了不同程度的行政处罚。如本法第 39 条规定:电信业务经营者违反本法规定,有未履行对电话卡、物联网卡进行实名制登记,监测识别、监测预警和相关处置职责等五种情形的,由有关主管部门责令改正,情节较轻的,给予警告、通报批评,或者处 5 万元以上 50 万元以下罚款;情节严重的,处 50 万元以上 500 万元以下罚款,并可以由有关主管部门责令暂停相关业务、停业整顿、吊销相关业务许可证或者吊销营业执照,对其直接负责的主管人员和其他直接责任人员,处 1 万元以上 20 万元以下罚款。第 40 条规定:银行业金融机构、非银行支付机构违反本法规定,有未履行尽职调查义务、对可疑交易风险监测和相关处置义务等四种情形的,由有关主管部门责令改正,情节较轻的,给予警告、通报批评,或者处 5 万元以上 50 万元以下罚款;情节严重的,处 50 万元以上 500 万元以下罚款,并可以由有关主管部门责令停止新增业务、缩减业务类型或者业务范围、暂停相关业务、停业整顿、吊销相关业务许可证或者吊销营业执照，对其直接负责的主管人员和其他直接责任人员，处 1 万元以上 20 万元以下罚款。第 41 条规定：电信业务经营者、互联网服务提供者违反本法规定，有未履行网络服务实名制职责、对电信网络诈骗信息的监测识别和处置义务，拒不依法为查处电信网络诈骗犯罪提供技术支持和协助等六种情形的，由有关主管部门责令改正，情节较轻的，给予警告、通报批评，或者处 5 万元以上 50 万元以下罚款；情节严重的，处 50 万元以上 500 万元以下罚款，并可以由有关主管部门责令暂停相关业务、停业整顿、关闭网站或者应用程序、吊销相关业务许可证或者吊销营业执照，对其直接负责的主管人员和其他直接责任人员，处 1 万元以上 20 万元以下罚款。第 42 条规定：违反本法第 14 条和第 25 条第 1 款规定，非法制造、买卖、提供或者使用专门或者主要用于电信网络诈骗的设备、软件的，或者从事相关涉诈支持、帮助活动的，没收违法所得，由公安机关或者有关主管部门处违法所得 1 倍以上 10 倍以下罚款，没有违法所得或者违法所得不足 5 万元的，处 50 万元以下罚款；情节严重的，由公安机关并处 15 日以下拘留。第 43 条规定：违反本法第 25 条第 2 款规定，电信业务经营者、互联网服务提供者未依照国家有关规定履行合理注意义务的，由有关主管部门责令改正，情节较轻的，给予警告、通报批评，或者处 5 万元以上 50 万元以下罚款；情节严重的，处 50 万元以上 500 万元以下罚款，并可以由有关主管部门责令暂停相关业务、停业整顿、关闭网站或者应用程序，对其直接负责的主管人员和其他直接责任人员，处 1 万元以上 20 万元以下罚款。第 44 条规定：违反本法第 31 条第 1 款规定，非法买卖、出租、出借或者假冒他人身份或者虚构代理关系开立电话卡、物联网卡、银行账户、支付账户、互联网账号等,或者为其提供实名核验帮助的,没收违法所得,由公安机关处违法所得1倍以上10倍以下罚款,没有违法所得或者违法所得不足2万元的,处20万元以下罚款;情节严重的,并处15日以下拘留。

行政强制措施是行政机关在行政管理过程中,为制止违法行为、防止证据损毁、避免危害发生、控制危险扩大等情形,依法对公民的人身自由实施暂时性限制,或者对公民、法人或者其他组织的财物实施暂时性控制的行为,包括限制公民人身自由,查封场所、设施或者财物,扣押财物,冻结存款、汇款等。本法主要是在第36条中,对重大涉诈嫌疑人员以及因从事电信网络诈骗活动受到刑事处罚的人员,规定了限制出境措施。第36条规定,对前往电信网络诈骗活动严重地区的人员,出境活动存在重大涉电信网络诈骗活动嫌疑的,移民管理机构可以决定不准其出境。因从事电信网络诈骗活动受过刑事处罚的人员,设区的市级以上公安机关可以根据犯罪情况和预防再犯罪的需要,决定自处罚完毕之日起6个月至3年以内不准其出境,并通知移民管理机构执行。

第二,本条的适用条件是有关单位和个人对本法规定的行政处罚或者行政强制措施决定不服的。一般来说,不服行政处罚决定、行政强制措施决定而申请复议或者提起诉讼的,主要有以下几种情形:(1)原行政处罚决定、原行政强制措施决定认定的事实错误,包括认定的违法事实存在错误或者适用的对象错误等。(2)原行政处罚决定、原行政强制措施决定适用法律不当。(3)原行政处罚决定、原行政强制措施决定的作出不符合法定程序。

关于作出行政处罚和行政强制措施的法定程序,需要注意的是,除要符合本法的具体规定外,还要符合《行政处罚法》和《行政强制法》本身对实施程序的规定。如《行政处罚法》规定的行政处罚遵循公正、公开原则,由具有行政处罚权的行政机关在法定职权范围内实施等;《行政强制法》规定的对需要限制公民人身自由的行政强制措施,应当场告知或者实施后立即通知当事人家属实施行政强制措施的行政机关、地点和期限,实施行政强制措施的目的已经达到或者条件已经消失,应当立即解除等。无论是行政处罚还是行政强制措施,作为行政相对人的公民、法人或者其他组织,在行政程序中均有权进行陈述和申辩。

第三,本条规定的救济途径包括依法申请行政复议或者提起行政诉讼两种。这里的"依法申请行政复议或者提起行政诉讼",是指有关单位和个人可以按照《行政复议法》《行政诉讼法》规定的条件和程序申请行政复议、提起行政诉讼。

行政复议是指公民、法人或者其他组织不服行政机关的处罚决定,在一定期限内,依法向行政复议机关提出行政复议申请,接受申请的行政复议机关根据提出的申请,按照法律、法规的规定对原具体行政行为的合法性和适当性进行复查,在规定的时限内作出维持、变更或者撤销原具体行政行为的决定。(1)关于复议机关,根据《行政复议法》规定:对县级以上地方各级人民政府工作部门的具体行政行为不服的,可以向该部门的本级人民政府申请行政复议,也可以向上一级主管部门申请行政复议;对海关、金融、国税、外汇管理等实行垂直领导的行政机关和国家安全机关的具体行政行为不服的,向上一级主管部门申请行政复议;对国务院部门的具体行政行为不服的,向作出该具体行政行为的国务院部门申请行政复议,对该行政复议决定不服的,可以向人民法院提起行政诉讼,也可以向国务院申请裁决,国务院裁决为最终裁决。(2)关于复议期限,《行政复议法》第9条规定:公民、法人或者其他组织认为具体行政行为侵犯其合法权益的,可以自知道该具体行政行为之日起60日内提出行政复议申请;但是法律规定的申请期限超过 60 日的除外。因不可抗力或者其他正当理由耽误法定申请期限的,申请期限自障碍消除之日起继续计算。

行政诉讼是指公民、法人或者组织不服行政机关的处罚决定、行政强制措施决定等,认为行政机关和行政机关工作人员的具体行政行为侵犯其合法权益的,在一定期限内,依法向人民法院提起诉讼,由人民法院对具体行政行为是否合法进行审查并作出裁判。(1)关于管辖法院,根据《行政诉讼法》规定:一般由最初作出行政行为的行政机关所在地人民法院管辖;经复议的案件,也可以由复议机关所在地人民法院管辖;对限制人身自由的行政强制措施不服提起的诉讼,由被告所在地或者原告所在地人民法院管辖。(2)关于诉讼期限,《行政诉讼法》第 45 条规定,不服复议决定的,可以在收到复议决定书之日起 15 日内向人民法院提起诉讼。复议机关逾期不作决定的,申请人可以在复议期满之日起 15 日内向人民法院提起诉讼。法律另有规定的除外。第 46 条第 1 款规定,公民、法人或者其他组织直接向人民法院提起诉讼的,应当自知道或者应当知道作出行政行为之日起 6 个月内提出。法律另有规定的除外。

对于依照本法作出的行政处罚和行政强制措施决定,有关单位和个人不服的,可以直接申请行政复议,也可以直接提起行政诉讼。一方面,直接申请行政复议,且行政复议机关已经依法受理的,在法定行政复议期限内不得向人民法院提起行政诉讼;直接提起行政诉讼,且人民法院已经依法受理的,不得申请行政复议。另一方面,直接申请行政复议后,有关单位和个人对复议决定不服的,还可以在法定期限内向人民法院提起行政诉讼。经复议的案件,复议机关决定维持原行政行为,当事人不服的,作出原行政行为的行政机关和复议机关是共同被告;复议机关改变原行政行为,当事人不服的,复议机关是被告。

实践中需要注意的是,行政复议和行政诉讼原则上不停止具体行政行为的执行。实践中为了保障行政效率,维护国家利益和社会公共利益,《行政复议法》和《行政诉讼法》均规定,在行政复议和行政诉讼期间,具体行政行为原则上不停止执行。之所以这样规定,是考虑到在确保当事人受到不应有的处罚或者行政强制时可以得到及时救济的同时,也要注重维护执法过程中有关主管部门作出的处罚决定和行政强制决定的严肃性和权威性,保证有关部门能够依法履行职责,及时追究违法者的法律责任,维护社会安全和公共利益。

第七章　附　　则

第四十九条　反电信网络诈骗工作涉及的有关管理和责任制度，本法没有规定的，适用《中华人民共和国网络安全法》、《中华人民共和国个人信息保护法》、《中华人民共和国反洗钱法》等相关法律规定。

【释义】　本条是关于反电信网络诈骗工作涉及的有关管理和责任制度，本法没有规定的，如何与其他法律衔接的规定。

本法是对反电信网络诈骗工作的关键环节、主要制度进行的专门性立法。从功能定位上来讲，本法坚持精准防治和问题导向，注重源头治理、综合治理，强调完善预防性法律制度建设，是一部针对性强、实用性高的“小快灵”“小切口”法律。如反电信网络诈骗工作的基本原则；完善电话卡、物联网卡、金融账户、互联网账号有关基础管理制度；建立电信网络诈骗反制技术措施，统筹推进跨行业、企业统一监测系统建设，为利用大数据反诈提供制度支持等。此外，本法还规定了切实有效的举措加强网络黑灰产业治理，推动形成协同打击治理电信网络诈骗犯罪的工作合力。并依法明确有关违法行为的法律责任，加大惩处力度。

由于反电信网络诈骗工作是一项系统性工程，本身涉及电信、金融、互联网、社会综合治理等多个领域，这些领域对应金融、电信、网信、市场监管等不同的主管机关和有关市场主体，领域本身已经形成了较为成熟的法律法规规范和管理制度，并一般对该领域违法违规甚至犯罪行为以及法律责任作出了规定。如《网络安全法》《商业银行法》《银行业监督管理法》《数据安全法》等。此外，电信网络诈骗犯罪滋生出泄露、买卖公民个人信息，洗钱等违法犯罪活动，这些非法行为有的已经由专项法律作出了规定，如《个人信息保护法》《反洗钱法》等。

本法是反电信网络诈骗工作的专门法律，与其他法律中涉及反电信网络诈骗工作的各种管理和责任制度，应当是相互补充、共同推进的关系。对于有关管理和责任制度，本法已经作出专门性规定的，应当适用本法规定；本法没有规定的，应当适用其他相关法律规定。本条对此作出衔接性规定。

“反电信网络诈骗工作涉及的有关管理和责任制度”，主要是指为打击治理电信网络诈骗活动而建立健全的各种管理制度，以及未依法履行管理义务而应当承担的法律责任。既包括有关主管部门的管理职责，如本法第 6 条规定的公安机关牵头负责反电信网络诈骗工作，金融、电信、网信、市场监管等有关主管部门承担监管主体责任的内容；也包括市场主体的管理责任，如本法针对电信、金融、互联网以及综合治理领域规定的电信业务经营者、银行业金融机构、非银行支付机构、互联网服务提供者等应当承担的内部控制机制、风险防控和安全责任制度；还包括上述主体不履行有关管理职责而应当依法承担的各种法律责任。

具体分析本法与其他法律之间的关系，可以区分以下两种情形：

1. 本法已有规定，其他法律没有规定的。如本法第 10 条规定电信业务经营者有权对经识别存在异常情形的拒绝办卡，第 17 条规定银行业金融机构、非银行支付机构应当建立开立企业账户异常情形的风险防控机制,第 22 条规定互联网服务提供者对监测识别的涉诈异常账号应当采取重新核验、限制功能、暂停服务等处置措施。这些均属于首次在法律层面作出规定,作为反电信网络诈骗专门法律,自然应当适用本法规定。

2. 本法没有规定,还可以具体区分以下两种情形:

(1)本法没有规定,但其他法律对反电信网络诈骗工作涉及的有关管理和责任制度有规定的,应当从其规定。以几个常见的涉反电信网络诈骗工作的有关法律为例:

一是《网络安全法》的有关规定。电信网络诈骗区别于普通诈骗活动的本质特征就是利用电信网络设施及相关技术,使诈骗活动更具隐匿性、涉诈资金更加不易追溯、诈骗结果更具危害性,因此,本法第 4 章互联网治理中对网络实名制、涉诈异常互联网账号监测等制度进行了专门规定。除此之外,2017 年 6 月 1 日《网络安全法》开始施行,对在境内建设、运营、维护和使用网络,以及网络安全的监督管理等作了规定,部分规定同样适用于反电信网络诈骗工作。第 21 条规定,国家实行网络安全等级保护制度。网络运营者应当按照网络安全等级保护制度的要求,采取防范计算机病毒和网络攻击、监测和记录网络运行状态及网络安全事件、对重要数据备份和加密等措施,保障网络免受干扰、破坏或者未经授权的访问,防止网络数据泄露或者被窃取、篡改。《网络安全法》还对发布、传输法律法规禁止的内容(包括涉诈 APP 和非法链接等)之处置作了规定:任何个人和组织发送的电子信息、提供的应用软件,不得设置恶意程序,不得含有法律、行政法规禁止发布或者传输的信息。电子信息发送服务提供者和应用软件下载服务提供者,应当履行安全管理义务,有前述行为的,应当停止提供服务,采取消除等处置措施,保存有关记录,并向有关主管部门报告。网络运营者应当加强对其用户发布的信息的管理,发现法律、行政法规禁止发布或者传输的信息的，应当立即停止传输该信息，采取消除等处置措施，防止信息扩散，保存有关记录，并向有关主管部门报告。同时，网络运营者应当建立网络信息安全投诉、举报制度，及时受理并处理有关网络信息安全的投诉和举报。国家网信部门和其他依法履行网络信息安全监督管理职责的有关部门，对源于中华人民共和国境外的上述信息，应当通知有关机构采取技术措施和其他必要措施阻断传播。

二是《个人信息保护法》的有关规定。在电信网络诈骗活动中，往往存在公民姓名、身份证号、银行账号、手机号等个人信息泄露等问题，有数据显示，约 1/4 的网络诈骗是在获取公民个人信息后“精准出手”，有针对性地实施犯罪，侵犯公民个人信息已成为电信网络诈骗黑灰产业的关键环节，需要对公民个人信息的处理与保护作出规定。2021 年 11 月 1 日，《个人信息保护法》生效实施，对在境内处理自然人个人信息的，以及在境外以向境内自然人提供产品或服务为目的处理境内自然人个人信息，在境外分析、评估境内自然人的行为等情形作了规定。第 4 条规定，个人信息的处理包括个人信息的收集、存储、使用、加工、传输、提供、公开、删除等。根据《个人信息保护法》有关规定，除法定情形外，个人信息处理者应当征得个人同意方可处理个人信息；另外，只有在具有特定的目的和充分的必要性，并采取严格保护措施的情形下，个人信息处理者方可处理敏感个人信息。个人信息处理者，是指在个人信息处理活动中自主决定处理目的、处理方式的组织和个人。敏感个人信息，是一旦泄露或者非法使用，容易导致自然人的人格尊严受到侵害或者人身、财产安全受到危害的个人信息，包括生物识别、宗教信仰、特定身份、医疗健康、金融账户、行踪轨迹等信息，以及不满 14 周岁未成年人的个人信息。据此，由于电信业务经营者、银行业金融机构、非银行支付机构、互联网服务提供者等主体在日常经营活动中掌握大量包括身份信息、支付账户、人脸识别信息在内的敏感个人信息，这些机构在履行本法规定的反电信网络诈骗义务职责外，还应当遵守《个人信息保护法》的规定，采取措施确保个人信息处理活动符合法律、行政法规规定，并防止未经授权的访问以及个人信息泄露、篡改、丢失。包括制定内部管理制度和操作规程，对个人信息实行分类管理，采取相应的加密、去标识化等安全技术措施，合理确定个人信息处理的操作权限，制定并组织实施个人信息安全事件应急预案，对个人权益有重大影响的个人信息处理活动事前进行影响评估等。

三是《反洗钱法》的有关规定。涉诈资金的追缴没收与返还被害人，一直是反电信网络诈骗工作的重点和难点，本法第 3 章金融治理对银行业金融机构、非银行支付机构建立客户尽职调查制度，依法识别受益所有人，采取相应风险管理措施等作了规定，并明确由国务院公安部门会同有关部门建立完善电信网络诈骗涉案资金即时查询、紧急止付、快速冻结、及时解冻和资金返还制度，明确有关条件、程序和救济措施。除此之外，被害人钱款一旦进入涉诈账户，即需要通过"跑分"平台、地下钱庄等渠道将钱款进行分发和转移，此时这些涉诈资金的洗钱活动就已经启动，为及时拦截涉诈资金、最大限度地维护被害人合法权益，需要对洗钱活动采取强有力的预防和惩治措施。2007 年 1 月 1 日《反洗钱法》施行，对通过各种方式掩饰、隐瞒犯罪所得及其收益的来源和性质的洗钱活动，规定了预防、监控和惩治措施。该法对金融机构、特定非金融机构设定了三项基本的反洗钱义务：建立健全客户身份识别制度、客户身份资料和交易记录保存制度、大额交易和可疑交易报告制度。其中，客户身份识别制度和可疑交易报告制度已经在本法中作了专门规定。根据《反洗钱法》的规定，客户身份资料和交易记录保存制度是指金融机构在业务关系存续期间,客户身份资料发生变更的,应当及时更新;客户交易信息在交易结束后,应当至少保存5年;金融机构破产和解散时,应当将客户身份资料和交易信息移交国务院有关部门指定的机构。大额交易报告制度,是指金融机构办理的单笔交易或者在规定期限内的累计交易超过规定金额的,应当及时向反洗钱信息中心报告。《金融机构大额交易和可疑交易报告管理办法》(中国人民银行令〔2016〕第3号)第2章对大额交易报告的标准和例外情形作了规定。

四是《数据安全法》的有关规定。近几年,随着国内不断加强打击治理电信网络诈骗违法犯罪工作,很多电信网络诈骗分子将犯罪据点转向国外尤其是东南亚国家,并利用非法设备和技术手段从境外获取境内自然人个人信息从而实施诈骗,境外作案占80%以上,这之中就涉及大量的数据跨境流动问题,需要对数据安全及跨境审查作出规范。2021年9月1日,《数据安全法》施行,该法规定,在我国境内开展数据处理活动及其安全监管,适用《数据安全法》;在中华人民共和国境外开展数据处理活动,损害中华人民共和国国家安全、公共利益或者公民、组织合法权益的,依法追究法律责任。根据《数据安全法》的有关规定,任何组织、个人收集数据,应当采取合法、正当的方式,不得窃取或者以其他非法方式获取数据;从事数据交易中介服务的机构提供服务,应当要求数据提供方说明数据来源,审核交易双方的身份,并留存审核、交易记录;关键信息基础设施的运营者在中华人民共和国境内运营中收集和产生的重要数据的出境安全管理,适用《网络安全法》的规定;其他数据处理者的出境安全管理办法,由国家网信部门会同国务院有关部门制定等。另外,《个人信息保护法》也对个人信息跨境处理规则作出了规定。该法规定,一般情况下,个人信息处理者因业务等需要，确需向中华人民共和国境外提供个人信息的，应当依法通过国家网信部门组织的安全评估，并按照国家网信部门的规定进行个人信息保护认证，以标准合同与境外接收方订立合同等。在向中华人民共和国境外提供个人信息时，应当向个人告知境外接收方的名称或者姓名、联系方式、处理目的、处理方式、个人信息的种类以及个人向境外接收方行使本法规定权利的方式和程序等事项，并取得个人的单独同意。

（2）本法与其他法律均未作规定，行政法规作出规定的，也应当根据本条规定，适用行政法规有关内容。

根据《立法法》的基本原则，除应当由法律作出规定的事项外，国务院有权就《宪法》第 89 条规定的国务院行政管理职权的事项，制定行政法规。在没有上位法规定时，可以直接适用行政法规的规定。

正如前文所述，电信网络诈骗活动往往需要通过互联网实施，除通过《网络安全法》等对互联网活动进行规范外，互联网接入服务、互联网虚拟专用网业务、域名解析服务业务等前端网络搭建均属于电信业务范畴。除此之外，作为电信网络诈骗非法利用的另一个主要途径，IP 电话业务、国际通信设施服务、互联网国际数据传送业务等，也属于电信业务范畴，需要加以规制。本法第 2 章“电信治理”和第 4 章“互联网治理”中规定电信业务经营者提供服务时应当进行实名认证、对不法行为进行监测识别和处置、对域名解析、域名跳转、网址链接转换服务进行管理和溯源等。

此外，2016 年 2 月修订后的《电信条例》对境内从事电信活动或者与电信有关的活动也作了规范。根据该条例的规定：任何组织或者个人不得有利用电信网络从事窃取或者破坏他人信息、损害他人合法权益等危害电信网络安全和信息安全的行为；任何组织或者个人不得以虚假、冒用的身份证件办理入网手续并使用移动电话等扰乱电信市场秩序的行为。违反规定，尚不构成犯罪的，由国务院信息产业主管部门或者省、自治区、直辖市电信管理机构依据职权责令改正，没收违法所得，处违法所得 3 倍以上 5 倍以下罚款；没有违法所得或者违法所得不足 1 万元的，处 1 万元以上 10 万元以下罚款。电信业务经营者应当按照国家有关电信安全的规定，建立健全内部安全保障制度，实行安全保障责任制。在公共信息服务中，电信业务经营者发现电信网络中传输的信息明显属于法律法规所禁止内容的，应当立即停止传输，保存有关记录，并向国家有关机关报告。

在该条的理解适用中，需要注意以下两个方面的问题：

第一，对于本法有规定的，其他法律暂时没有规定，但本法实施后，又制定有关的新法或者修改有关法律的，如何适用的问题。在全国人大常委会 2022 年度立法工作计划中，修改《商业银行法》《中国人民银行法》《反洗钱法》，制定电信法、网络犯罪防治法等方面的立法工作，均属于预备审议项目。在本法审议过程中，也有意见提出，建议通过电信法，对网络用户实名制、网络资源管理、网络技术防范、涉诈用户信用管理等源头治理、事中监管和事后惩治核心环节作出具体规定。在通常情况下，即使是新的法律中涉及反电信网络诈骗工作的有关管理责任制度，也一般与本法的有关规定及精神一致。如果以后其他法律对反电信网络诈骗有关管理责任制度作出新的规定，则需要根据《立法法》等法律中关于新法优于旧法、特别法优于普通法等处理法条竞合的有关规定和精神处理。

第二，对于本法有规定，其他法律也有规定，但相关规定并不完全一致的问题。如本法第 18 条规定的可疑交易监测与报告制度与《反洗钱法》规定可疑交易活动的行政调查。根据本法第 18

条第 3 款规定，对监测识别的异常账户和可疑交易，银行业金融机构、非银行支付机构应当根据风险情况，采取核实交易情况、重新核验身份、延迟支付结算、限制或者中止有关业务等必要的防范措施。

根据《反洗钱法》和《金融机构大额交易和可疑交易报告管理办法》的有关规定，金融机构应当按照规定执行大额交易和可疑交易报告制度。发现可疑交易明显涉嫌洗钱、恐怖融资等犯罪活动的，金融机构应当在向中国反洗钱监测分析中心提交可疑交易报告的同时，以电子形式或书面形式向所在地中国人民银行或者其分支机构报告，并配合反洗钱调查。反洗钱调查，是指国务院反洗钱行政主管部门（中国人民银行）或者其省一级派出机构作为监管主体，发现可疑交易活动，需要调查核实的，可以向金融机构进行调查，并可采取询问、查阅、复制、封存和临时冻结等措施。同时，为了避免权力滥用，对部分调查措施的行使条件、主体、批准程序和期限作了限制：一是只对可能被转移、隐藏、篡改或者毁损的文件、资料进行封存，对涉案账户资金有可能转移至境外的，才可采取临时冻结措施；二是只有中国人民银行总行可以采取临时冻结措施，并且必须报经其负责人批准；三是临时冻结以 48 小时为限。

可以看出，《反洗钱法》并没有赋予金融机构可以直接采取限制或者中止有关业务等防范措施的权力，对于临时冻结这种具有临时性限制交易性质的措施也规定了较为严格的程序和条件。本法规定银行业金融机构等可以采取必要防范措施，属于针对涉电信网络诈骗的新规定，实践中要注意应当严格限制在反电信网络诈骗活动监测机制中识别出的异常账户和可疑交易。对于已经依照本法规定采取了必要防范措施的，也不妨碍依照《反洗钱法》规定采取其他措施；对于涉嫌其他犯罪的洗钱活动（如涉嫌有组织犯罪）或者其他违法行为的可疑交易，应当按照《反洗钱法》有关规定执行。

第五十条　本法自 2022 年 12 月 1 日起施行。

【释义】　本条是关于《反电信网络诈骗法》施行日期的规定。

法律的施行日期，是指法律开始施行并发生法律效力的日期。关于法律的施行时间，《立法法》有明确规定。《立法法》第 57 条规定："法律应当明确规定施行日期。"法律的施行时间，是法律效力的起点。一部法律何时开始生效，一般是由该法律的具体性质和实际需要决定的。

正确理解法律关于施行时间的规定，是运用法律的前提条件。法律的施行和法律的公布是两个不同的概念。法律公布是指经立法机关法定程序表决通过，由国家主席以签署主席令形式将法律向社会发布和公告。法律的施行是法律开始产生实际约束力，可以行使法律规定的权利并承担法律规定的义务。一般法律通过后都会在当日公布，但法律从何时开始施行，往往需要根据实际来决定。

法律的施行时间有四种情况，其中第一、二种比较常见。一是法律自公布之日起施行，施行时间、公布时间与通过时间同步。二是法律另定时间施行，该时间是确定的一个时间，是法律公布后经过一段时间的具体时间。我国多数法律都采取这种形式。三是法律公布后先试行或者暂行，经试行或者暂行一段时间后，由立法机关予以修改调整补充，经通过为正式法律后，公布施行。在施行或者暂行期间，法律也有约束力。如第五届全国人大常委会第二十二次会议和第二十五次会议分别通过的《民事诉讼法

（试行）》和《食品卫生法（试行）》。四是规定一个法律的生效日期取决于另一个法律的制定和施行时间，如第六届全国人大常委会第十八次会议通过的《企业破产法（试行）》第43条规定："本法自全民所有制工业企业法实施满三个月之日起试行……"而《全民所有制工业企业法》在《企业破产法（试行）》通过时还尚未制定出来，因此有意见认为采取这种方式规定的施行日期是不确定的，立法应当明确施行日期。

本法施行时间采取了第二种方式。根据本条规定，《反电信网络诈骗法》自2022年12月1日起施行。制定《反电信网络诈骗法》，是贯彻落实习近平总书记关于打击治理电信网络诈骗工作的重要指示批示精神，贯彻习近平法治思想，坚持以人民为中心，统筹发展和安全，坚持精准防治和问题导向，强化系统观念、注重源头治理、综合治理，加强预防性法律制度建设，为打击遏制电信网络诈骗活动提供法治支撑的一项重要立法活动。本法结合实践需要，对反电信网络诈骗急需的主要制度和关键环节作了规定，对于严厉打击电信网络诈骗活动，遏制网络"黑灰产"高发态势，维护人民群众合法权益，建设更高水平的平安中国、法治中国，具有重要意义。

综合考虑《反电信网络诈骗法》的重要性和为实施准备的必要性，本条规定，《反电信网络诈骗法》自2022年12月1日起施行。一方面，本法是针对预防、遏制和惩治电信网络诈骗活动出台的一部预防性、综合性的法律，在本法出台之前，有关主管机关已经出台了大量的针对互联网账号、银行卡开立、支付结算等监督管理的有关规定，部分法律如《个人信息保护法》《反洗钱法》《网络安全法》中也有涉及相关管理责任制度的规定，因此，有关工作已经有了一定的积累和基础，各方面也做了一定的准备。

另一方面，《反电信网络诈骗法》的实施仍然需要一定时间的准备期。一是为有关反电信网络诈骗工作主管部门留有相应的准备时间,方便及时制定和调整相应的工作机制,加强专业队伍建设,组织开展综合治理和社会宣传教育防范等工作;二是前期公布和宣传让广大公民个人、单位等得以知悉法律内容,以使其能够事先对照法律规范的权利义务调整自身的行为,并对自身的行为进行合法性预期,从而促进法律在现实社会生活中的有效实现。另外,由于本法针对电信业务经营者、银行业金融机构、非银行支付机构、互联网服务提供者规定了风险防控义务,要求其建立反电信网络诈骗内部控制机制和安全责任制度,给予一定时间的准备期,也有利于这些企业主体及时组织开展工作,进行合规建设。

本法是 2022 年 9 月 2 日第十三届全国人大常委会第三十六次会议通过的,自 2022 年 12 月 1 日起施行。在法律文本中明确规定本法施行的具体日期,表明了法的时间效力状态。且本法自通过至施行的这段准备期,既符合设定准备期的本意,又不至于过分延长法律的施行日期,有利于实践中理解、掌握和执行。

实践中需要注意的是,法律的施行时间还涉及法律对其施行前的行为有无溯及力的问题。法律的溯及力,即溯及既往的效力,是指法律施行后,对施行前的行为是否适用的效力。如果适用,就表明具有溯及力;如果不能适用,也就是所谓的法不溯及既往,表明没有溯及力。各国规定大体有这样几种情况:一是从旧原则,即新法没有溯及力。二是从新原则,即新法有溯及力。三是从轻原则,即比较新法与旧法,哪个处理轻些就按照哪个法处理。四是从新兼从轻原则,即新法原则上溯及既往,但是旧法对行为人的处罚较轻时,则用旧法。五是从旧兼从轻原则,即新法原则上不溯及既往,但新法对行为人的处罚较轻时,则从新法。目前世界上多数国家采取从旧原则,法律没有溯及力。在法律规定有溯及力的国家，通常采用从旧兼从轻原则。比如，我国《刑法》的时间效力就采用了从旧兼从轻原则：对犯罪行为原则上应当适用行为时的法律规定；但如果适用新的法律规定对犯罪人更为有利的，则应适用新的法律规定。

就本法而言，本法针对电信业务经营者、互联网服务提供者、银行业金融机构、非银行支付机构存在违反本法规定的情形的，设置了相应的法律责任，尤其是行政责任和民事责任。根据《立法法》第93条的规定，法律、行政法规、地方性法规、自治条例和单行条例、规章不溯及既往，但为了更好地保护公民、法人和其他组织的权利和利益而作的特别规定除外。本法考虑到电信网络诈骗及其相关黑灰产业的社会危害性，对违反本法规定义务的情形，设置了较重的行政处罚，因此一般不溯及既往，即只有在本法施行之后，违反本法规定的行为才会按照本法规定进行处罚。

第二部分　附　　录

中华人民共和国主席令

第一一九号

《中华人民共和国反电信网络诈骗法》已由中华人民共和国第十三届全国人民代表大会常务委员会第三十六次会议于 2022 年 9 月 2 日通过,现予公布,自 2022 年 12 月 1 日起施行。

中华人民共和国主席　**习近平**

2022 年 9 月 2 日

中华人民共和国反电信网络诈骗法

（2022 年 9 月 2 日第十三届全国人民代表大会
常务委员会第三十六次会议通过）

目　　录

第一章　总　　则

第一条　为了预防、遏制和惩治电信网络诈骗活动，加强反电信网络诈骗工作，保护公民和组织的合法权益，维护社会稳定和国家安全，根据宪法，制定本法。

第二条　本法所称电信网络诈骗，是指以非法占有为目的，利用电信网络技术手段，通过远程、非接触等方式，诈骗公私财物的行为。

第三条　打击治理在中华人民共和国境内实施的电信网络

诈骗活动或者中华人民共和国公民在境外实施的电信网络诈骗活动,适用本法。

境外的组织、个人针对中华人民共和国境内实施电信网络诈骗活动的,或者为他人针对境内实施电信网络诈骗活动提供产品、服务等帮助的,依照本法有关规定处理和追究责任。

第四条 反电信网络诈骗工作坚持以人民为中心,统筹发展和安全;坚持系统观念、法治思维,注重源头治理、综合治理;坚持齐抓共管、群防群治,全面落实打防管控各项措施,加强社会宣传教育防范;坚持精准防治,保障正常生产经营活动和群众生活便利。

第五条 反电信网络诈骗工作应当依法进行,维护公民和组织的合法权益。

有关部门和单位、个人应当对在反电信网络诈骗工作过程中知悉的国家秘密、商业秘密和个人隐私、个人信息予以保密。

第六条 国务院建立反电信网络诈骗工作机制,统筹协调打击治理工作。

地方各级人民政府组织领导本行政区域内反电信网络诈骗工作,确定反电信网络诈骗目标任务和工作机制,开展综合治理。

公安机关牵头负责反电信网络诈骗工作,金融、电信、网信、市场监管等有关部门依照职责履行监管主体责任,负责本行业领域反电信网络诈骗工作。

人民法院、人民检察院发挥审判、检察职能作用,依法防范、惩治电信网络诈骗活动。

电信业务经营者、银行业金融机构、非银行支付机构、互联网服务提供者承担风险防控责任,建立反电信网络诈骗内部控制机制和安全责任制度,加强新业务涉诈风险安全评估。

第七条 有关部门、单位在反电信网络诈骗工作中应当密切协作,实现跨行业、跨地域协同配合、快速联动,加强专业队伍建设,有效打击治理电信网络诈骗活动。

第八条 各级人民政府和有关部门应当加强反电信网络诈骗宣传,普及相关法律和知识,提高公众对各类电信网络诈骗方式的防骗意识和识骗能力。

教育行政、市场监管、民政等有关部门和村民委员会、居民委员会,应当结合电信网络诈骗受害群体的分布等特征,加强对老年人、青少年等群体的宣传教育,增强反电信网络诈骗宣传教育的针对性、精准性,开展反电信网络诈骗宣传教育进学校、进企业、进社区、进农村、进家庭等活动。

各单位应当加强内部防范电信网络诈骗工作,对工作人员开展防范电信网络诈骗教育;个人应当加强电信网络诈骗防范意识。单位、个人应当协助、配合有关部门依照本法规定开展反电信网络诈骗工作。

第二章 电 信 治 理

第九条 电信业务经营者应当依法全面落实电话用户真实身份信息登记制度。

基础电信企业和移动通信转售企业应当承担对代理商落实电话用户实名制管理责任,在协议中明确代理商实名制登记的责任和有关违约处置措施。

第十条 办理电话卡不得超出国家有关规定限制的数量。

对经识别存在异常办卡情形的,电信业务经营者有权加强核查或者拒绝办卡。具体识别办法由国务院电信主管部门制定。

国务院电信主管部门组织建立电话用户开卡数量核验机制和风险信息共享机制,并为用户查询名下电话卡信息提供便捷渠道。

第十一条　电信业务经营者对监测识别的涉诈异常电话卡用户应当重新进行实名核验，根据风险等级采取有区别的、相应的核验措施。对未按规定核验或者核验未通过的，电信业务经营者可以限制、暂停有关电话卡功能。

第十二条　电信业务经营者建立物联网卡用户风险评估制度，评估未通过的，不得向其销售物联网卡；严格登记物联网卡用户身份信息；采取有效技术措施限定物联网卡开通功能、使用场景和适用设备。

单位用户从电信业务经营者购买物联网卡再将载有物联网卡的设备销售给其他用户的，应当核验和登记用户身份信息，并将销量、存量及用户实名信息传送给号码归属的电信业务经营者。

电信业务经营者对物联网卡的使用建立监测预警机制。对存在异常使用情形的，应当采取暂停服务、重新核验身份和使用场景或者其他合同约定的处置措施。

第十三条　电信业务经营者应当规范真实主叫号码传送和电信线路出租，对改号电话进行封堵拦截和溯源核查。

电信业务经营者应当严格规范国际通信业务出入口局主叫号码传送，真实、准确向用户提示来电号码所属国家或者地区，对网内和网间虚假主叫、不规范主叫进行识别、拦截。

第十四条　任何单位和个人不得非法制造、买卖、提供或者使用下列设备、软件：

（一）电话卡批量插入设备；

（二）具有改变主叫号码、虚拟拨号、互联网电话违规接入公用电信网络等功能的设备、软件；

（三）批量账号、网络地址自动切换系统，批量接收提供短信验证、语音验证的平台；

（四）其他用于实施电信网络诈骗等违法犯罪的设备、软件。

电信业务经营者、互联网服务提供者应当采取技术措施，及时识别、阻断前款规定的非法设备、软件接入网络，并向公安机关和相关行业主管部门报告。

第三章 金融治理

第十五条 银行业金融机构、非银行支付机构为客户开立银行账户、支付账户及提供支付结算服务，和与客户业务关系存续期间，应当建立客户尽职调查制度，依法识别受益所有人，采取相应风险管理措施，防范银行账户、支付账户等被用于电信网络诈骗活动。

第十六条 开立银行账户、支付账户不得超出国家有关规定限制的数量。

对经识别存在异常开户情形的，银行业金融机构、非银行支付机构有权加强核查或者拒绝开户。

中国人民银行、国务院银行业监督管理机构组织有关清算机构建立跨机构开户数量核验机制和风险信息共享机制，并为客户提供查询名下银行账户、支付账户的便捷渠道。银行业金融机构、非银行支付机构应当按照国家有关规定提供开户情况和有关风险信息。相关信息不得用于反电信网络诈骗以外的其他用途。

第十七条 银行业金融机构、非银行支付机构应当建立开立企业账户异常情形的风险防控机制。金融、电信、市场监管、税务等有关部门建立开立企业账户相关信息共享查询系统，提供联网核查服务。

市场主体登记机关应当依法对企业实名登记履行身份信息核验职责；依照规定对登记事项进行监督检查，对可能存在虚假登记、涉诈异常的企业重点监督检查，依法撤销登记的，依照前款的规定及时共享信息；为银行业金融机构、非银行支付机构进行客户尽职调查和依法识别受益所有人提供便利。

第十八条　银行业金融机构、非银行支付机构应当对银行账户、支付账户及支付结算服务加强监测，建立完善符合电信网络诈骗活动特征的异常账户和可疑交易监测机制。

中国人民银行统筹建立跨银行业金融机构、非银行支付机构的反洗钱统一监测系统，会同国务院公安部门完善与电信网络诈骗犯罪资金流转特点相适应的反洗钱可疑交易报告制度。

对监测识别的异常账户和可疑交易，银行业金融机构、非银行支付机构应当根据风险情况，采取核实交易情况、重新核验身份、延迟支付结算、限制或者中止有关业务等必要的防范措施。

银行业金融机构、非银行支付机构依照第一款规定开展异常账户和可疑交易监测时，可以收集异常客户互联网协议地址、网卡地址、支付受理终端信息等必要的交易信息、设备位置信息。上述信息未经客户授权，不得用于反电信网络诈骗以外的其他用途。

第十九条　银行业金融机构、非银行支付机构应当按照国家有关规定，完整、准确传输直接提供商品或者服务的商户名称、收付款客户名称及账号等交易信息，保证交易信息的真实、完整和支付全流程中的一致性。

第二十条　国务院公安部门会同有关部门建立完善电信网络诈骗涉案资金即时查询、紧急止付、快速冻结、及时解冻和资金返还制度，明确有关条件、程序和救济措施。

公安机关依法决定采取上述措施的，银行业金融机构、非银行支付机构应当予以配合。

第四章　互联网治理

第二十一条　电信业务经营者、互联网服务提供者为用户提供下列服务，在与用户签订协议或者确认提供服务时，应当依法要求用户提供真实身份信息，用户不提供真实身份信息的，不得提供服务：

（一）提供互联网接入服务；

（二）提供网络代理等网络地址转换服务；

（三）提供互联网域名注册、服务器托管、空间租用、云服务、内容分发服务；

（四）提供信息、软件发布服务，或者提供即时通讯、网络交易、网络游戏、网络直播发布、广告推广服务。

第二十二条 互联网服务提供者对监测识别的涉诈异常账号应当重新核验，根据国家有关规定采取限制功能、暂停服务等处置措施。

互联网服务提供者应当根据公安机关、电信主管部门要求，对涉案电话卡、涉诈异常电话卡所关联注册的有关互联网账号进行核验，根据风险情况，采取限期改正、限制功能、暂停使用、关闭账号、禁止重新注册等处置措施。

第二十三条 设立移动互联网应用程序应当按照国家有关规定向电信主管部门办理许可或者备案手续。

为应用程序提供封装、分发服务的，应当登记并核验应用程序开发运营者的真实身份信息，核验应用程序的功能、用途。

公安、电信、网信等部门和电信业务经营者、互联网服务提供者应当加强对分发平台以外途径下载传播的涉诈应用程序重点监测、及时处置。

第二十四条 提供域名解析、域名跳转、网址链接转换服务的，应当按照国家有关规定，核验域名注册、解析信息和互联网协议地址的真实性、准确性，规范域名跳转，记录并留存所提供相应服务的日志信息，支持实现对解析、跳转、转换记录的溯源。

第二十五条　任何单位和个人不得为他人实施电信网络诈骗活动提供下列支持或者帮助：

（一）出售、提供个人信息；

（二）帮助他人通过虚拟货币交易等方式洗钱；

（三）其他为电信网络诈骗活动提供支持或者帮助的行为。

电信业务经营者、互联网服务提供者应当依照国家有关规定，履行合理注意义务，对利用下列业务从事涉诈支持、帮助活动进行监测识别和处置：

（一）提供互联网接入、服务器托管、网络存储、通讯传输、线路出租、域名解析等网络资源服务；

（二）提供信息发布或者搜索、广告推广、引流推广等网络推广服务；

（三）提供应用程序、网站等网络技术、产品的制作、维护服务；

（四）提供支付结算服务。

第二十六条　公安机关办理电信网络诈骗案件依法调取证据的，互联网服务提供者应当及时提供技术支持和协助。

互联网服务提供者依照本法规定对有关涉诈信息、活动进行监测时，发现涉诈违法犯罪线索、风险信息的，应当依照国家有关规定，根据涉诈风险类型、程度情况移送公安、金融、电信、网信等部门。有关部门应当建立完善反馈机制，将相关情况及时告知移送单位。

第五章　综合措施

第二十七条　公安机关应当建立完善打击治理电信网络诈骗工作机制，加强专门队伍和专业技术建设，各警种、各地公安机关应当密切配合，依法有效惩处电信网络诈骗活动。

公安机关接到电信网络诈骗活动的报案或者发现电信网络诈骗活动，应当依照《中华人民共和国刑事诉讼法》的规定立案侦查。

第二十八条 金融、电信、网信部门依照职责对银行业金融机构、非银行支付机构、电信业务经营者、互联网服务提供者落实本法规定情况进行监督检查。有关监督检查活动应当依法规范开展。

第二十九条 个人信息处理者应当依照《中华人民共和国个人信息保护法》等法律规定，规范个人信息处理，加强个人信息保护，建立个人信息被用于电信网络诈骗的防范机制。

履行个人信息保护职责的部门、单位对可能被电信网络诈骗利用的物流信息、交易信息、贷款信息、医疗信息、婚介信息等实施重点保护。公安机关办理电信网络诈骗案件，应当同时查证犯罪所利用的个人信息来源，依法追究相关人员和单位责任。

第三十条 电信业务经营者、银行业金融机构、非银行支付机构、互联网服务提供者应当对从业人员和用户开展反电信网络诈骗宣传，在有关业务活动中对防范电信网络诈骗作出提示，对本领域新出现的电信网络诈骗手段及时向用户作出提醒，对非法买卖、出租、出借本人有关卡、账户、账号等被用于电信网络诈骗的法律责任作出警示。

新闻、广播、电视、文化、互联网信息服务等单位，应当面向社会有针对性地开展反电信网络诈骗宣传教育。

任何单位和个人有权举报电信网络诈骗活动，有关部门应当依法及时处理，对提供有效信息的举报人依照规定给予奖励和保护。

第三十一条 任何单位和个人不得非法买卖、出租、出借电话卡、物联网卡、电信线路、短信端口、银行账户、支付账户、互联网账号等,不得提供实名核验帮助;不得假冒他人身份或者虚构代理关系开立上述卡、账户、账号等。

对经设区的市级以上公安机关认定的实施前款行为的单位、个人和相关组织者,以及因从事电信网络诈骗活动或者关联犯罪受过刑事处罚的人员,可以按照国家有关规定记入信用记录,采取限制其有关卡、账户、账号等功能和停止非柜面业务、暂停新业务、限制入网等措施。对上述认定和措施有异议的,可以提出申诉,有关部门应当建立健全申诉渠道、信用修复和救济制度。具体办法由国务院公安部门会同有关主管部门规定。

第三十二条　国家支持电信业务经营者、银行业金融机构、非银行支付机构、互联网服务提供者研究开发有关电信网络诈骗反制技术,用于监测识别、动态封堵和处置涉诈异常信息、活动。

国务院公安部门、金融管理部门、电信主管部门和国家网信部门等应当统筹负责本行业领域反制技术措施建设,推进涉电信网络诈骗样本信息数据共享,加强涉诈用户信息交叉核验,建立有关涉诈异常信息、活动的监测识别、动态封堵和处置机制。

依据本法第十一条、第十二条、第十八条、第二十二条和前款规定,对涉诈异常情形采取限制、暂停服务等处置措施的,应当告知处置原因、救济渠道及需要提交的资料等事项,被处置对象可以向作出决定或者采取措施的部门、单位提出申诉。作出决定的部门、单位应当建立完善申诉渠道,及时受理申诉并核查,核查通过的,应当即时解除有关措施。

第三十三条　国家推进网络身份认证公共服务建设,支持个人、企业自愿使用,电信业务经营者、银行业金融机构、非银行支付机构、互联网服务提供者对存在涉诈异常的电话卡、银行账户、支付账户、互联网账号,可以通过国家网络身份认证公共服务对用户身份重新进行核验。

第三十四条 公安机关应当会同金融、电信、网信部门组织银行业金融机构、非银行支付机构、电信业务经营者、互联网服务提供者等建立预警劝阻系统,对预警发现的潜在被害人,根据情况及时采取相应劝阻措施。对电信网络诈骗案件应当加强追赃挽损,完善涉案资金处置制度,及时返还被害人的合法财产。对遭受重大生活困难的被害人,符合国家有关救助条件的,有关方面依照规定给予救助。

第三十五条 经国务院反电信网络诈骗工作机制决定或者批准,公安、金融、电信等部门对电信网络诈骗活动严重的特定地区,可以依照国家有关规定采取必要的临时风险防范措施。

第三十六条 对前往电信网络诈骗活动严重地区的人员,出境活动存在重大涉电信网络诈骗活动嫌疑的,移民管理机构可以决定不准其出境。

因从事电信网络诈骗活动受过刑事处罚的人员,设区的市级以上公安机关可以根据犯罪情况和预防再犯罪的需要,决定自处罚完毕之日起六个月至三年以内不准其出境,并通知移民管理机构执行。

第三十七条 国务院公安部门等会同外交部门加强国际执法司法合作,与有关国家、地区、国际组织建立有效合作机制,通过开展国际警务合作等方式,提升在信息交流、调查取证、侦查抓捕、追赃挽损等方面的合作水平,有效打击遏制跨境电信网络诈骗活动。

第六章 法律责任

第三十八条 组织、策划、实施、参与电信网络诈骗活动或者为电信网络诈骗活动提供帮助,构成犯罪的,依法追究刑事责任。

前款行为尚不构成犯罪的,由公安机关处十日以上十五日以下拘留;没收违法所得,处违法所得一倍以上十倍以下罚款,没有违法所得或者违法所得不足一万元的,处十万元以下罚款。

第三十九条 电信业务经营者违反本法规定,有下列情形之一的,由有关主管部门责令改正,情节较轻的,给予警告、通报批评,或者处五万元以上五十万元以下罚款;情节严重的,处五十万元以上五百万元以下罚款,并可以由有关主管部门责令暂停相关业务、停业整顿、吊销相关业务许可证或者吊销营业执照,对其直接负责的主管人员和其他直接责任人员,处一万元以上二十万元以下罚款:

(一)未落实国家有关规定确定的反电信网络诈骗内部控制机制的;

(二)未履行电话卡、物联网卡实名制登记职责的;

(三)未履行对电话卡、物联网卡的监测识别、监测预警和相关处置职责的;

(四)未对物联网卡用户进行风险评估,或者未限定物联网卡的开通功能、使用场景和适用设备的;

(五)未采取措施对改号电话、虚假主叫或者具有相应功能的非法设备进行监测处置的。

第四十条 银行业金融机构、非银行支付机构违反本法规定,有下列情形之一的,由有关主管部门责令改正,情节较轻的,给予警告、通报批评,或者处五万元以上五十万元以下罚款;情节严重的,处五十万元以上五百万元以下罚款,并可以由有关主管部门责令停止新增业务、缩减业务类型或者业务范围、暂停相关业务、停业整顿、吊销相关业务许可证或者吊销营业执照,对其直接负责的主管人员和其他直接责任人员,处一万元以上二十万元以下罚款:

(一)未落实国家有关规定确定的反电信网络诈骗内部控制

机制的；

（二）未履行尽职调查义务和有关风险管理措施的；

（三）未履行对异常账户、可疑交易的风险监测和相关处置义务的；

（四）未按照规定完整、准确传输有关交易信息的。

第四十一条　电信业务经营者、互联网服务提供者违反本法规定，有下列情形之一的，由有关主管部门责令改正，情节较轻的，给予警告、通报批评，或者处五万元以上五十万元以下罚款；情节严重的，处五十万元以上五百万元以下罚款，并可以由有关主管部门责令暂停相关业务、停业整顿、关闭网站或者应用程序、吊销相关业务许可证或者吊销营业执照，对其直接负责的主管人员和其他直接责任人员，处一万元以上二十万元以下罚款：

（一）未落实国家有关规定确定的反电信网络诈骗内部控制机制的；

（二）未履行网络服务实名制职责，或者未对涉案、涉诈电话卡关联注册互联网账号进行核验的；

（三）未按照国家有关规定，核验域名注册、解析信息和互联网协议地址的真实性、准确性，规范域名跳转，或者记录并留存所提供相应服务的日志信息的；

（四）未登记核验移动互联网应用程序开发运营者的真实身份信息或者未核验应用程序的功能、用途，为其提供应用程序封装、分发服务的；

（五）未履行对涉诈互联网账号和应用程序，以及其他电信网络诈骗信息、活动的监测识别和处置义务的；

（六）拒不依法为查处电信网络诈骗犯罪提供技术支持和协助，或者未按规定移送有关违法犯罪线索、风险信息的。

第四十二条　违反本法第十四条、第二十五条第一款规定的，没收违法所得，由公安机关或者有关主管部门处违法所得一倍以上十倍以下罚款，没有违法所得或者违法所得不足五万元的，处五十万元以下罚款；情节严重的，由公安机关并处十五日以下拘留。

第四十三条　违反本法第二十五条第二款规定，由有关主管部门责令改正，情节较轻的，给予警告、通报批评，或者处五万元以上五十万元以下罚款；情节严重的，处五十万元以上五百万元以下罚款，并可以由有关主管部门责令暂停相关业务、停业整顿、关闭网站或者应用程序，对其直接负责的主管人员和其他直接责任人员，处一万元以上二十万元以下罚款。

第四十四条　违反本法第三十一条第一款规定的，没收违法所得，由公安机关处违法所得一倍以上十倍以下罚款，没有违法所得或者违法所得不足二万元的，处二十万元以下罚款；情节严重的，并处十五日以下拘留。

第四十五条　反电信网络诈骗工作有关部门、单位的工作人员滥用职权、玩忽职守、徇私舞弊，或者有其他违反本法规定行为，构成犯罪的，依法追究刑事责任。

第四十六条　组织、策划、实施、参与电信网络诈骗活动或者为电信网络诈骗活动提供相关帮助的违法犯罪人员，除依法承担刑事责任、行政责任以外，造成他人损害的，依照《中华人民共和国民法典》等法律的规定承担民事责任。

电信业务经营者、银行业金融机构、非银行支付机构、互联网服务提供者等违反本法规定，造成他人损害的，依照《中华人民共和国民法典》等法律的规定承担民事责任。

第四十七条　人民检察院在履行反电信网络诈骗职责中，对于侵害国家利益和社会公共利益的行为，可以依法向人民法院提起公益诉讼。

第四十八条 有关单位和个人对依照本法作出的行政处罚和行政强制措施决定不服的,可以依法申请行政复议或者提起行政诉讼。

第七章 附 则

第四十九条 反电信网络诈骗工作涉及的有关管理和责任制度,本法没有规定的,适用《中华人民共和国网络安全法》、《中华人民共和国个人信息保护法》、《中华人民共和国反洗钱法》等相关法律规定。

第五十条 本法自2022年12月1日起施行。

关于《中华人民共和国反电信网络诈骗法（草案）》的说明

——2021年10月19日在第十三届全国人民代表大会常务委员会第三十一次会议上

全国人大常委会法制工作委员会副主任　李　宁

委员长、各位副委员长、秘书长、各位委员：

我受委员长会议委托，作关于《中华人民共和国反电信网络诈骗法（草案）》的说明。

一、制定本法的必要性

一是贯彻落实党中央决策部署的重要举措。当前电信网络诈骗活动多发高发，严重危害人民群众利益和社会和谐稳定。习近平总书记高度重视打击治理电信网络诈骗犯罪工作，多次作出重要指示批示，对反电信网络诈骗工作的指导思想、基本原则、关键环节和制度构建，以及加强法律制度建设等提出明确要求。制定反电信网络诈骗法是落实党中央决策部署、打击遏制电信网络诈骗的重要举措。

二是坚持以人民为中心，统筹发展和安全的必然要求。近年来，电信网络诈骗犯罪活动形势严峻，在刑事犯罪案件中占据很大的比重。犯罪分子利用新型电信网络技术手段,钻管理上的漏洞,利用非法获取个人信息、网络黑灰产业交易等实施精准诈骗,组织化、链条化运作,跨境跨地域实施,严重危害人民群众获得感、幸福感、安全感。电信网络诈骗犯罪已经成为当前发案最高、损失最大、群众反响最强烈的突出犯罪,多发高发态势难以有效遏制,需要进一步完善制度,坚决打击治理,维护人民群众切身利益。

三是反电信网络诈骗工作实践的迫切需要。从实践情况看,反电信网络诈骗工作综合治理、源头治理方面的制度措施不够充分,金融、通信、互联网等行业治理存在薄弱环节,需要进一步建立完善各方面责任制度,形成协同打击治理合力;实践中一些好的做法和政策文件需要上升为法律规定;现有法律规定总体上较为分散,不够明确,针对性不强,各方面对于加强法律制度建设的需求较为迫切。

二、起草的过程和总体思路

为贯彻落实党中央决策部署,完善反电信网络诈骗法律制度建设,法制工作委员会会同有关方面积极开展研究起草工作。一是深入调查研究,到各有关行业主管部门、互联网企业、电信企业,以及浙江、云南、江苏、北京等地调研;商请有关部门提供统计数据分析和案例;系统梳理现有政策文件、总结实践经验;委托有关方面对国外电信网络管理制度、反电信网络诈骗法律制度等进行研究。二是广泛听取意见,多次召开座谈会听取中央有关部门、企业和地方的意见,听取部分全国人大代表意见,将草案征求意见稿印发中央有关部门和部分省(市)等征求意见。三是会同公安部、工信部、中国人民银行、中央网信办等就立法中的主要问题深入研究论证,形成共识。

制定反电信网络诈骗法的总体思路是，贯彻落实习近平总书记关于打击治理电信网络诈骗工作的重要指示批示精神，贯彻习近平法治思想，坚持以人民为中心，统筹发展和安全，坚持精准防治和问题导向，强化系统观念、注重源头治理、综合治理，加强预防性法律制度建设，为打击遏制电信网络诈骗活动提供法治支撑。立法工作中注意把握以下几点：一是立足综合治理、源头治理和依法治理，侧重前端防范。关于电信网络诈骗违法犯罪分子的法律责任，刑法已做出多次修改完善，治安管理处罚法也有相关规定。本法主要是按照完善预防性法律制度的要求，针对电信网络诈骗发生的信息链、资金链、技术链、人员链等各环节加强防范性制度措施建设。二是“小快灵”、“小切口”，对关键环节、主要制度作出规定，条文数量不求太多，增强立法的针对性、实用性和有效性。三是急用先行。本法是一部系统综合、针对性强的专项法律，对实践中迫切需要的制度安排作出规定，拟制定修改的电信法、网络犯罪防治法、反洗钱法等其他相关立法针对电信网络诈骗也可从各自角度细化相关规定，专项立法与相关立法相互配套、共同推进。

三、草案的主要内容

草案共三十九条，主要内容包括：

一是反电信网络诈骗工作的基本原则。强调坚持系统观念，注重源头治理、综合治理，全面落实打防管控各项措施；规定各部门职责、企业职责和地方政府职责；加强协同联动工作机制建设。

二是完善电话卡、物联网卡、金融账户、互联网账号有关基础管理制度。落实实名制，规定电话卡、互联网服务真实信息登记制度，建立健全金融业务尽职调查制度；对办理电话卡、金融账户的数量和异常办卡、开户情形进行限制，防范开立企业账户风险；

有针对性地完善物联网卡销售、使用监测制度。

三是支持研发电信网络诈骗反制技术措施，统筹推进跨行业、企业统一监测系统建设，为利用大数据反诈提供制度支持。规定金融、通信、互联网等领域涉诈异常情形的监测、识别和处置，包括高风险电话卡、异常金融账户和可疑交易、异常互联网账号等，规定相应救济渠道；规定金融、通信、互联网行业主管部门统筹推进相关跨行业、企业的统一监测系统建设，推进涉诈样本信息数据共享；要求互联网企业移送监测发现的嫌疑线索。

四是加强对涉诈相关非法服务、设备、产业的治理。治理改号电话、虚假主叫和涉诈非法设备；加强涉诈 APP（移动互联网应用程序）、互联网域名监测治理；打击治理涉电信网络诈骗相关产业。

五是其他措施方面，建立涉案资金紧急止付、快速冻结和资金返还制度；防范个人信息被用于电信网络诈骗；有针对性加强宣传教育；对潜在受害人预警劝阻和开展被害人救助；加强治理跨境电信网络诈骗活动，规定特定风险防范措施和国际合作。

六是明确法律责任，加大惩处力度。加大惩处非法买卖、出租、出借电话卡、物联网卡、金融账户、互联网账号行为，实施惩戒措施；对违反本法规定依法追究刑事责任以及实施、帮助实施电信网络诈骗活动的法律责任作出衔接性规定；规定金融、电信、互联网企业违反本法规定制度措施的处罚；对有关企业因重大过错导致电信网络诈骗损失或者造成损失扩大的，规定依法承担相应民事责任。

反电信网络诈骗法草案和以上说明是否妥当，请审议。

全国人民代表大会宪法和法律委员会关于《中华人民共和国反电信网络诈骗法（草案）》修改情况的汇报

全国人民代表大会常务委员会：

常委会第三十一次会议对反电信网络诈骗法草案进行了初次审议。会后，法制工作委员会将草案印发各省（区、市）人大常委会、中央有关部门和部分高等院校、研究机构、基层立法联系点等征求意见。在中国人大网全文公布草案征求社会公众意见。宪法和法律委员会、法制工作委员会就一些重要问题与中央有关部门多次沟通研究，联合召开座谈会听取中央有关部门、全国人大代表和专家的意见，到北京等地调研，通过视频方式听取互联网企业意见。王晨副委员长率队到公安机关调研。宪法和法律委员会于5月23日召开会议，根据常委会组成人员的审议意见和各方面意见，对草案进行了逐条审议，还就修改方案征求了公安部、工信部、中国人民银行的意见。6月14日，宪法和法律委员会召开会议，再次进行了审议。现将反电信网络诈骗法草案主要问题的修改情况汇报如下：

一、有的常委委员、地方和社会公众提出，反电信网络诈骗工作要注意处理好打击治理与保护公民、组织合法权益之间的关系。宪法和法律委员会经研究，建议增加规定，反电信网络诈骗工作应当依法进行，维护公民和组织的合法权益，依法保护国家秘密、商业秘密和个人隐私，并规定相应法律责任。

二、有的常委委员、地方、部门和社会公众提出，从实践看开展有效宣传防范是重要经验，建议草案加强完善这方面的规定。宪法和法律委员会经研究，建议作以下修改补充：一是规定增强公民防范意识和防范能力。二是增加金融机构、电信企业、互联网企业和新闻媒体单位开展反电信网络诈骗宣传的相关义务。三是扩大预警劝阻的责任主体，增加其他有关部门和金融、电信、互联网企业的预警劝阻措施。

三、有的常委委员、部门、地方提出，防范利用金融系统非法转移资金是反电信网络诈骗工作的重要环节，建议进一步拓展涉电信网络诈骗"资金链"治理。宪法和法律委员会经研究，建议作以下修改补充：一是将涉诈监测治理对象由银行账户、支付账户扩展到数字人民币钱包、收款条码等支付工具和支付服务。二是增加规定有关部门组织建立为用户提供查询名下银行账户、支付账户便捷渠道。三是为保障监测识别异常账户、可疑交易的有效性，明确金融机构可依法收集必要的交易和设备位置信息。四是规定支付机构应当依照规定完整、准确传输有关交易信息，防范电信网络诈骗分子借此洗钱。

四、有的常委会组成人员、地方、部门和社会公众建议提高草案法律责任部分的罚款幅度，加大对电信网络诈骗人员的惩处力度。宪法和法律委员会经研究，建议作以下修改补充：一是增加对电信网络诈骗分子使用电话卡、金融账户、互联网账号等的限制措施，并增加限制措施情形。二是根据打击治理跨境电信网络诈骗的实践需要，增加规定对有关涉电信网络诈骗人员可以采取限制出境措施。三是对有关违反本法规定行为的罚款幅度作了调整。

五、有的部门提出，国家正在按照规定推进试点网络身份认证公共服务建设，可以为涉诈异常的电话卡、银行卡、互联网账号提供重新核验身份服务。宪法和法律委员会经研究，建议采纳上述意见，增加相应规定，同时明确按照个人、企业自愿使用原则，是一种可供电信、金融、互联网等行业企业选择适用的措施，不排斥现有核验措施的适用。

六、草案第三十一条对电信业务经营者、金融机构和互联网服务提供者一定情形下承担相应民事责任作了规定。有的常委委员、部门、地方和企业提出，电信网络诈骗分子是主要侵权责任人，对相关行业企业设定民事责任应当慎重，同时要考虑对优化服务可能带来的不利影响，也有意见认为企业应当依法承担民事责任。宪法和法律委员会经研究，建议修改为与民法典的衔接性规定，不设定新的民事责任制度。

此外，还对草案作了一些文字修改。

草案二次审议稿已按上述意见作了修改，宪法和法律委员会建议提请本次常委会会议继续审议。

草案二次审议稿和以上汇报是否妥当，请审议。

全国人民代表大会宪法和法律委员会

2022 年 6 月 21 日

全国人民代表大会宪法和法律委员会关于《中华人民共和国反电信网络诈骗法（草案）》审议结果的报告

全国人民代表大会常务委员会：

常委会第三十五次会议对反电信网络诈骗法草案进行了二次审议。会后，法制工作委员会将草案印发中央有关部门、金融机构等征求意见，在中国人大网全文公布草案二次审议稿，再次征求社会公众意见。宪法和法律委员会、法制工作委员会就一些重要问题会同有关方面加强研究，通过视频方式与福建省有关部门连线调研，赴湖北省实地调研，召开座谈会听取互联网企业和有关部门、商业银行、专家等意见。宪法和法律委员会于7月18日召开会议，根据委员长会议精神、常委会组成人员审议意见和各方面的意见，对草案进行了逐条审议。公安部、工业和信息化部、中国人民银行有关负责同志列席了会议。8月17日，宪法和法律委员会召开会议，再次进行了审议。宪法和法律委员会认为，草案经过两次审议修改，已经比较成熟。同时，提出以下主要修改意见：

一、有的常委会组成人员、部门和社会公众提出，为了进一步加强打击电信网络诈骗，建议在草案中增加人民法院、人民检察院和公安机关的相应职责。宪法和法律委员会经研究，建议增加以下规定:一是人民法院、人民检察院发挥审判、检察职能作用,依法防范、惩治电信网络诈骗活动。二是公安机关应当建立完善打击治理工作机制,加强能力建设,有效惩治电信网络诈骗活动,对电信网络诈骗犯罪案件依法及时立案。

二、有的常委会组成人员提出,应当根据实践需要有针对性地加强宣传教育防范措施。宪法和法律委员会经研究,建议增加以下规定:一是加强对老年人、青少年等群体的宣传教育,增强反电信网络诈骗宣传教育的针对性、精准性。二是明确有关行业企业对本领域新出现的电信网络诈骗手段及时向用户作出提醒。三是规定对公众举报电信网络诈骗的奖励制度。

三、有些互联网企业提出,反电信网络诈骗工作需要重视和加强互联网企业和有关部门对于涉诈违法犯罪线索、风险信息的共享,完善有关移送处置机制,提升企业监测防范水平。宪法和法律委员会经研究,建议采纳上述意见,增加相应规定。

四、有些常委委员、部门和社会公众提出,要进一步加大对电信网络诈骗分子的惩处力度。在刑法作出刑事责任规定的同时,也要就行政处罚作出专门规定,并进一步明确承担民事责任和纳入信用记录。宪法和法律委员会经研究,建议采纳上述意见,增加以下规定:一是规定对从事电信网络诈骗活动的有关人员,可以按照国家有关规定记入信用记录,并规定了具体惩戒措施。同时,明确有关部门应当建立健全申诉渠道、信用修复和救济制度。具体办法由国务院公安部门会同有关主管部门规定。二是规定从事电信网络诈骗活动,尚不构成犯罪的行政处罚。三是进一步明确从事电信网络诈骗违法犯罪人员除依法承担刑事责任、行政责任以外,造成他人损害的,依法承担民事责任。

五、有的常委委员、部门和社会公众提出,对涉诈异常情形采取相应处置措施时,要进一步明确救济途径。宪法和法律委员会经研究，建议增加规定，有关部门、单位应当将处置原因、救济渠道及需要提交的资料等事项告知被处置对象，并建立完善申诉渠道。

六、有的常委会组成人员、部门提出，电信网络诈骗犯罪多发高发，严重侵害国家利益、社会公共利益，有必要增加规定检察机关可以依法提起公益诉讼。宪法和法律委员会经研究，建议采纳上述意见，增加相应规定。

此外，还对草案二次审议稿作了一些文字修改。

8月16日，法制工作委员会召开会议，邀请有关基层部门、企业、全国人大代表和专家学者，就草案的可行性、出台时机、实施的社会效果和可能出现的问题等进行评估。普遍认为，草案贯彻落实习近平总书记重要指示批示精神和党中央决策部署，坚持以人民为中心，统筹发展和安全，立足各环节、全链条防范治理电信网络诈骗，精准发力，为反电信网络诈骗工作提供有力法律支撑。草案经过两次审议已比较成熟，具有较强的针对性和可操作性，实践迫切需要，建议尽快出台。同时，还对草案提出了一些具体修改意见，宪法和法律委员会进行了认真研究，对有的意见予以采纳。

草案三次审议稿已按上述意见作了修改。宪法和法律委员会建议提请本次常委会会议审议通过。

草案三次审议稿和以上报告是否妥当，请审议。

全国人民代表大会宪法和法律委员会

2022年8月30日

全国人民代表大会宪法和法律委员会关于《中华人民共和国反电信网络诈骗法（草案三次审议稿）》修改意见的报告

全国人民代表大会常务委员会：

本次常委会会议于8月30日下午对反电信网络诈骗法草案三次审议稿进行了分组审议。普遍认为，草案已经比较成熟，建议进一步修改后，提请本次常委会会议表决通过。同时，有些常委会组成人员和列席人员还提出了一些修改意见和建议。宪法和法律委员会于8月31日上午召开会议，逐条研究了常委会组成人员和列席人员的审议意见，对草案进行了审议。公安部、工业和信息化部、中国人民银行有关负责同志列席了会议。宪法和法律委员会认为，草案是可行的，同时，提出以下修改意见：

一、有的常委委员提出，实践中单位财务人员等成为电信网络诈骗重点对象，造成单位财产损失，建议加强单位内部管理防范措施。宪法和法律委员会经研究，建议增加规定，各单位应当加强内部防范电信网络诈骗工作，对工作人员开展防范电信网络诈骗教育。

二、有的常委委员提出，草案三次审议稿第二十五条所列不得为他人实施电信网络诈骗活动提供有关支持和帮助的行为中，有些与正常经营和业务活动有交叉，建议进一步明确法律界限。宪法和法律委员会经研究，建议将所列行为分为两类情形规定，明确电信业务经营者、互联网服务提供者应当依照国家有关规定履行合理注意义务,对有关涉诈活动进行监测识别和处置。

三、有的常委委员、部门提出,本法对主管部门监管责任、企业各项防范治理责任等作了相应规定。为保障这些规定得到有效实施,建议增加规定,有关主管部门应当依照职责对企业落实情况进行监督检查;有的部门、企业提出,有关监督检查活动应当依法规范开展。宪法和法律委员会经研究,建议采纳上述意见,增加相应规定。

四、根据有些常委会组成人员的意见,宪法和法律委员会经研究,建议对有关国际合作的规定作进一步修改完善,规定:“国务院公安部门等会同外交部门加强国际执法司法合作,与有关国家、地区、国际组织建立有效合作机制,通过开展国际警务合作等方式,提升在信息交流、调查取证、侦查抓捕、追赃挽损等方面的合作水平,有效打击遏制跨境电信网络诈骗活动。”

有的常委会组成人员还对本法通过后的实施和宣传工作提出了意见。宪法和法律委员会建议有关部门认真研究常委会组成人员的审议意见,抓紧制定和完善相关配套规定,积极做好宣传和解读,加大执法力度,保证法律全面有效实施。

经与有关部门研究,建议将本法的施行时间确定为 2022 年 12 月 1 日。

此外,根据常委会组成人员的审议意见,还对草案三次审议稿作了一些文字修改。

草案修改稿已按上述意见作了修改,宪法和法律委员会建议本次常委会会议审议通过。

草案修改稿和以上报告是否妥当,请审议。

全国人民代表大会宪法和法律委员会

2022 年 9 月 1 日